多媒体课件设计与制作

主　编　　郑寇全　李忍东

副主编　　马建锋　张晓丽　杨　娟

西安电子科技大学出版社

内 容 简 介

本书主要按照"模块化、任务式"的组织形式设计整体架构，采用"思维导学—知识精粹—任务进阶—习题巩固"的逻辑关系进行内容编排。全书共9个模块、21个任务、4个综合实践，主要内容包括多媒体课件设计与制作概述、初识 WPS 演示文稿、文本设计与应用、图形图像编辑与处理、图表设计与制作、影音多媒体设置与放映、多媒体动画设计、WPS 演示文稿编排与管理、多媒体课件设计与制作综合实践。

本书可作为高等院校"多媒体课件设计与制作"课程的教材，也可供广大计算机爱好者自学使用。

图书在版编目(CIP)数据

多媒体课件设计与制作 / 郑寇全，李忍东主编. --西安：西安电子科技大学出版社，2024.3
ISBN 978 - 7 - 5606 - 7194 - 9

Ⅰ. ①多…　　Ⅱ. ①郑…　②李…　　Ⅲ. ①多媒体课件—制作—高等学校—教材　　Ⅳ. ①G436

中国国家版本馆 CIP 数据核字(2024)第 043027 号

策　　划　成毅
责任编辑　成毅
出版发行　西安电子科技大学出版社(西安市太白南路 2 号)
电　　话　(029)88202421　88201467　邮　编　710071
网　　址　www.xduph.com　　　电子邮箱　xdupfxb001@163.com
经　　销　新华书店
印刷单位　广东虎彩云印刷有限公司
版　　次　2024 年 3 月第 1 版　　2024 年 3 月第 1 次印刷
开　　本　787 毫米×1092 毫米　　1/16　印张 15
字　　数　351 千字
定　　价　43.00 元
ISBN 978 - 7 - 5606 - 7194 - 9 / G

XDUP 7496001-1

* * * 如有印装问题可调换 * * *

前 言

　　"十四五"期间，国家将全面推进国产自主可控计算平台的部署和应用，基于新一代自主可控基础软硬件环境的相关业务保障人才的培养需求日益迫切，亟须建立配套的培训服务资源体系。本书依托国产 WPS Office(2019 版)软件环境，从日常办公、教学培训、文化宣传等实际岗位需求出发，按照知识传授与技能培养相结合的模式，系统讲述 WPS 演示文稿的操作方法、多媒体素材处理技术、多媒体课件设计与制作技巧等内容。本书同步配套了电子课件和范例视频等立体化学习素材。

　　1. 内容与结构

　　本书共 9 个模块，21 个任务，4 个综合实践。以金山公司 WPS 演示 2019 版本为操作平台，主要按照"模块化、任务式"的组织形式设计整体架构，采用"思维导学—知识精粹—任务进阶—习题巩固"的逻辑关系进行内容编排，主要内容包括多媒体课件设计与制作概述、初识 WPS 演示文稿、文本设计与应用、图形图像编辑与处理、图表设计与制作、影音多媒体设置与放映、多媒体动画设计、WPS 演示文稿编排与管理、多媒体课件设计与制作综合实践。

　　2. 本书特色

　　本书各内容模块先以思维导图的形式展示知识关联图谱，再详述软件操作方法和课件设计技巧，分类设置典型实践任务，同时配套有丰富的共享资源，以帮助学习者达到高效学习的目标；各实践任务主要采用"任务目标—任务说明—必备技能—操作实施"的结构进行案例叙述，并融入课程思政元素，学习者在任务完成的同时能够打牢知识基础、熟练运用相关技巧、提高操作技能，以达到业务能力快速提升的目的。

　　3. 素材资源

　　用户可扫描模块中的二维码下载书中所用到的素材资源，并自行进行练习与实践。

　　郑寇全、李忍东担任本书主编，马建锋、张晓丽、杨娟担任副主编，贺岳星、吕文泉、徐莎莎、张明江、谢滔、尚同非、荆锋、邢立鹏、张毅军、刘明星、孙燕明、梁政等老师也参与了本书内容的编写工作，姜晨、马军生做了大量文字校对工作。本书的出版得到了国防科技大学信息通信学院和试验训练基地领导以及西安电子科技大学出版社成毅老师的大力支持和帮助，在此表示衷心的感谢。

　　由于编者水平有限，疏漏之处在所难免，敬请广大读者批评指正。

编　者
2024 年 1 月

目 录

模块一 多媒体课件设计与制作概述 ……… 1

思维导学 ……………………………………… 1

知识精粹 ……………………………………… 1

1.1 多媒体课件基础知识 …………………… 2

  1.1.1 计算机多媒体技术 ……………… 3

  1.1.2 多媒体课件概念 ………………… 3

  1.1.3 多媒体课件主要分类 …………… 4

  1.1.4 多媒体课件主要特点 …………… 6

1.2 多媒体课件设计基础 …………………… 7

  1.2.1 多媒体课件美学基础 …………… 7

  1.2.2 多媒体课件设计原则与

        常见问题分析 …………… 11

  1.2.3 多媒体课件布局原则 …………… 15

1.3 多媒体课件制作典型软件 ……………… 18

  1.3.1 课堂演示型多媒体课件

        制作软件 ………………… 18

  1.3.2 动画型多媒体课件制作软件 …… 19

  1.3.3 网页型多媒体课件制作软件 …… 19

1.4 多媒体课件制作主要步骤 ……………… 19

  1.4.1 总体设计 ………………………… 20

  1.4.2 脚本编写 ………………………… 21

  1.4.3 素材加工 ………………………… 21

  1.4.4 软件编辑 ………………………… 21

  1.4.5 评价发布 ………………………… 21

【习题】 ……………………………………… 22

模块二 初识 WPS 演示文稿 ……………… 24

思维导学 ……………………………………… 24

知识精粹 ……………………………………… 24

2.1 WPS 演示文稿软件概况 ………………… 25

  2.1.1 主要特征 ………………………… 25

  2.1.2 工作界面 ………………………… 25

  2.1.3 视图模式 ………………………… 28

2.2 WPS 演示文稿基本操作 ………………… 30

  2.2.1 文件基本操作 …………………… 30

  2.2.2 幻灯片基本操作 ………………… 34

  2.2.3 功能项 …………………………… 37

2.3 WPS 演示文稿操作技巧 ………………… 38

  2.3.1 演示文稿操作快捷键速查 ……… 38

  2.3.2 演示文稿字体快速嵌入 ………… 39

  2.3.3 演示文稿视图模式快速切换 …… 39

  2.3.4 答辩助手快速制作答辩

        演示文稿 ………………… 42

  2.3.5 教学工具箱快速制作教学

        演示文稿 ………………… 42

  2.3.6 PDF 快速转换为演示文稿 …… 43

任务进阶 ……………………………………… 44

2.4 练习任务：WPS 演示文稿

    基本操作 ………………………… 44

2.5 提升任务：制作《欢度国庆》

    新闻稿 …………………………… 44

2.6 进阶任务：快速制作《美丽西安》

    演示文稿 ………………………… 46

【习题】 ……………………………………… 46

模块三 文本设计与应用 ………………… 49

思维导学 ……………………………………… 49

知识精粹 ……………………………………… 49

3.1 文字设计与排版 ………………………… 49

  3.1.1 字体基础知识 …………………… 50

  3.1.2 突出显示文字 …………………… 54

  3.1.3 改变文本布局 …………………… 55

3.2 文本输入与调整 ………………………… 57

  3.2.1 占位符输入文本 ………………… 57

  3.2.2 文本框输入文本 ………………… 57

  3.2.3 文本字体格式调整 ……………… 58

  3.2.4 文本框的快速设置 ……………… 59

3.3 文本段落格式设置 ……………………… 59

  3.3.1 对齐方式 ………………………… 59

  3.3.2 段落缩进 ………………………… 60

  3.3.3 间距设置 ………………………… 60

  3.3.4 项目符号或编号 ………………… 61

1

3.4　文本设计与应用技巧 ···········62
 3.4.1　字体选择 ···············62
 3.4.2　统一文字 ···············63
 3.4.3　文本可视化 ············65
任务进阶 ···························68
3.5　练习任务：制作不同效果的
  文字范例 ···················68
3.6　提升任务：制作特殊效果的
  文字范例 ···················69
3.7　进阶任务：设计并制作"党史故事"
  演讲比赛主题版面 ·········71
【习题】 ···························72

模块四　图形图像编辑与处理 ·········73
思维导学 ···························73
知识精粹 ···························73
4.1　图片的编辑与处理 ···········74
 4.1.1　图片的插入 ············74
 4.1.2　图片的编辑 ············78
 4.1.3　图片格式设置与调整 ····80
 4.1.4　图片裁剪与排版 ········84
 4.1.5　图文混排版式设计 ······88
4.2　图形图像的绘制与设计 ·······89
 4.2.1　图像的分类 ············89
 4.2.2　图形的绘制与设计 ······90
 4.2.3　图形的美化与组合 ······96
4.3　智能图形图像应用 ···········99
 4.3.1　智能图形家族 ··········99
 4.3.2　智能图形插入与编辑 ···100
4.4　图形图像编辑与处理技巧 ····101
 4.4.1　巧用形状分割制作创意图片 ···101
 4.4.2　巧用合并形状功能制作
   创意图形 ···········102
 4.4.3　平面图巧妙转换成三维图 ···105
 4.4.4　幻灯片图文并茂的设计技巧 ···106
 4.4.5　使用图文 AI 排版搞定
   布局设计 ···········109
任务进阶 ··························110
4.5　练习任务：图示绘制"滴滴出行"
  服务流程演示文稿 ········110

4.6　提升任务：设计制作"山高人为峰"
  封面 ·····················111
4.7　进阶任务：设计制作配有 Logo 的
  十四运宣传海报 ···········112
【习题】 ··························113

模块五　图表设计与制作 ············115
思维导学 ··························115
知识精粹 ··························115
5.1　表格插入与调整 ············116
 5.1.1　表格样式 ·············116
 5.1.2　表格插入 ·············116
 5.1.3　表格调整 ·············117
5.2　表格编辑与美化 ············117
 5.2.1　表格编辑 ·············117
 5.2.2　表格美化 ·············120
 5.2.3　表格设计 ·············122
5.3　图表创建与设计 ············124
 5.3.1　图表样式 ·············124
 5.3.2　图表类型 ·············125
 5.3.3　图表插入 ·············128
 5.3.4　图表编辑 ·············131
 5.3.5　动态图表 ·············132
5.4　图表设计与制作技巧 ········136
 5.4.1　在幻灯片中快速插入带内容、
   带格式的图表 ·······136
 5.4.2　幻灯片动态图表的设计技巧 ···137
 5.4.3　为图表添加版式效果 ···140
 5.4.4　个性化图表设计 ·······140
任务进阶 ··························145
5.5　练习任务：制作并美化"东京奥运会
  中国代表团成绩"表格 ········145
5.6　提升任务：制作并美化"2020 年
  春节期间打卡量 TOP3 机场游客
  流量"图表 ················147
5.7　进阶任务：制作并美化"2021 年
  陕西省经济 GDP 总量"动态图表 ···148
【习题】 ··························149

模块六　影音多媒体设置与放映 ······151
思维导学 ··························151

知识精粹 ··············· 151
6.1 多媒体文件知识 ········· 152
6.1.1 音频文件相关知识 ····· 152
6.1.2 视频文件相关知识 ····· 152
6.1.3 添加多媒体文件和超链接 ··· 153
6.2 音频文件设置与放映 ······ 155
6.2.1 音频文件的剪辑 ······ 155
6.2.2 音频文件格式设置 ····· 156
6.3 视频文件设置与放映 ······ 157
6.3.1 视频文件添加 ······· 157
6.3.2 视频文件裁剪 ······· 158
6.3.3 视频文件播放与属性设置 ·· 159
6.4 影音多媒体设置技巧 ······ 160
6.4.1 背景音乐跨幻灯片连续播放 ··· 160
6.4.2 多媒体文件自动播放和
条件播放 ········· 160
6.4.3 为影片剪辑添加引人注目的
封面 ············ 161
任务进阶 ··············· 162
6.5 练习任务：为"山海风韵"
演示文稿插入视频 ······ 162
6.6 提升任务：为"墨香十年"
演示文稿配影音并放映 ··· 164
6.7 进阶任务：设计并制作"笔韵江城"
演示文稿 ··········· 166
【习题】 ··············· 168

模块七 多媒体动画设计 ········· 170
思维导学 ··············· 170
知识精粹 ··············· 170
7.1 多媒体动画种类 ········· 171
7.2 多媒体动画效果设计 ······ 171
7.2.1 页面切换效果设计 ····· 171
7.2.2 幻灯片对象动画设计 ···· 173
7.3 多媒体动画设计技巧 ······ 180
7.3.1 为同一对象添加多个动画效果 ·· 180
7.3.2 使用 AI 智能动画一键
完成动画制作 ······· 181
7.3.3 使用动画触发器控制动画播放 ·· 182
7.3.4 快速实现多图轮播 ····· 183

7.3.5 设置动态数字动画 ····· 184
任务进阶 ··············· 184
7.4 练习任务：制作"中国女排精彩瞬间"
演示文稿 ··········· 184
7.5 提升任务：制作"国旗冉冉升起"
演示文稿 ··········· 185
7.6 进阶任务：制作"倒计时"
换片特效 ··········· 186
【习题】 ··············· 188

模块八 WPS 演示文稿编排与管理 ··· 190
思维导学 ··············· 190
知识精粹 ··············· 190
8.1 演示文稿布局设计 ········ 191
8.1.1 演示文稿页面尺寸设置 ·· 191
8.1.2 幻灯片个性化背景设置 ·· 191
8.1.3 演示文稿配色方案设置 ·· 192
8.1.4 幻灯片页脚中日期与时间自动
更新 ············ 193
8.1.5 插入参考线与网格 ····· 193
8.2 交互式演示文稿创建与设计 ··· 194
8.2.1 超链接创建 ········· 194
8.2.2 超链接编辑 ········· 195
8.2.3 动作按钮设置 ······· 196
8.3 版式和母版设计 ········· 197
8.3.1 幻灯片版式设计 ······ 197
8.3.2 幻灯片母版设计 ······ 201
8.4 演示文稿放映 ··········· 205
8.4.1 自定义演示 ········· 206
8.4.2 设置放映方式 ······· 207
8.4.3 设置排练计时 ······· 207
8.4.4 对重点内容进行标记 ···· 208
8.4.5 幻灯片跳转设置 ······ 209
8.5 演示文稿管理 ··········· 210
8.5.1 演示文稿保护 ······· 210
8.5.2 演示文稿导出 ······· 212
任务进阶 ··············· 215
8.6 练习任务：输出"青春，最美好的
样子"演示文稿 ······· 215

8.7 提升任务：制作"国际互联网大会"
　　宣传海报·················218

8.8 进阶任务：制作"雕刻光影"
　　演示文稿·················219

【习题】·····················221

模块九　多媒体课件设计与制作综合实践······223

9.1 制作"年终工作总结报告"汇报
　　演示文稿·················223

9.2 制作"千年古都，常来长安"综合
　　实训演示文稿··············224

9.3 制作"乡村振兴战略"愿景展示
　　演示文稿·················226

9.4 制作"自我介绍"演示文稿·······227

习题参考答案·················229

参考文献····················231

模块一　多媒体课件设计与制作概述

思维导学

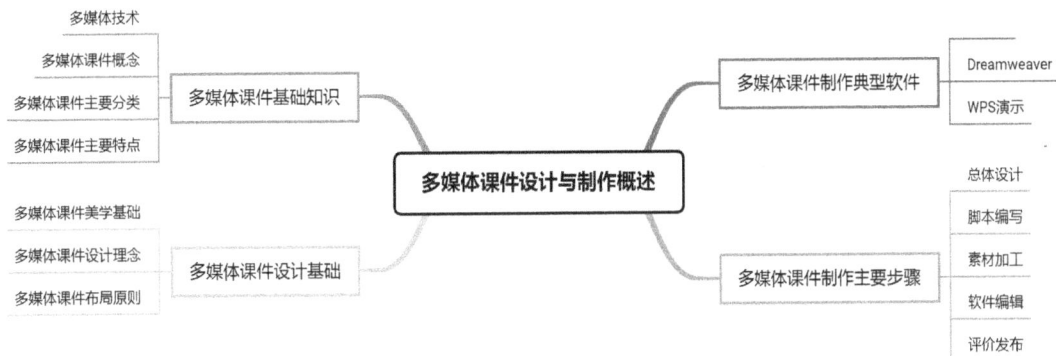

知识精粹

多媒体(Multimedia)是多种媒体的综合，一般包括文本、声音和图像等多种媒体形式。在计算机系统中，多媒体指组合两种或两种以上媒体的一种人机交互式信息交流和传播媒体，包括文字、图片、声音、动画和影片等所提供的互动功能。

多媒体课件(Multimedia Courseware)是教学人员用来辅助教学的多媒体工具。制作多媒体课件时，可先从总体上对信息进行分类组织，然后把文本、图形、图像、声音、动画、影像等多种媒体素材集成为一体并赋予它们以交互特性，从而得到各种精彩纷呈的效果。

多媒体可将各种媒体的功能进行科学的整合，为用户提供多种形式的信息展现，使用户得到的信息更加直观生动。多媒体演示文稿的应用越来越普遍，如工作汇报、经验交流、会议演讲、学术报告、课件制作、广告宣传和产品演示等，使用这种图文、动画、声像相结合的方式能够更清晰地表达自己的思想，对我们的工作有很大的帮助。

1.1　多媒体课件基础知识

在计算机领域，媒体主要是指传输的信息和存储信息的载体。传输的信息包括语言、文字、数据、视频、音频等；存储的载体包括硬盘、软盘、磁带、磁盘、光盘和 U 盘等。媒体可分为五大类，即感觉媒体、表示媒体、表现媒体、存储媒体和传输媒体。

1. 感觉媒体

感觉媒体是指能直接作用于人们的感觉器官，使人能直接产生感觉的一类媒体。感觉媒体包括人类的各种语言、文字、音乐、自然界的其他声音以及静止的或活动的图形、图像和动画等信息。在计算机中，感觉媒体通常分为文本、图形、图像、动画、音频和视频。

(1) 文本(Text)。文本是指在计算机中输入的字符和汉字，具有字体、字号、颜色等属性。在计算机中，表示文本信息的方式主要有两种，分别是点阵文本和矢量文本。

(2) 图形(Graphics)。图形是指在一个二维空间中用轮廓划分出的若干空间形状。图形是由外部轮廓线条构成的矢量图，可任意缩放且不会失真，属于空间的一部分，但不具有空间的延展性，它是局限的可识别的形状。计算机绘制的各种几何图形有直线、圆、矩形、曲线、图表等。

(3) 图像(Image)。图像是人类视觉的基础，是自然景物的客观反映，是人类认识世界和人类本身的重要源泉。图像是指由智能手机、数码照相机、数码摄像机或图形扫描仪等输入设备获取的照片、绘画、剪贴画、书法作品、卫星云图、影视画面、脑电图等。图像可以看成是由许许多多的点组成的，单个的点称为像素(Pixel)，像素是表示图像的最小单位。

(4) 动画(Animation)。动画是指借助计算机生成的一系列可供动态实时演播的连续图像。动画是依靠人的"视觉暂留"功能来实现的，将一系列变化微小的画面按照一定的时间间隔显示在屏幕上，就可以得到物体运动的效果。"视觉暂留"的特性是指人的眼睛看到一幅画或一个物体后，在 0.34 s 内不会消失。利用这一原理，在一幅画还没有消失前播放下一幅画，就会给人造成一种流畅的视觉变化效果。

(5) 音频(Audio)。音频是指人类能够听到的所有声音。音频是数字化的声音，它可以存储在计算机中，它可以是说话声、音乐、自然界的各种声音、人工合成声音等。人耳可以听到的声波频率一般在 20 Hz～20 kHz 之间。

(6) 视频(Video)。视频泛指将一系列静态影像以电信号的方式加以捕捉、记录、处理、储存、传送与重现的各种技术，也指由摄像机、智能手机等各种输入设备获取的活动画面。当连续的图像变化每秒超过 24 帧画面以上时，根据视觉暂留原理，人眼无法辨别单幅的静态画面，因此会产生平滑连续的视觉效果，这种连续的画面叫作视频。

2. 表现媒体

表现媒体是一种信息的表示方法。信息本身是无形的，如果要使信息能被人们理解和接受,必须将信息通过一定的方法表示出来。例如用于数据交换的编码,如图像编码(MPEG、JPEG 等)、文本编码(ASCII、GB2312 等)和声音编码等就是表示媒体,它们在计算机中是使用不同的格式来表示的。

3. 表现媒体

表现媒体又称为显示媒体,是计算机用于输入或输出信息的媒体,如键盘、鼠标、光笔、显示器、扫描仪、打印机、数字化仪等。

4. 存储媒体

存储媒体又称为存储介质,是指存储二进制信息的物理载体,如硬盘、软盘、光盘和 U 盘等。

5. 传输媒体

传输媒体是通信网络中发送方和接收方之间的物理通道。计算机网络中采用的传输媒体可分为有线和无线两大类。有线传输媒体主要有同轴电缆、双绞线及光缆;无线传输媒体主要有微波、无线电、激光和红外线等。卫星通信、无线通信、红外通信、激光通信以及微波通信的信息载体都属于无线传输媒体。

1.1.1　计算机多媒体技术

多媒体技术是指通过计算机对文字、数据、图形、图像、动画、声音等多种媒体信息进行综合处理和管理,使用户可以通过多种感官与计算机进行实时信息交互的技术,又称为计算机多媒体技术。

计算机多媒体技术是当今信息技术领域发展最快、最活跃的技术之一,是新一代电子技术发展和竞争的焦点。多媒体技术融合计算机、文本、声音、图像、动画、视频和通信等多种功能于一体,借助日益普及的高速信息网,可实现计算机的全球联网和信息资源共享,因此被广泛应用在教育、咨询服务、图书、通信、军事、金融、医疗等诸多行业,并正潜移默化地改变着我们的生活方式、生产方式和交互环境。多媒体技术所展示和承载的内容实际上都是计算机技术的产物。

多媒体计算机作为教学媒体的一种,是用来存储、传递教育和教学信息的,只是在信息领域,"多媒体"中"媒体"的含义不同于"教学媒体"这一教学媒介。无论是"多媒体计算机"还是"计算机多媒体",这里的"多媒体"在信息领域都有其自身的特定含义。

1.1.2　多媒体课件概念

"课件"一词译自英文"Courseware",其本意是课程软件课件。是一种根据教学目标设计的、表现特定教学内容的、反映一定教学策略的计算机教学程序。它可以用来储存、传递和处理教学信息,能让学生进行交互操作,并对学生的学习作出评价。

多媒体课件是根据教学大纲的要求和实际教学的需要，经过严格的设计，并以多种媒体的表现方式和超文本结构制作而成的课程软件，如图 1-1-1 所示。

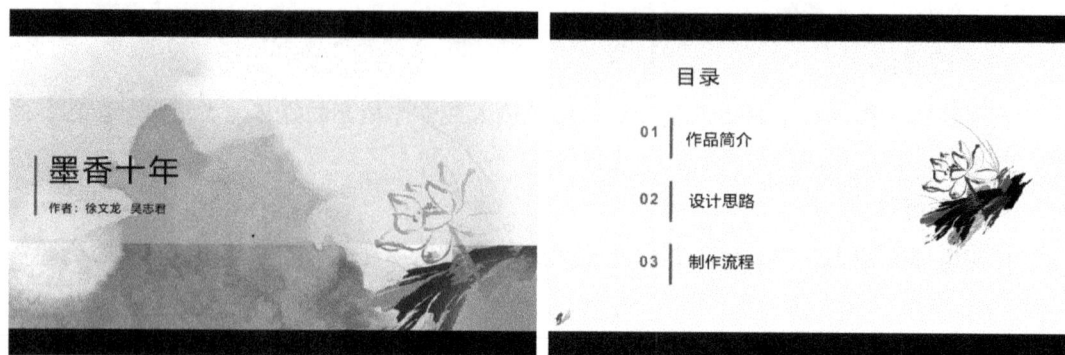

图 1-1-1   "墨香十年"课件

通常情况下，多媒体课件具有以下特性：

(1) 集成性。集成性是指将信息载体综合在一起，这些载体包括文本、数字、图形、图像、声音、动画和视频等。

(2) 控制性。多媒体课件并不是多种载体的简单组合，而是由计算机加以控制和管理的。

(3) 交互性。交互性是指将多媒体信息要素整合在一起，采用图形菜单、图标、窗口等人机交互界面的方式，利用鼠标、键盘等输入设备实现人机信息的交流与沟通。

1.1.3   多媒体课件主要分类

随着计算机多媒体技术的进步和发展，多媒体教学模式在不同的教学理论和教学策略引导下呈现出多极化、多元化的发展趋势。多媒体课件种类繁多，难以找到一个统一的划分标准。下面仅介绍课堂演示型课件、网络型课件、动画型课件三种最主要的类型，便于学习者更容易地掌握课件的制作技术。

1. 课堂演示型课件

课堂演示型课件是以计算机屏幕演示文字、图表、图形、图像、音视频、动画的课件。可根据学习者的情况，选取或展示最合适的内容。课件可将相关的教学内容融于图、文、声并茂的拟人动画中，激发学生学习兴趣，激活他们的大脑细胞，从而明显提高教学效果。

课堂演示型课件应用于课堂教学中，其主要目的是揭示教学内容的内在规律，将抽象的教学内容用形象具体的动画等方式表现出来。此类课件继承了多媒体组合教学的优秀成果，具有直观形象、生动有趣等特点，如图 1-1-2 所示。课堂演示型课件在新技术条件下又有了新的发展，突出表现在超媒体特性在此类课件中的应用，促使教学由单线型的教学设计向板块状的设计转化，使教师在教学过程中能根据学生的思路迅速调整教学流程，选择最佳的知识关联，利用知识间的联系加强理解，达到课堂教学的优化，这也使学生在课堂中有了选择的权利。

图 1-1-2　课堂演示型课件

2. 网络型课件

网络型课件是指以网页形式存在的、能在网络上运行的，以解决专业课程的重点、难点为基本目的，并以多媒体超链接的结构制作的、相对独立的教学软件。它是一种根据预定的教学目的，对教学内容进行设计，以网页形式组织多媒体信息元素来完成制作并运行在网络环境下的课件。网络型课件通常是基于 Web 标准(即网页标准)，采用 HTML 语言设计制作的，再加上 CSS 样式、JavaScript 等各种技术开发的应用于相关课程教学的课件。

网络型课件的教学设计体现着教师对教学模式和教学方法的研究和改革思想。网络型课件的研制以激发学生自主学习的兴趣为主要目的；同时，教师也可以利用网络型课件开展多种形式的教学活动。研制网络型课件应注意发挥其形式的灵活性和内容的前瞻性，充分利用多媒体的优越性，大量搜集和利用各种静态图像、实物录像、声音、动画等素材，采用超媒体结构，强化软件内容结构的交互功能。切忌把网络型课件变成文字教材的简单翻版。网络型课件如图 1-1-3 所示。

图 1-1-3　网络型课件

3. 动画型课件

在传统教学中，往往因为课本内容抽象，容易使学生感到单调和枯燥，学生学习的兴趣不大，而兴趣是最好的老师。因此，要使学生喜欢课堂，对学习产生兴趣，就要改变单一的以教师讲授为主的传统教学方式，充分调动学生的主动性。其中行之有效的办法，就是充分利用动画型课件的效果。

动画型课件是以交互方式将文本、图像、图形、音频、动画、视频等多种信息要素，经单独或合成的形态表现出来，向教者、学者传达多层次的信息，如图 1-1-4 所示。动画型课件多采用 Flash、万彩动画大师、PPT 等软件制作，可以制作教育、企业、广告、传媒、影视等行业的动画作品。

图 1-1-4　动画型课件

1.1.4　多媒体课件主要特点

多媒体课件的主要特点有以下三点。

1. 丰富的表现力

多媒体课件不仅可以更加自然、逼真地表现多姿多彩的视听世界，还可以对宏观和微观事物进行模拟，对抽象、无形事物进行生动、直观的表现，对复杂过程进行简化再现等。这样，就使原本传统的教学活动充满了媒体表现的魅力。

2. 良好的交互性

多媒体课件不仅可以在内容的学习和使用上提供良好的交互控制，而且可以运用适当的教学策略指导学生学习，更好地体现出因材施教的个性化教学。

3. 极大的共享性

随着网络技术的发展，多媒体信息的自由传输使得教育在全世界交换、共享成为可能。以网络为载体的多媒体课件，提供了教学资源的共享和实效性，极大地满足了人们对教育资源的需求与渴望。多媒体课件在教学中的使用，改善了教学媒体的表现力和交互性，促进了课堂教学内容、教学方法、教学过程的全面优化，提高了教学效果。

1.2　多媒体课件设计基础

根据科学家的调查研究，色彩具有"先声夺人"的视觉特征，具有给人以极深刻的第一视觉印象的艺术魅力。

1.2.1　多媒体课件美学基础

根据人观察物体时的表现，视觉神经对色彩的反应最快，其次是形状，最后为表面质感。在观看阅读课件时，合理的配色令人赏心悦目，杂乱的配色令人感觉不适，因此掌握课件制作的色彩美学基础尤为重要。如图 1-2-1 所示为某课程的同一内容、不同配色的课件效果对比图。

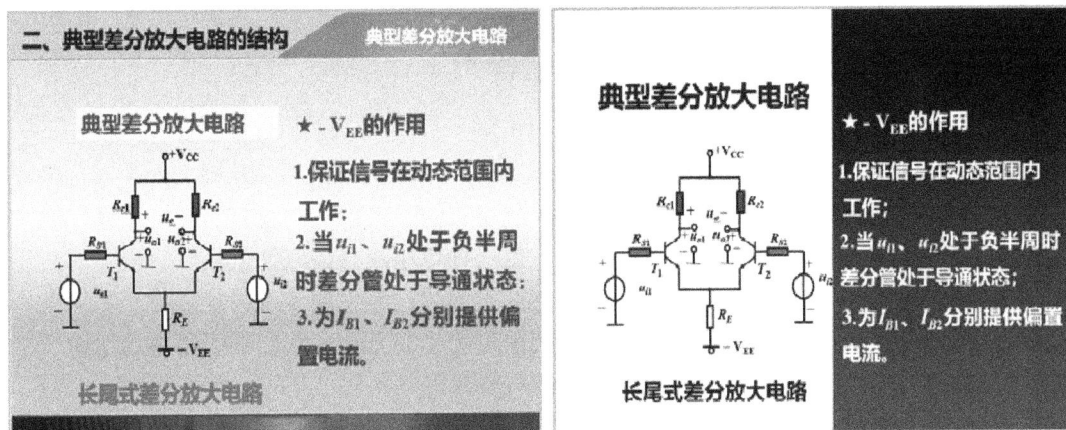

图 1-2-1　同一内容、不同配色的课件效果对比图

1. 课件中的色彩模式

我们所生活的世界有着万千颜色，多媒体课件的设计与色彩的使用紧密相连，计算机是如何识别这些色彩的呢？根据科研发现，人们的眼睛能识别 1700 多万种颜色，为了让计算机也能识别出丰富的色彩，根据显色原理的不同，科学家采用计算机编码的模式给颜色命名，从不同的显色原理出发，编码的模式也有很多种。每一种模式都有自己的适用范围。在课件制作中常用到的是 HSB 与 RGB 色彩模式。

1) HSB 色彩模式

HSB 模式是色彩基础中的一个重要模式，也是我们日常生活中能够感受到的最基础的一种模式，它对应的是人眼和大脑对于颜色的直接感知和识别。

HSB 从色相(Hue)、饱和度(Saturation)、明度(Brightness)中分别取了首字母来代表其含义。H 指色相，是指色彩的相貌，比如红、橙、黄、绿、青、蓝、紫等这些色彩。为了方便我们使用和记忆颜色，人们根据某种规律把颜色排成了一个圆环，这个圆环称为色相环，如图 1-2-2 所示。H 的取值单位是度，度是角度的意思，表示色相位于色相环上的位置。红色处于这个色相环 0°的位置，转了一圈(360°)后仍然是红色。当 H 处于 0°时，得到红色；按色相环顺时针将 H 调到 60°时，可以得到黄色。在课件制作软件中的取色器是以一条色相选择条来表示的，色相选择条首尾相连就构成了色相环，或者说色相环剪开后拉直就得到了色相条。我们常说的黑白灰是没有色相的，它们属于灰度色，黑色可以理解为极暗的灰，白色可以理解为极亮的灰。

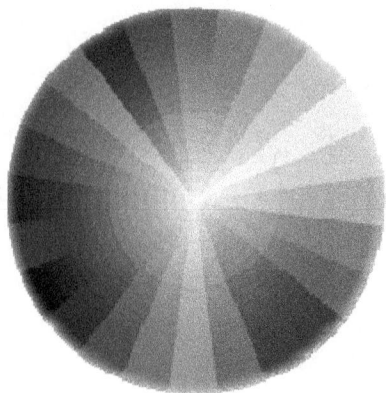

图 1-2-2　色相环

颜色的饱和度，用英文字母 S(Saturation)来表示，指在相同色相的基础上加上不同浓度来表示颜色的深浅变化。比如，嫩绿和翠绿的色相相同，区别之一就是饱和度不同。饱和度的取值范围是 0～100%，在最大饱和度时，每一种色相具有最纯的色光。

当颜色的色相、饱和度完全一样，只有亮度不同时，颜色的表现力也是完全不同的。可以想象，悬挂在窗户上的窗帘，随着白天到黑夜的光线变化，我们的眼睛看窗帘时也能明显感觉到它的明暗变化，明度用 B(Brightness)来表示。

2) RGB 色彩模式

RGB 模式源于光的三原色：红(Red)、绿(Green)、蓝(Blue)。RGB 模式是自发光物体表示颜色的一种模式，常见的显示器、投影仪、手机屏幕等都是自发光物体，除了这些电子设备外，阳光也是一种自发光物体。前文提到显示器显示的最小单位是像素，每一个像素又可分为三个颜色晶格，分别用来显示红色、绿色和蓝色。每一个颜色晶格又可以分为 256 个颜色明暗程度，用 RGB 分别表示红色晶格、绿色晶格和蓝色晶格的明暗程度，即为 RGB 的色值。

当 R 为 0 的时候，代表一点红光都没有，这个像素不会产生任何红色；当 R 为 255 的时候，表示当前这个像素红光开到最大。同理，绿色晶格和蓝色晶格也是这么表示绿光和蓝光的明暗程度，也就是 RGB 的色值。我们可以通过 RGB 三个颜色的色值来判断颜色。比如当 RGB 三个颜色的色值分别是 200、18、18 的时候，说明这个红色晶格强度开到 200，绿光和蓝光都开到 18，那么很显然，这个颜色应该是偏红的。如果 RGB 三个色值分别是 10、20、222 时，说明蓝光开的比较强，达到了 222，而红光和绿光只有 10 和 20，很显然这应该是一个蓝色。RGB 是色光的色彩模式，三种色彩叠加形成了其他的色彩。包含 0 度在内，三种颜色都有 256 个明度水平级，所以三种色彩叠加就形成 1670 万种颜色，这 1670 万种颜色足以在显示器中呈现出绚丽多彩的世界。

2. 配色技巧

在课件制作中选择颜色的时候，初学者往往感到无从下手。经过初步学习颜色模式后，学习者就可以利用颜色模式的规律进行科学配色。掌握以下规律，即使你并非专业设计师，也可以轻松搞定课件制作中的色彩搭配。

1) "他山之玉"法

这种搭配方式特别适合初学者，即模仿、借鉴优秀作品的配色方案。这里的优秀作品包括优秀课件、电影电视海报和大自然等，如图 1-2-3 至图 1-2-5 所示。

图 1-2-3　课件配色

图 1-2-4　【北宋】王希孟《千里江山图》配色

图 1-2-5　大自然配色

2) 直线配色法

在选择颜色时，利用颜色表横向或纵向直线方向的色彩进行取色。这样所得的色彩在色相、明度或饱和度中至少具有一个方面的一致性，因此看起来较为和谐。如图 1-2-6 所示。

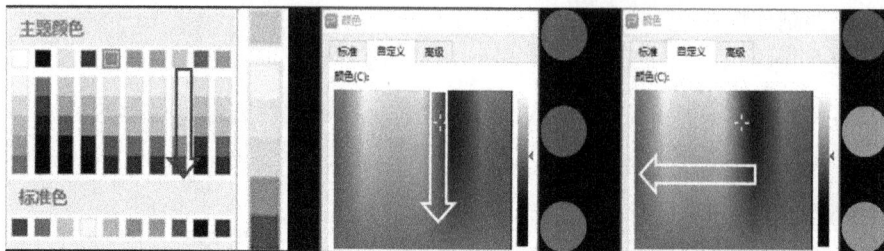

图 1-2-6　直线取色法

使用色相一致的配色，适当加入饱和度及明度的变化会让人感觉到颜色的和谐与统一。一些动物的皮毛会自然地生长为与周围环境相近的保护色，天然地与周围环境融为一体，不易被天敌或猎物发现。自然中存在的色彩大都呈现出协调的状态，比如森林、高山、沙漠等，部队迷彩服的设计，也是利用色相一致的原理，尽可能隐蔽己方不被敌方察觉。因此，色相一致的配色方案，是一种朴实而又不引人注目的风格，是非常实用的配色方式。

3) 对比色法

在某些场合，色相一致的配色无论怎么增加饱和度和明度的变化，可能都会给人单调的感觉，如果设计中有需要特别强调的或想引人注目的地方，可以采用与原来色相不相同的色相作为强调色，将其突显出来，抓住观众的注意力。比如，三军仪仗队礼服，就应用到了色相一致、小范围强调的色彩搭配方法。突出的红色帽徽与金色绶带，与天安门广场的主色调相融合，使整套衣服的色调既和谐统一又有亮点，体现了中国军人的崭新形象。

除了色相一致以外，根据不同色相在色相环上相距角度的不同，还有同类色、类似色、邻近色、中差色、对比、互补色等不同的色相对比方式，如图 1-2-7 所示。不同的色相对比会让人产生不同的情绪，以互补色为例，如图 1-2-8 所示。互补色在色相上是 120°到 180°的色彩，是对比最强烈、画面最丰富、最具有感官刺激性的色彩组合，常被人们来表达极大反差的事情，以及用此来突出表达目的。

色相对比，实际上是不同色彩的对比。在色相环上，离得越近的色相，对比越弱；离得越远的色相，对比越强。

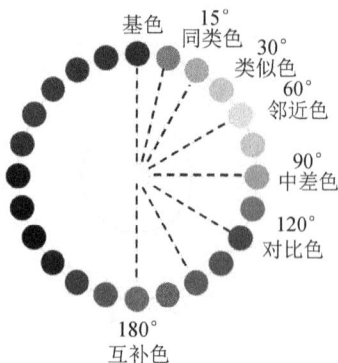

图 1-2-7　色相环与角度颜色之间的关系

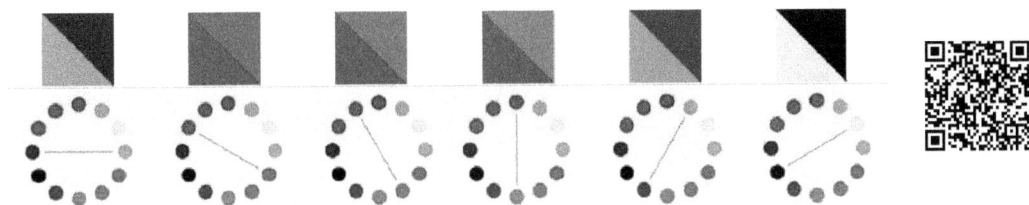

图 1-2-8　互补色(色相环上 120°到 180°的色彩)

3. PPT 中主色和辅助色

PPT 设计中存在主色和辅助色之分。

PPT 主色：即整幅作品的主要色彩，它将影响用户对整个作品的感官印象，作品想要传达的感受，主要是由这个色彩传达出来的。主色一定是抢镜的颜色，在整个作品中，这个色彩第一时间进入你的视线，并且影响整个作品的感官和印象，不可替换，如果换了别的颜色，整个作品传达的主题就被改变了。

PPT 辅助色：即帮助主色建立更完整的形象，更好地表达主色所传达的思想。可选同类色或者对比色，以达成画面统一和谐。辅助色可有可无，其存在的决定权在于配色者自身的喜好。若主色本身已经很完美，那么即使没有辅助色也是可以的。

对比色指在色轮上呈现 180°互补的颜色，如红色配绿色，橙色配蓝色，紫色配黄色，这种配色在色差上对比强烈，更吸引注意力，经常在一些需要强调的地方使用。若主色是红色，辅助色是橙色，橙色的运用使红色更为突出。典型的同类色辅助色，也可以叫作背景色辅助色，可使整个画面显得极为和谐。此时选择主色的对比色作为辅助色，画面刺激、活泼，也很稳定。如橙色和蓝色就是对比色，整个画面具有强烈的视觉冲击效果，但画面整体又显得很稳定。

在选择过渡色时，一般采用黑色、白色、灰色。黑色、白色、灰色并不属于色轮中的任何一种颜色，它们在配色中显得很安全。在字体色中，通常为灰色和黑色，如果是黑色背景，则大多数是白色字；在背景色中，通常为白色和浅灰色，一些发布会喜欢用黑色。

1.2.2　多媒体课件设计原则与常见问题分析

为了达到学科教学的最佳效果，教学工作者普遍在课堂中使用多媒体课件。由于多媒体课件是为教学服务的，所以在设计时要遵循一定的原则。

1. 设计原则

设计是指一种设想通过合理的规划、周密的计划并通过各种感觉形式传达出来的过程。设计原则的四个基本要点是重复、对齐、对比和亲密性。

1) 重复

在整个演示文稿中，重复一些设计方面的要素，会使 PPT 的页面风格一致。这不是说所有的内容都要看起来一模一样，而是你的视觉要素要贯穿始终，把所有内容维系在一起。可以重复使用相同的字体、字号、特定的颜色、图形的样式等，也可以在项目的设置、文本和图形的布局上重复。找出重复元素并进行设计，有意识地创建整体风格统一的演示文稿，使其看起来更为统一，也更专业。

如图 1-2-9 和图 1-2-10 所示，这两张图片拍摄的分别是文化墙和爬山虎。画面中的元素被简化到只有明信片和爬山虎叶子，作品重复排列了场景中的元素，以此来表达整体场景，这种通过重复来铺满的画面，其中的元素非常单一，单一到没有其他任何能吸引我们注意力的细节。这种重复会强迫我们去关注画面所表达的事物，能够更好地传递内容与情绪给受众。

图 1-2-9　重复——文化墙

图 1-2-10　重复——爬山虎

2) 对齐

对齐是指将页面上的各种相关元素进行整理，从而使页面看起来结构清晰、内容连贯。

　　对齐的思路就是需要有意识地决定如何在页面上放置内容。千万不要将一些文字或者图片随意地放在页面上，而是应该将幻灯片中的每项元素与单张幻灯片紧密联系在一起，通过设置各相关元素的对齐方式，比如左对齐、右对齐、居中对齐、两端对齐、分散对齐等方式，使得一组幻灯片的对齐方式一致。对齐使整个 PPT 统一，使页面显得整齐有序，能够有效地组织 PPT。文字对齐前后对比效果如图 1-2-11 和图 1-2-12 所示。

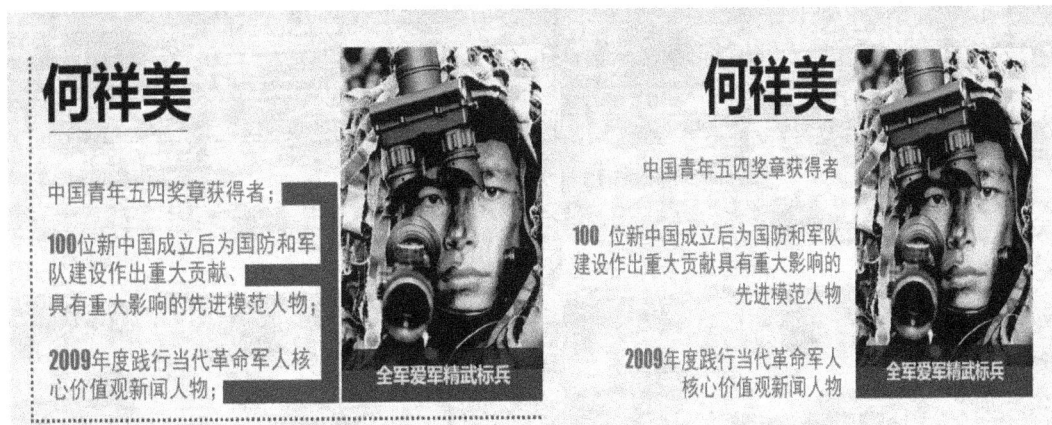

图 1-2-11　文字对齐效果对比 1

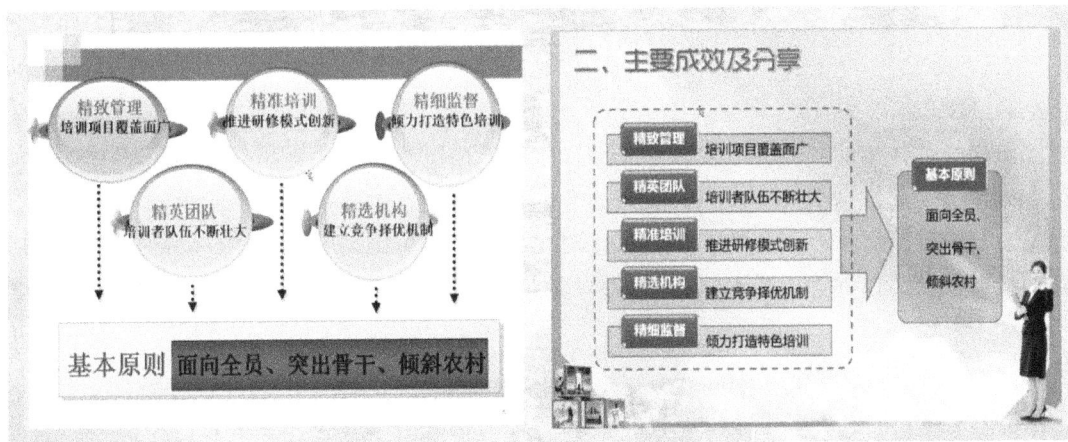

图 1-2-12　文字对齐效果对比 2

3) 亲密性

　　亲密性，也叫就近性，指的是把所有相关项目整合在一起，增强演示文稿的逻辑性与结构性。页面中各项之间的距离直观地说明了一切。亲密性有利于组织信息内容，有助于清晰表达信息，亲密性的使用具体需要注意以下三点：

　　(1) 有联系的部分、相关联的部分放在一起。

　　(2) 划分正确的类别，并将内容加以归类。

　　(3) 注意演示文稿本身或演讲内容整体的逻辑性与结构性。

　　文字亲密性对比如图 1-2-13 所示，图片亲密性对比如图 1-2-14 所示。

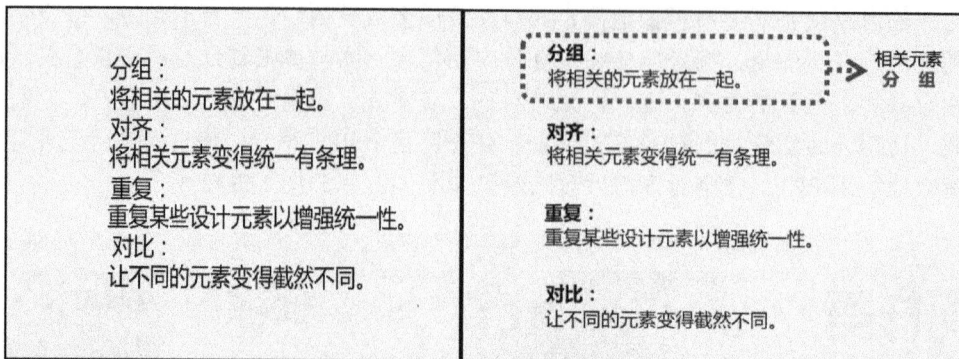

图 1-2-13　文字亲密性对比

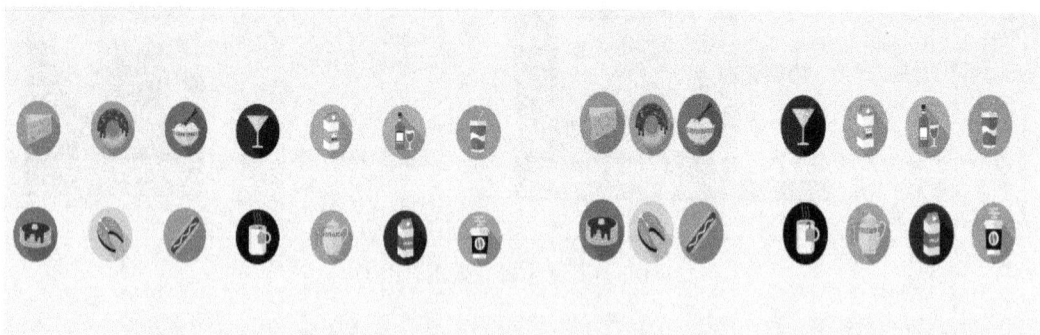

图 1-2-14　图片亲密性对比

4）对比

对比就是让不同的元素变得截然不同。对比之所以会吸引大家的注意力，是因为它创造了兴趣点，通常这个兴趣点就是整个内容的焦点所在。对比是戏剧中常常运用的手段，也是合理安排幻灯片上内容的一种方式。对比包含字体对比、颜色对比、动静对比等，对比的目的是突出内容、引发关注，利用对比来组织内容，更容易吸引人们的眼球。颜色对比如图 1-2-15 所示。

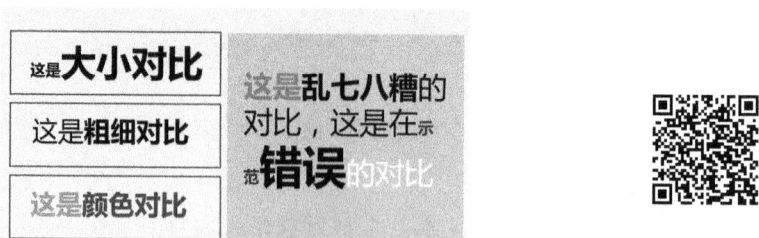

图 1-2-15　颜色对比

演示文稿页面设计的目的，并不仅仅是让它看起来更漂亮，而是要实现更清晰表达的目的。重复、对齐、亲密性和对比，这四项基本原则不仅可以提升演示文稿的美感，还可以进一步使演示文稿展示的信息更加连贯、简洁、直接。

2. 目的用途分析

成功的演示文稿具有的设计特征，是值得我们学习和借鉴的，优秀的演示文稿会给观众留下非常美好的印象。对于学习者而言，要充分考虑以下这些因素：

(1) 引人入胜的内容是必要因素。内容的选取或者主题的确定是非常重要的，所用的设计与布局都是围绕主题展开的。

(2) 要有针对性。针对不同的观众量身定制不同的演讲内容。

(3) 要有清晰且一目了然的组织结构，简洁明了地勾勒出主体框架。

(4) 文字、图形、图像等相关视觉资料的选取要与内容及观众紧密相关。

(5) 演示文稿上显示的动画效果不是越多越好，而是要为内容服务，吸引观众的注意力。

(6) 信息量要有所取舍，以突出重点内容为目的，演示文稿每个页面所呈现的内容是提纲性内容或是此部分内容中的重点内容，而不是演讲者稿子的所有内容。

(7) 页面内容的设计能够与观众互动，创造一种对话的感觉。

3. 常见问题分析

设计理念(Design Concept)是设计师在空间作品构思过程中所确立的主导思想，它赋予作品文化内涵和风格特点。好的设计理念非常重要，它不仅是作品设计的精髓所在，而且能使作品具有个性化、专业化和与众不同的效果。在具体实践过程中，用户往往会忽视演示文稿在制作过程中的设计思想，这样最容易出现一些常见问题。

1) 结构上的问题

• 主题内容准备不充分，例如，演示文稿页面上要展示的内容，没有提前整理和列出提纲，缺乏主题内容的准备。

(1) 内容安排杂乱。例如，演示文稿页面上的内容安排杂乱，文字、图片或形状等元素没有进行合理的结构设计，幻灯片布局杂乱。

(2) 内容乏味。例如，演示文稿页面上所演示的内容乏味，重点不突出，没有进行整理与提炼，没有围绕主题收集相关素材。

(3) 信息太多。这是初学者最容易犯的一个毛病，演示文稿一个页面上堆积着密密麻麻的文字，无法吸引观众的眼球。

(4) 针对性差。例如，内容结构的设计没有考虑观众的学历层次以及接受能力，内容缺乏针对性。

2) 演示页面的问题

(1) 演示文稿页面上放了大量的切换效果，或者放置了与内容不相关的小动画，影响观众的注意力。

(2) 采用过时的或者模糊的图片，或者与内容无关的素材。

(3) 屏幕上的文本信息密密麻麻，又小又挤，观众根本看不清。

(4) 每张幻灯片的字体和布局都不相同，使观众在感官上产生不一致。

1.2.3　多媒体课件布局原则

1. 布局基本要素

课件中的布局要素，即在视觉上能看到的全部符号，包括字、词、句、段、线条、点、图形以及图片等。

2. 布局主要原则

1) 满版布局

满版布局以图像充满整版为布局方式，用一张满版的图片作为大背景，视觉传达效果直接且强烈，通常用于封面或只有一句话的"金句页"，如图 1-2-16 所示。

图 1-2-16　满版布局

2) 上下布局

上下布局是一种较为典型且易学的布局方式，包括"上图下字"和"上字下图"两种操作方法，图片及文字各占空间互不干扰，可以清晰传达出设计者想要传达的信息，如图 1-2-17 所示。

图 1-2-17　上下布局

3) 左右布局

左右布局是将文案和图片进行左右分栏的构图，使画面看上去和谐稳定，比较适合有对比内容、并列内容或内容较多时的课件设计，如图 1-2-18 所示。

图 1-2-18　左右布局

4) 对角线布局

对角线布局是将文案和图片等设计要素以斜线或对角线的方式进行布局，起到引导视觉、丰富画面的效果，如图 1-2-19 所示。

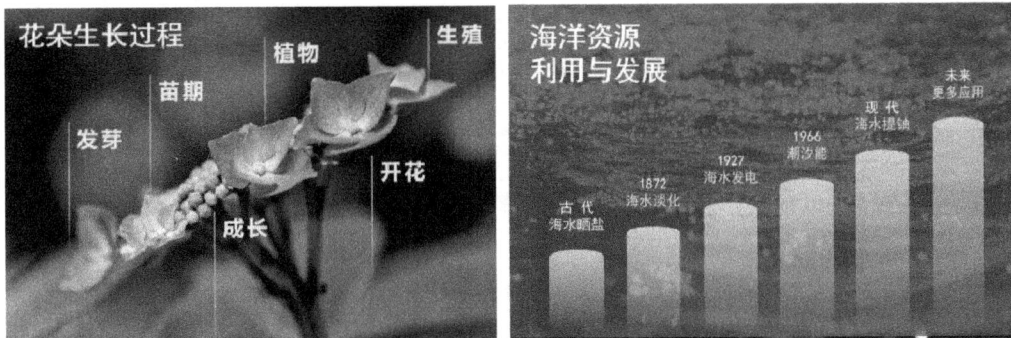

图 1-2-19 对角线布局

5) 居中构图布局

居中构图布局是将主体元素放在画面中心，能引导视觉焦点集中，适合大气、端庄、稳重的主题，多适用于较为正式的场合，如图 1-2-20 所示。

图 1-2-20 居中构图布局

6) 卡片式布局

卡片式布局多用于梳理复杂内容，可以丰富页面的视觉效果，使文本或图片信息清晰化，如图 1-2-21 所示。

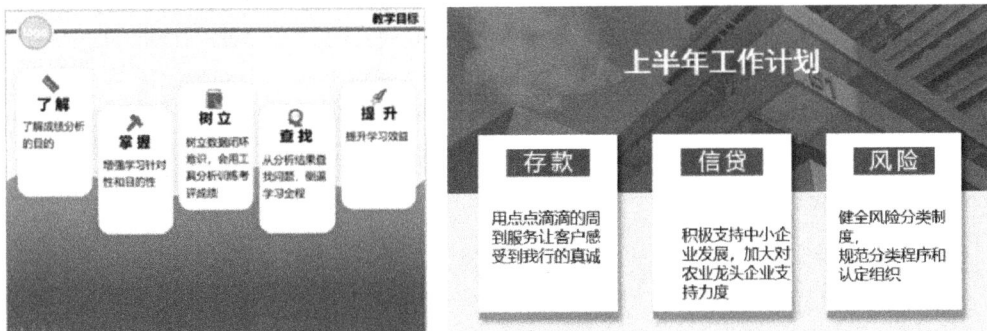

图 1-2-21 卡片式布局

3. 演示文稿设计原则

制作演示文稿的最终目的是给观众演示，能否给观众留下深刻的印象是评定演示文稿效果的主要标准。为此，在进行演示文稿设计时一般应遵循以下原则：

(1) 重点突出。

(2) 简捷明了。

(3) 形象直观。

此外，在演示文稿中应尽量减少文字的使用，因为大量的文字呈现往往使观众感到乏味，应尽可能地使用其他更直观的表达方式，例如图片、图像、表格和图表等。根据主题内容的需要，还可以加入声音、动画和视频等元素，来加强演示文稿的表达效果。

1.3　多媒体课件制作典型软件

多媒体课件的制作涉及素材的搜集、整理、加工以及课件的制作、调试、发布等诸多环节，因此，制作多媒体课件时涉及的软件也比较多。常见的文字素材处理软件有 WPS、Word、写字板等，图像素材处理软件有 Photoshop、CorelDraw、金山画王、Painter 等，声音素材处理软件有 Creative Wave Studio、录音大师、Cake Walk 等。动画素材处理软件又分为二维动画软件和三维动画软件，二维动画软件有 Flash、Animator Pro、Swish 等；三维动画软件有 3D Studio MAX、Cool 3D 等。视频素材处理软件有 Adobe Premiere、QuickTime、Ulead Media Studio Pro 等。本节将主要介绍三种典型的多媒体课件制作软件。

1.3.1　课堂演示型多媒体课件制作软件

1. WPS Office

WPS 是 Word Processing System 的缩写，中文翻译为文字处理系统，是我国具有自主知识产权的民族软件代表，自 1988 年诞生以来，WPS Office 产品不断变革、创新、拓展，现已在诸多行业和领域超越了同类产品，成为国内办公软件的首选。

WPS Office 是中国政府应用最广泛的办公软件之一，在国家新闻出版总署、外交部、工业和信息化部、科技部等多家政府单位中被广泛采购和应用，居国内、外办公软件厂商采购商首位。WPS 演示是 WPS 系列金山办公软件中的一个重要组件，用于制作和播放多媒体演示文稿，也叫 PPT。WPS 演示功能强大，和微软公司的 PowerPoint 相对应，并且兼容 PPT/PPTX 格式。WPS 演示可以制作出图文并茂、色彩丰富、生动形象并且具有极强的表现力和感染力的宣传文稿、演讲文稿、幻灯片和投影胶片等，可以通过投影机直接投影到银幕上以产生动态影片的效果，能够更好地辅助演讲者的讲解。

2. 永中 Office

永中 Office 隶属于江苏永中软件股份有限公司，是一款功能强大的办公软件。该产品在一套标准的用户界面上集成了文字处理、电子表格和简报制作三大应用。基于创新的数据对象存储专利技术，有效解决了 Office 各应用之间的数据集成问题，构成了一套独具特色的集成办公软件。永中 Office 易学易用、功能完备，可充分满足广大用户对常规办公文档的制作要求，并且全面支持电子政务平台。

3．OpenOffice

OpenOffice 是一套跨平台的办公软件套件，它与各个主要的办公软件套件兼容。OpenOffice 是自由软件，任何人都可以免费下载、使用及推广它。

4．Micrcosoft Office

Microsoft Office 是由 Microsoft(微软)公司开发的一套基于 Windows 操作系统的办公软件套装。常用组件有 Word、Excel、PowerPoint 等。新版本有 Microsoft 365、Office 2023 等。

1.3.2 动画型多媒体课件制作软件

万彩动画大师，是广州万彩信息技术有限公司开发的一款电脑端的动画视频制作软件，用户可以添加文字、图片、视频、SWF、声音文件等素材，轻轻松松就可以做出专业的动画视频效果。适用于初学者制作宣传动画、动画广告、营销动画、多媒体课件、微课、传媒、影视等。

Adobe Flash(简称 Flash)是一种二维动画设计软件。它是一种交互式动画设计工具，可以将音乐、声效、动画以及富有新意的界面融合在一起，以制作出高品质的网页动态效果。被大量应用于因特网网页的矢量动画文件格式，采用可缩放的矢量图形方式，使产生出来的影片占用存储空间较小。使用 Flash 创作出的影片，保存文件的扩展名为*.swf。

Maya 是现在最为流行的三维动画软件，在国外绝大多数的视觉设计领域都在使用，在国内该软件也是越来越普及，很多公司也开始利用 Maya 作为其主要的创作工具。Maya 的应用领域极其广泛，比如说《星球大战》系列、《蜘蛛侠》系列、《最终幻想》等电影特效制作均出自 Maya 之手。它的特效模块有完整强大的布料系统、云朵烟雾系统、海洋创建系统等。

1.3.3 网页型多媒体课件制作软件

Dreamweaver 是一种所见即所得网页设计与开发软件。由 Adobe Systems 开发，是一款可视化的网页编辑器，用户可以使用图形化界面轻松创建和编辑网页，Dreamweaver 拥有强大的功能和工具，能够满足专业开发人员和网页设计师的需求，同时也适用于初学者。

Visual Studio Code 是一款十分出色的 ide 开发工具，界面美观大方，功能强劲实用，软件支持中文，拥有丰富的插件，集成了现代编辑器所应该具备的特性，包括语法高亮，可定制的热键绑定，括号匹配以及代码片段收集等功能。支持 Windows、OS X 和 Linux 开发环境，适用于具有一定代码编程经验的学者。

1.4 多媒体课件制作主要步骤

多媒体课件制作主要步骤有五个阶段，分别是总体设计、脚本编写、素材加工、软件编辑及软件评价。在具体的课件制作过程中，用户可以按照图 1-4-1 所示的流程完成产品的制作。

```
┌────┐   ┌────┐   ┌────┐   ┌────┐   ┌────┐
│总体│   │脚本│   │素材│   │软件│   │软件│
│设计│ → │编写│ → │加工│ → │编辑│ → │评价│
└────┘   └────┘   └────┘   └────┘   └────┘
```

图 1-4-1   课件制作主要步骤

1.4.1　总体设计

总体设计是指多媒体课件制作者根据课程教学大纲和教学目标要求而制定的一个课件制作方案。该方案应从如何突出教学创新，突破教学难点来考虑，以达到优化教学效果的目的。课件设计要先确定课件的主题，它在整个制作过程起着主导的作用。确定主题的同时，还必须分析和确定课题实施所能达到的目标，使之符合教学目标的要求。要特别注意发挥多媒体的特长，根据教学内容的特点，精心设置课件的整体风格，选取多媒体素材，包括文字、图片、图像、声音和视频等的综合表现功能，有效调动学生学习的积极性和创造性，提高学习效率。

1. 确定课件的主题

主题是演示文稿所要表述的主要内容。主题是目标，内容是根本，主题是多媒体课件制作中的重中之重，始终贯穿整个教学过程。课件中的主题大多为重要的知识点，课件设计人员应围绕知识点进行有效的分析，并进行良好的教学设计，充分调动学习者的学习积极性，有利于知识的分享。

2. 定位课件的风格

课件元素要围绕主题而架构，由于演示文稿由多张幻灯片构成，需要设计人员从整体上策划演示文稿的风格类型、布局结构，确定主色调，使每张幻灯片具有统一的风格特征和表现方式，突出课件风格整体的统一性与协调性，达到美观与简洁的效果。

3. 配色方案

颜色定义了温度，有冷色，有暖色，甚至可以说色彩是带有情感的，红色代表热情，蓝色代表忧郁，所以在进行课件模板设置之前，我们需要先定义课件的色彩搭配，确定配色方案。关于如何配色，我们可以通过配色网站学习同类课程中优秀的 PPT 配色，甚至可以从一张喜欢的图片中提取配色。可供参考的配色方案如表 1-4-1 所示。

表 1-4-1   配色方案一览表

行　　业	颜　　色	抽象表现
政府机关	深红、正红、黄色	权威、力量
高科技行业	黑、灰、蓝	理性、科技
金融财会类	深蓝、深红、深紫	沉稳、谨慎
医药行业	绿色、蓝色	健康、有信心
青少年类	柠檬黄、红色	鲜艳、活泼

1.4.2　脚本编写

脚本是贯穿课件制作全过程的依据，是课件制作中最主要的部分。脚本设计是制作课件的重要环节，需要对课件内容的选择、结构的布局、视听形象的表现、人机界面的形式、解说词的撰写、音响和配乐的手段等进行周密的考虑和细致的安排，它的作用相当于影视剧本。从多媒体课件的开发制作看，脚本的创作通常分为两步进行。

第一步是文字稿本的创作，文字稿本是由教师自行编写而成的，编写文章稿本时，应根据主题的需要，按照内容的关联关系和教育对象的学习规律，对有关画面和声音材料分出轻重主次，合理地进行安排和组织，突出主题内容。

第二步是编辑稿本的编写，编辑稿本是在文字稿本的基础上创作的，它不是直接地、简单地将文字稿本形象化，而是要在吃透了文字稿本的基础上进一步地引申和发展，根据多媒体表现语言的特点反复构思，编辑稿本是制作课件的直接基础。

1.4.3　素材加工

多媒体课件的素材主要有文本、图形、图像、动画、音视频等媒体信息，制作多媒体课件时收集素材是一项比较烦琐的工作。

收集素材是制作多媒体课件的关键。没有素材，就失去了操作对象；素材不够理想，将会影响课件的质量。因此，在制作课件之前一定要精心收集素材，要把课件中需要的素材全部收集起来，并进行适当的加工与处理，然后再制作课件。素材的取得可以通过多种途径，如利用扫描仪采集图像，利用动画制作软件生成动画，用话筒输入语音，或从各种多媒体素材网站中获得，如千图网、花瓣网、淘图网、站长网等。这样，不但可以提高工作效率，而且能够制作出高质量的多媒体课件。

1.4.4　软件编辑

软件编辑就是根据课件的制作要求，把各种相关的素材按照一定的规律和组织形式整合到一起。这个过程主要运用多媒体制作软件来完成，如 WPS 演示、PowerPoint、Flash等。课件的编辑过程就是课件的生成过程，因此，要注重课件的科学性与艺术性的紧密结合。所谓科学性，就是要时刻把握住课件的基本功能，课件是帮助讲授者实现一定的教学目标、完成相应教学任务的一种程序，所以制作课件时要时刻遵循这一点。所谓艺术性，就是指课件在不偏离其基本功能的前提下，充分表现课件的美感，使学习者产生愉悦的心理，从而激发学习兴趣。

1.4.5　评价发布

当完成了多媒体课件的制作后，在发布之前，一定要对课件进行全面的测试，这是因为在开发课件的过程中，特别是开发大型课件的过程中难免会存在一些疏漏，甚至是逻辑错误，因此，完成了课件的制作任务之后，并不意味着大功告成，一定要对每一个结构分支进行运行测试，并及时纠正存在的错误。另外，对课件进行了运行测试之后，还要求在不同的电脑上、不同的系统中进行测试，确保课件能够正常运行。通过了所有的测试以后，就可以将课件打包发行，应用于实际教学中。

【习　题】

一、单项选择题

1. 多媒体课件设计原则的四个要点是对比、重复、对齐和(　　)。

A. 标记性　　　　B. 统一性　　　　C. 一致性　　　　D. 亲密性

2. RGB 模式中的 B 指(　　)。

A. 黑色　　　　B. 蓝色　　　　C. 红色　　　　D. 黄色

3. 课件制作中对比最强烈的色彩搭配方式是(　　)。

A. 互补色　　　　B. 邻近色　　　　C. 同类色　　　　D. 黑白色

4. 多媒体课件制作主要步骤有总体设计、脚本编写、素材加工、(　　)和评价发布。

A. 素材整理　　　B. 动画设计　　　C. 模板运用　　　D. 软件编辑

5. 电影和动画放映的最低速率是每秒(　　)。

A. 48 帧　　　　B. 24 帧　　　　C. 没有限制　　　　D. 12 帧

6. 计算机中的图形根据原理的不同分为(　　)。

A. 矢量和位图　　B. 矢量和图像　　C. 位图和图形　　D. 图形和图像

7. 三维动画的主要特点是(　　)。

A. 脚本创作　　　B. 建模与渲染　　C. 造型设定　　　D. 原画创作

8. Flash 动画的特点是(　　)。

A. 文件庞大　　　B. 艺术感强　　　C. 制作简单快捷　　D. 以上选项都是

9. 下列(　　)属于系统分析的部分。

A. 确定主题　　　B. 设计脚本　　　C. 制定方案　　　D. 选定内容

10. 多媒体课件工作程序中的首要步骤是(　　)。

A. 脚本设计　　　　　　　　　　B. 进行需求分析，确定课件制作目标

C. 创作合成　　　　　　　　　　D. 系统分析

11. 多媒体课件的开发主要由两个紧密联系的阶段组成，即课件的设计与(　　)。

A. 课件的目标的确立　　　　　　B. 课件的制作

C. 课件的测试　　　　　　　　　D. 需求分析

12. 多媒体应用系统制作时要很好地解决多媒体压缩、集成和(　　)等问题。

A. 交互及同步　　B. 交互及上传　　C. 上传及分发　　D. 交互及分发

二、多项选择题

1. 一个实用的多媒体课件开发小组应包括如下几类人员(　　)。

A. 项目负责人　　　　　　　　　B. 学科教师

C. 多媒体创作人员　　　　　　　D. 策划者

2. 课件目标的分析阶段要对课件的( )提出具体明确的要求。

A. 教学对象　　　　B. 教学目的　　　　C. 教学用途　　　　D. 教学环境

E. 图像压缩后，像素损失小

3. 下列哪些压缩标准不是 mp3 所采用的。( )

A. MPEG-1　　　　B. MPEG-2　　　　C. MPEG-3　　　　D. MPEG-4

4. 由于进行多媒体应用系统制作时要很好地解决多媒体压缩、集成、交互及同步等问题，编程设计不仅复杂，而且工作量大，因此我们一般不采用( )。

A. 多媒体创作软件　　　　　　　　B. 编程软件

C. 多媒体合成软件　　　　　　　　D. 压缩软件

5. 下列不可重复读写数据的设备是( )。

A. CD-ROM　　　　B. DVD-ROM　　　　C. CD-R　　　　D. CD-RW

三、判断题

1. 多媒体作品制作流程一般分 7 个阶段。　　　　　　　　　　　　　( )

2. 多媒体作品制作流程的第一阶段是选题策划。　　　　　　　　　　( )

3. 多媒体作品创作合成阶段包括素材选取和设计模型等方面的内容。　( )

4. 系统分析是创作一种新软件产品的第一阶段。　　　　　　　　　　( )

5. 无论是用编程环境，还是用创作工具，当完成一个多媒体系统设计后，一定要进行系统测试。　　　　　　　　　　　　　　　　　　　　　　　　　　　( )

6. 课件的设计与测试构成了多媒体课件开发的主要内容阶段。　　　　( )

模块二　初识 WPS 演示文稿

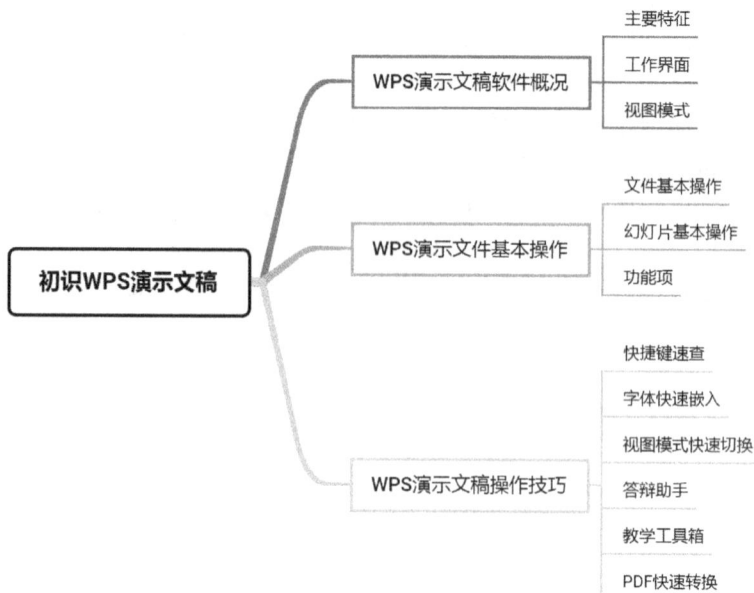

知识精粹

　　演示文稿：利用 WPS 演示做出来的文件叫作演示文稿，也可以叫作电子幻灯片。它是一种由文字，图片等，制作出来加上一些特效动态显示效果的可播放文件，主要用于设计制作广告宣传、产品演示的电子幻灯片，制作的演示文稿可以通过计算机屏幕或者投影机播放。

　　演示文稿页面：演示文稿中的每一页叫作演示文稿页面，也可以叫作幻灯片，每张幻灯片都是演示文稿中既相互独立又相互联系的内容。演示文稿包含演示文稿页面。

　　演示文稿和演示文稿页面的区别有以下两点：第一，二者定义不同。演示文稿指的是把静态文件制作成动态文件浏览，把复杂的问题变得通俗易懂，使之更加生动，给人留下更为深刻的印象。演示文稿页面又称作正片，是一种底片或菲林。常见的规格有 135 和 120

两种。通常是彩色，但特殊目的也有黑白的正片。也可用来印相或放大相片。现在通常说的幻灯片多指电子幻灯片(演示文稿)。第二，二者包含的内容不同。演示文稿文件一般包含片头动画、封面、前言、目录、过渡页、图表页、图片页、文字页、结束页、片尾动画等。幻灯片教学的时候经常用投影机观看的一幅幅照片，在演示文稿中就是单独的一个页面。

2.1　WPS 演示文稿软件概况

WPS 演示是创建演示文稿(即幻灯片)的软件，它能够把所有要表达的信息组织在一组图文并茂的画面中。作为一个升级软件，WPS 演示 2019 集成了以前版本的优点，并增加了一些实用的新功能。新版的 WPS 演示，增加了丰富便捷的表格样式等功能。软件自带数十种填充方案的表格样式，用户仅需根据表格内容在其中进行选取，便可瞬间完成表格的填充工作，令幻灯片制作更加轻松。

2.1.1　主要特征

WPS 演示是一款功能强大的演示软件，具有许多专业且易于使用的特色功能。
(1) 具有较强的表现力和感染力。
(2) 可以产生动态影片的效果。
(3) 能够更好地辅助演讲者的讲解。

2.1.2　工作界面

在介绍 WPS 演示的工作界面之前，我们先打开 WPS。打开 WPS 的方法有很多种：第一种，在屏幕上双击 WPS 演示图标 ，系统将弹出 WPS 演示工作界面，如图 2-1-1 所示；第二种，通过"开始"菜单栏，找到 WPS 演示，双击打开；第三种，在桌面上，单击右键新建 WPS 演示。

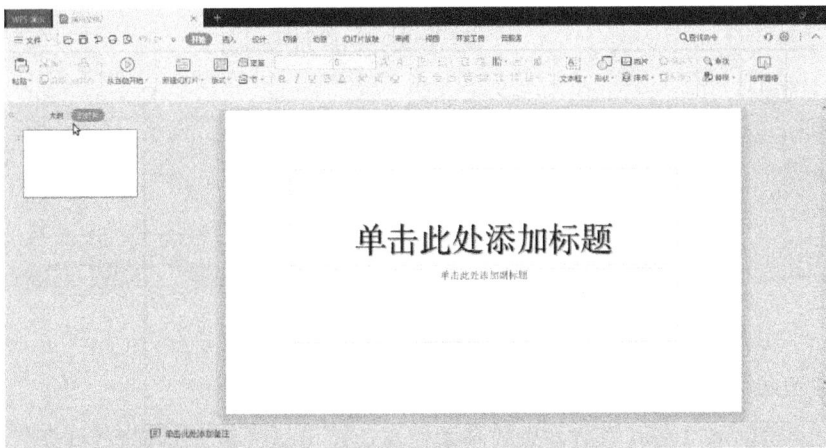

图 2-1-1　WPS 演示 2019 的工作界面

在 WPS 演示工作界面中可单击"新建"按钮 [+ 新建]，或单击菜单栏的"新建" [+ 新建] 按钮，均可进入 WPS 演示的空白编辑界面，如图 2-1-2 所示。

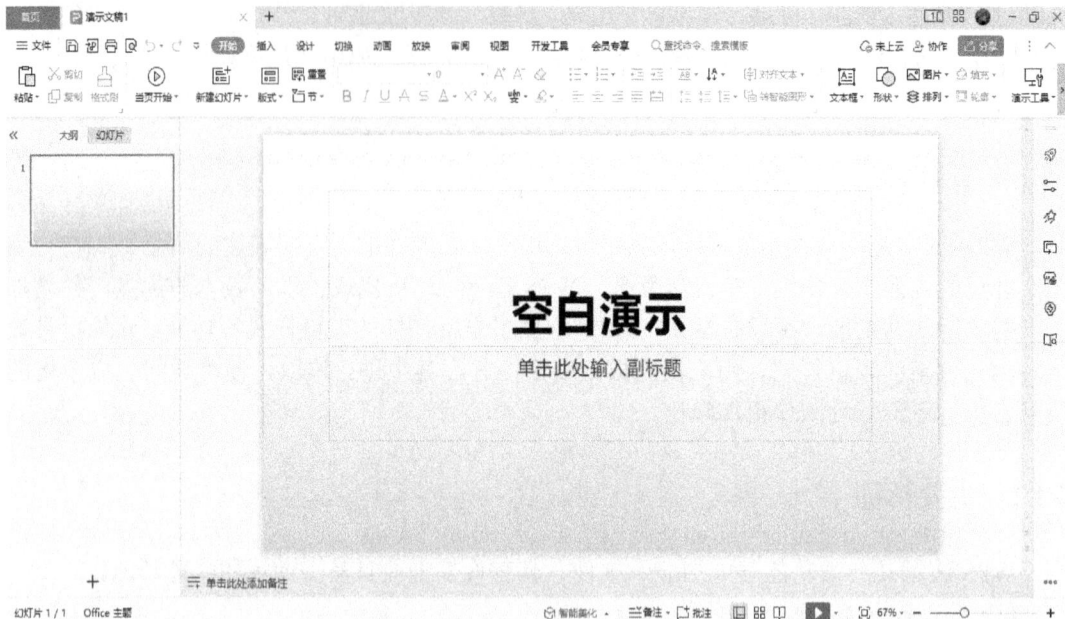

图 2-1-2　WPS 演示的空白编辑界面

WPS 演示工作界面包括系统菜单、设计功能区、快速工具栏、幻灯片编辑区、导航窗格、状态栏和视图控制区等，如图 2-1-3 所示。

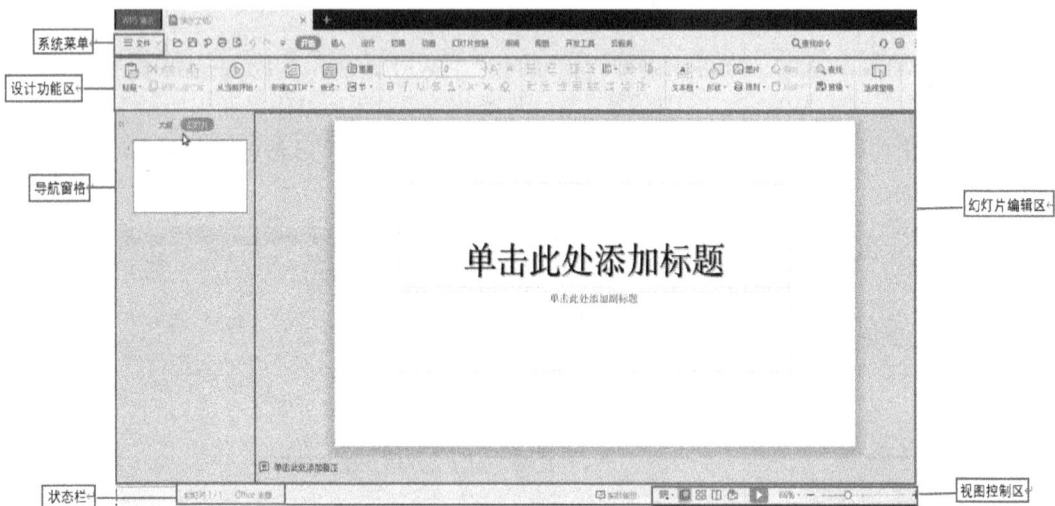

图 2-1-3　WPS 演示工作界面

1. 系统菜单

单击系统菜单可以获取当前文件的基本信息，还可以进行"新建""打开""保存"及"打印"等文件操作。

2．设计功能区

设计功能区是 WPS 演示 2019 的控制中心，它将各种重要功能分类集中在一起，与 WPS 文字 2019 和 WPS 表格 2019 相似，也由选项卡、工具组和工具按钮 3 部分组成。

3．快速工具栏

WPS 演示将常用命令按功能类别集中为工具栏。按通常情况下会出现常用的工具选项，如需添加或减少工具选项，可通过工具栏窗口，单击所需工具栏名称即可，如图 2-1-4 所示。

图 2-1-4　WPS 演示 2019 的快速工具栏

4．幻灯片编辑区

幻灯片编辑区是编辑、修改幻灯片的窗口，可单独显示一张幻灯片的效果。当打开一个编辑好的演示文稿时，便会自动打开演示文稿窗口。

5．导航窗格

导航窗格用于显示演示文稿的缩略图，可以快速浏览和定位演示文稿中的页面，方便对文档的编辑和预览。

6．状态栏

状态栏位于窗口底端的左侧，用于显示相关状态信息。在演示文稿中输入内容后或选择某个设计工具时，可在状态栏中显示相关操作状态或提示信息。

7．视图控制区

视图控制区位于状态栏的右侧，用于显示文档的视图模式和缩放比例等内容。其中包括备注面板控制按钮 ☰、幻灯片浏览按钮 ▦、阅读模式按钮 ▭ 及播放模式按钮 ▯ 等 5 种，具体用法将在后文中介绍。

2.1.3　视图模式

WPS 演示 2019 提供了 4 种视图模式，分别是普通视图、幻灯片浏览视图、备注页视图和阅读视图，单击"视图"选项卡可以浏览这几个视图，如图 2-1-5 所示，用户可以切换到不同的视图模式下对演示文稿进行查看与编辑。

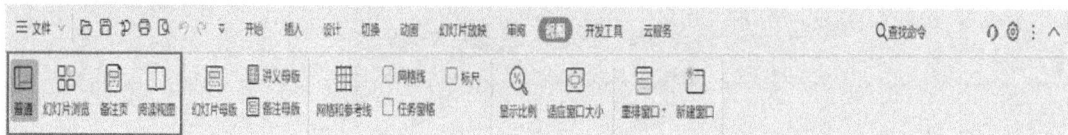

图 2-1-5　WPS 演示 2019 视图模式

1. 普通视图

普通视图是 WPS 演示默认的视图，主要用于撰写和设计演示文稿。普通视图包含 3 种窗格，分别为幻灯片窗格、大纲窗格和备注窗格，这些窗格方便用户在同一位置设置演示文稿的各种特征。拖动不同的窗格边框可以调整窗格的大小。在普通视图中可以随时查看演示文稿中某张幻灯片的显示效果、文档大纲和备注内容，如图 2-1-6 所示。

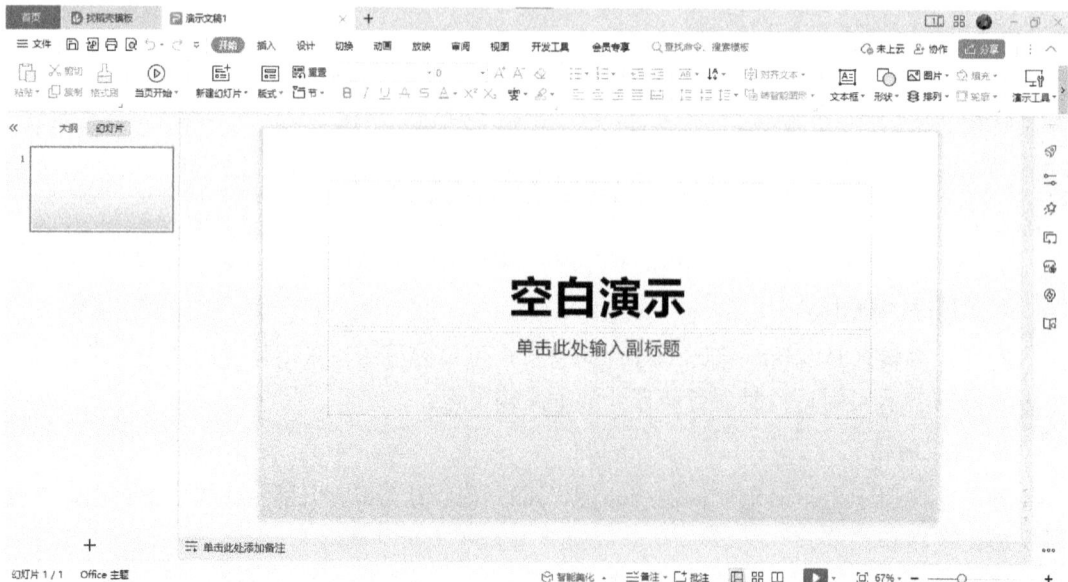

图 2-1-6　普通视图

2. 幻灯片浏览视图

在 WPS 演示幻灯片浏览视图模式中，可将演示文稿中的所有幻灯片中的内容按照缩略图的效果显示，以便用户查看整个演示文稿的效果，另外，还可以很方便地对幻灯片进行移动、删除等操作。用户可以同时查看文稿中的多个幻灯片，从而可以很方便地调整演示文稿的整体效果。单击功能区中的"视图"选项卡，在演示文稿视图组中单击"幻灯片浏览"按钮即可切换到幻灯片浏览视图，幻灯片浏览视图如图 2-1-7 所示。

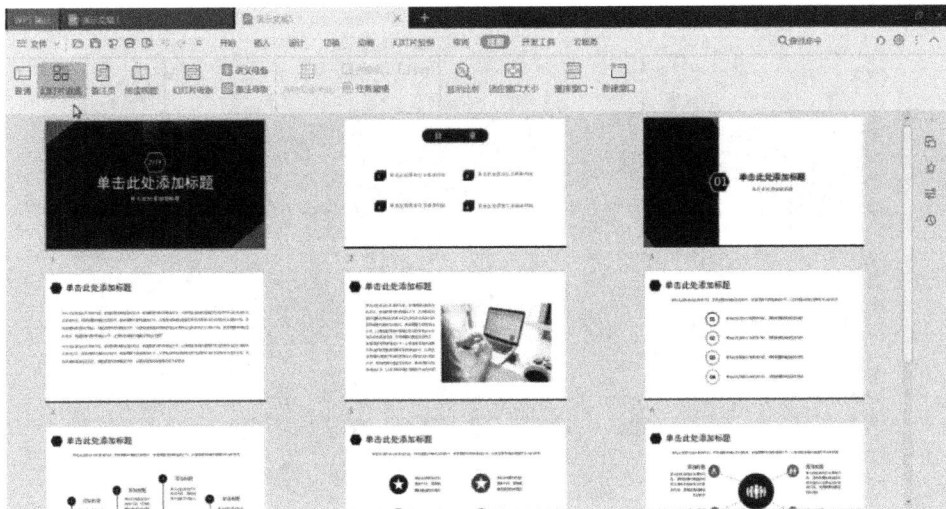

图 2-1-7　幻灯片浏览视图

3. 备注页视图

　　备注页视图用于为演示文稿中的幻灯片添加备注内容或对备注内容进行编辑、修改，用户可以为每张幻灯片创建独立的备注页内容。在普通视图的备注窗格中输入备注内容后，如需以整个页面的形式查看和编辑备注，可以将演示文稿切换到备注页视图，在"视图"选项卡的演示文稿视图组中单击"备注页"按钮即可切换到备注页视图，如图 2-1-8 所示。

图 2-1-8　备注页视图

4. 阅读视图

　　在 WPS 演示窗口中播放幻灯片，可以轻松查看幻灯片的动画与切换效果，无需切换到全屏浏览幻灯片，单击"阅读视图"按钮即可实现，如图 2-1-9 所示。

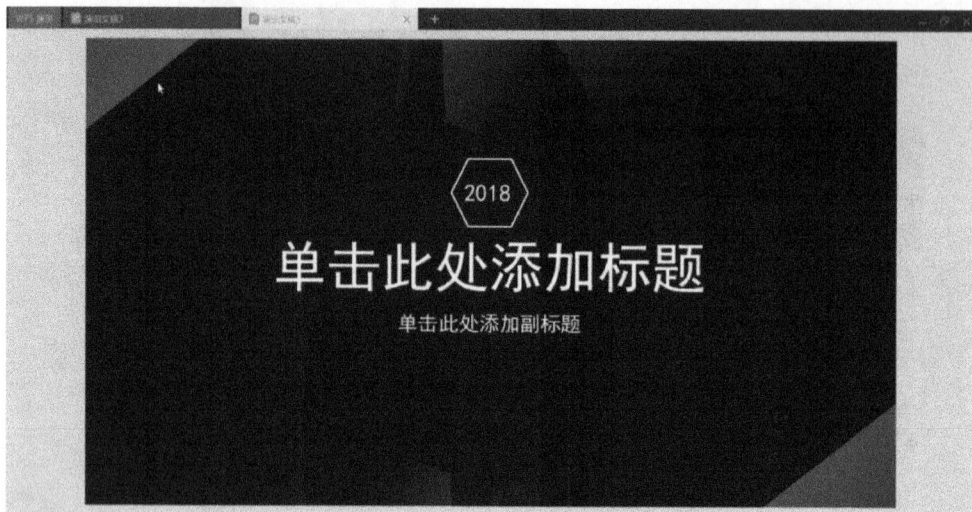

图 2-1-9　阅读视图

2.2　WPS 演示文稿基本操作

本节主要介绍演示文稿的基本操作，包括新建、保存、打开、关闭演示文稿。

2.2.1　文件基本操作

1. 新建演示文稿

通常情况下，启动 WPS 演示之后，可在如图 2-2-1 所示的界面单击新建按钮 ➕ 新建 或者按快捷键<Ctrl＋N>，或单击菜单栏的 ➕ 新建 按钮，或在桌面单击鼠标右键新建 WPS 演示，均可进入 WPS 演示的空白编辑界面，如图 2-2-2 所示。

图 2-2-1　WPS 演示新建空白演示文稿

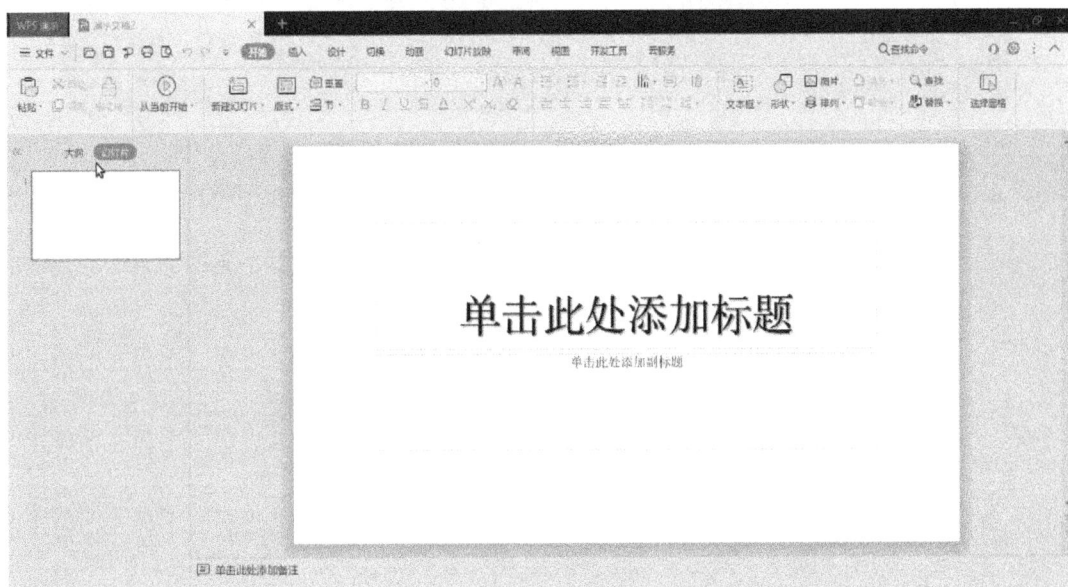

图 2-2-2　WPS 演示的空白编辑界面

　　此外，用户还可以通过系统自带的模板创建演示文稿。通过单击界面中的"从模板中新建"按钮 进入到本地模板中，如图 2-2-3 所示。选择软件自带的模板，或者单击"更多"按钮浏览更多的模板，如图 2-2-4 所示。选择心仪的模板进入演示文稿编辑界面。

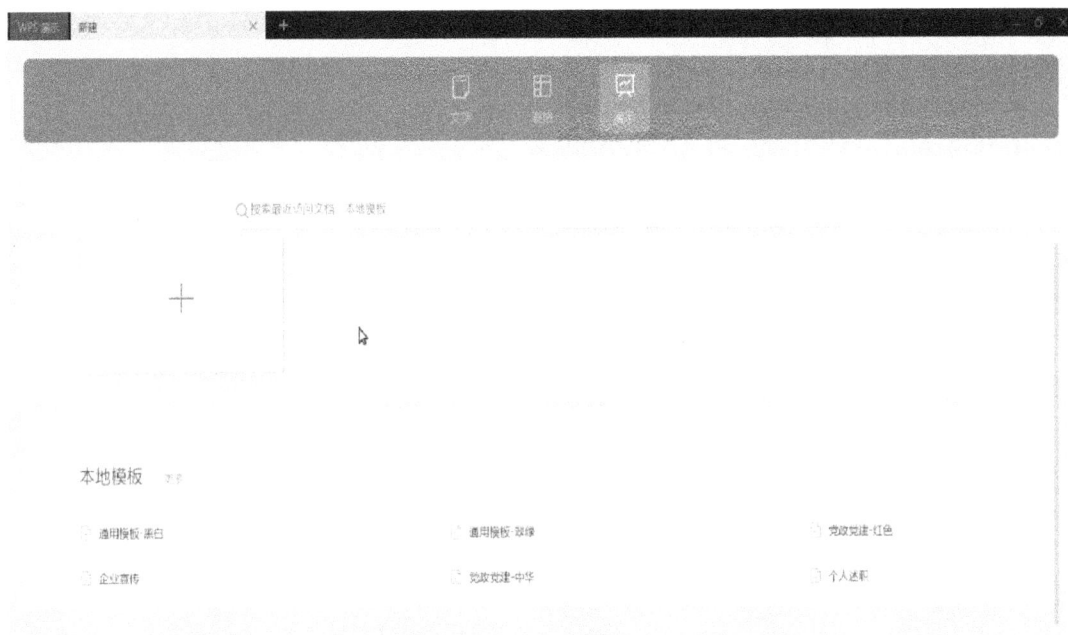

图 2-2-3　本地模板

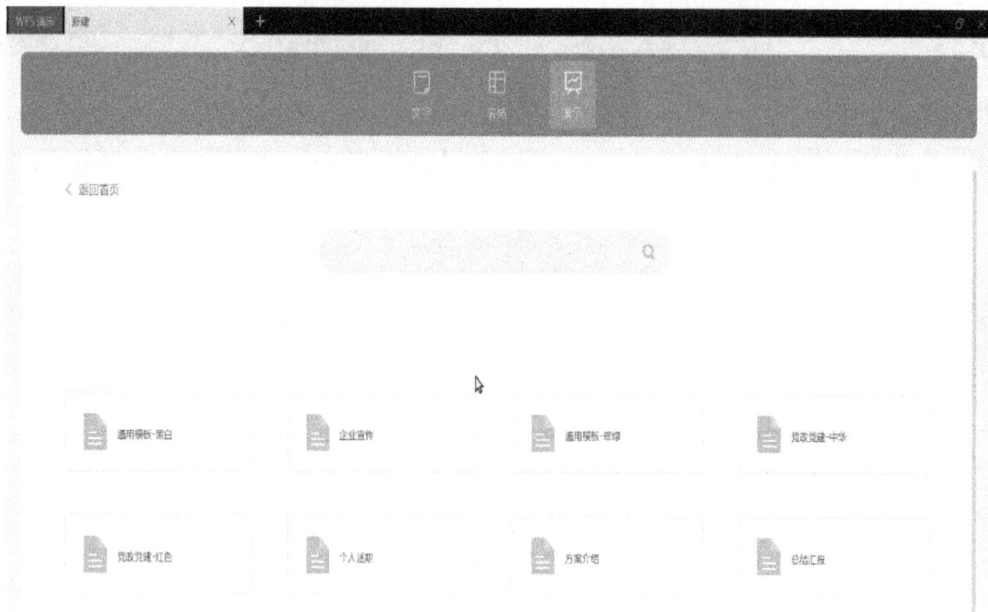

图 2-2-4　本地模板的"更多"界面

2. 保存演示文稿

在 WPS 演示中，编辑完演示文稿后，需要将演示文稿保存起来，以方便下次使用，可以按快捷键<Ctrl+S>，也可以通过"文件"选项卡，在弹出的选项中选择"保存"选项，如图 2-2-5 所示，弹出"另存为"对话框，选择文件保存位置，在"名称"文本框输入名称，单击"保存"按钮，如图 2-2-6 所示。

图 2-2-5　"保存"选项

图 2-2-6　"另存为"对话框

3. 打开演示文稿

对于已经保存或者编辑过的演示文稿，用户可以再次将其打开进行查看与编辑，可以按快捷键<Ctrl+O>，也可以通过"文件"选项卡，在弹出选项中选择"打开"选项，弹出"打开"对话框，选择准备打开文件的目标位置，然后选择准备打开的文件，单击"打开"按钮，即可完成打开演示文稿的操作，如图 2-2-7 所示。

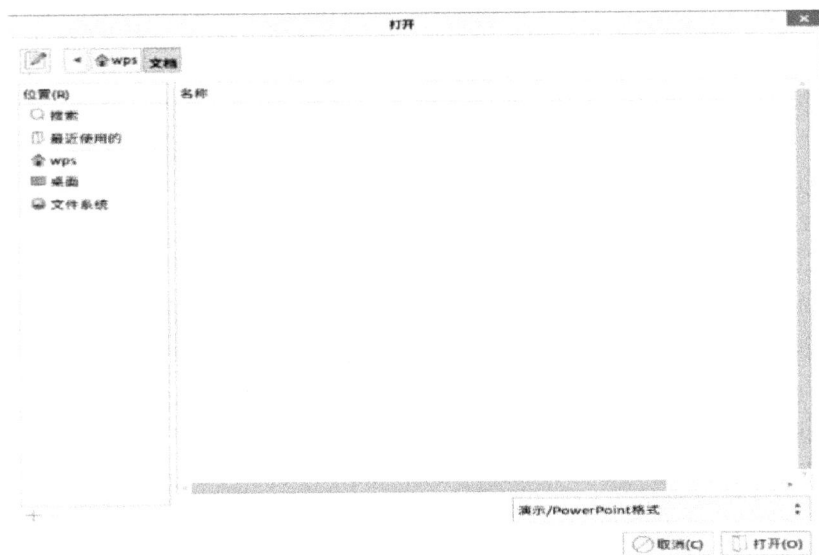

图 2-2-7 "打开"对话框

4. 关闭演示文稿

退出 WPS 演示时，打开的演示文稿文件会自动关闭，如果希望在不退出 WPS 演示的前提下关闭演示文稿文件，可以通过选择 WPS 演示的标题栏直接关闭文稿，可以按快捷键<Ctrl+W>，也可以通过选择"文件"选项卡，在弹出的选项中选择"关闭"选项，如图 2-2-8 所示，即可关闭演示文稿的操作。

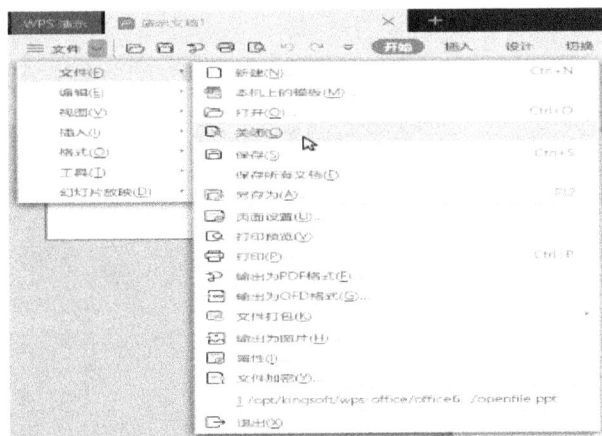

图 2-2-8 "关闭"选项

2.2.2　幻灯片基本操作

演示文稿中的每一张幻灯片都是一张独立的文档资料，用户可以根据需要对这些幻灯片进行相应的管理。

1. 切换幻灯片

在普通视图的"大纲"选项卡中，单击幻灯片标题前面的图标，即可选中该幻灯片。如需选中连续的一组幻灯片，先单击第一张幻灯片的图标，然后按住<Shift>键，并单击最后一张幻灯片的图标，即可完成操作。在普通视图或幻灯片浏览视图中，按快捷键<Ctrl+A>，可以选中当前演示文稿中的全部幻灯片，如图 2-2-9 所示。

通过幻灯片切换任务窗格(任务窗格：应用程序中提供的常用窗口，其位置、大小均可根据实际需要调整，方便用户在使用时仍可继续编辑文稿)，可以为幻灯片添加切换效果(包括动画切换类型、切换速度、切换音效等)。若幻灯片切换任务窗格没有打开，可在"幻灯片放映"选项卡上，单击"幻灯片切换"。若想在普通视图(视图：广义上即为一个可视界面，用以显示演示文稿内容，并给用户提供与其进行交互的方法)幻灯片选项卡中，选取一个或多个需要添加切换效果的幻灯片。就可以在"幻灯片切换"任务窗格的动画切换类型列表里，选取所需的动画方案，并选取需要的切换速度、切换音效和换片方式，即将设置应用到了所选幻灯片。若要将幻灯片切换设置应用于所有幻灯片，可单击"应用于所有幻灯片"，如图 2-2-10 所示。

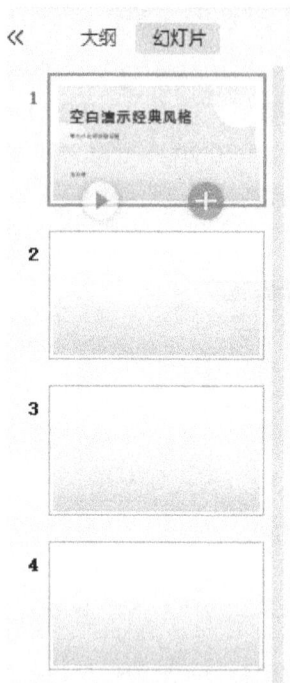

图 2-2-9　切换幻灯片 1　　　　　　　图 2-2-10　幻灯片切换 2

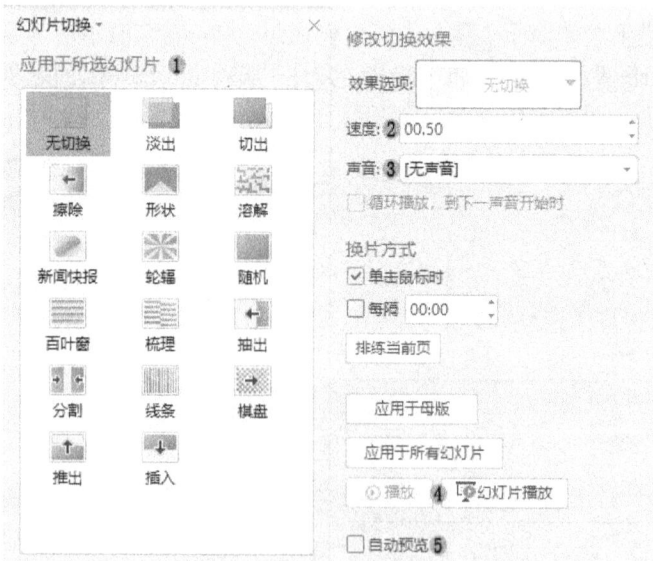

对照图 2-2-10 中所标记的序号，以下为其对应的参数功能：

(1) 动画切换类型列表，可在此列表框中选取所需的切换类型。

(2) 速度下拉列表，选择幻灯片切换速度。

(3) 声音下拉列表，选择切换音效。

(4) 切换预览，单击"播放"按钮，直接预览；单击"幻灯片播放"按钮，进入幻灯片播放预览。

(5) 默认状态下，添加新切换效果会自动预览，如果不希望添加时预览，可取消勾选"自动预览"复选框。

2. 添加幻灯片

在幻灯片浏览窗格中，单击某张幻灯片，然后按<Enter>键，可以在当前幻灯片的后面添加一张新的幻灯片。若要插入一张新的幻灯片可执行以下操作之一：

(1) 在"开始"选项卡上，单击"新建幻灯片"。

(2) 将插入点放在"大纲"或"幻灯片"选项卡上，然后按<Enter>键。

(3) 在"幻灯片"选项卡中的空白处，单击鼠标右键，选取"新建幻灯片"。

(4) 在"幻灯片版式"任务窗格中，单击所需版式。

3. 复制幻灯片

用户可以在演示文稿中复制幻灯片。

(1) 选中幻灯片，并单击鼠标右键，在弹出的快捷菜单中选取"复制"命令，然后在合适的位置粘贴就可以实现复制幻灯片。

(2) 选中幻灯片，使用快捷键<Ctrl+C>实现复制幻灯片，使用快捷键<Ctrl+V>粘贴幻灯片。

4. 移动幻灯片

在演示文稿的排版中，用户可能需要重新调整幻灯片的顺序。在导航窗口中选中幻灯片，按下鼠标左键拖动其到合适的位置即可。在幻灯片浏览视图中，选取一个或多个缩略图，然后将其拖动到一个新的位置。若要在一行中选取多个幻灯片，可在选取幻灯片之前按住<Shift>键。

5. 删除幻灯片

选中要删除的一张或多张幻灯片，按<Delete>键即可删除该幻灯片。幻灯片被删除后，后面的幻灯片自动向前排列。也可以在导航窗格中选中幻灯片，并单击鼠标右键，在弹出的快捷菜单中选取"删除幻灯片"命令，即可完成删除操作。

6. 幻灯片版式

幻灯片版式是 WPS 演示中一种常规排版的格式，通过幻灯片版式的应用可以对文字、图片等进行更加合理的布局。通常 WPS 演示中已内置几个版式类型供用户使用，利用这些版式可轻松完成幻灯片的制作。

选定要设置的幻灯片，切换到"开始"选项卡，在幻灯片选项组中单击"版式"命令，从下拉菜单中选择一种版式，即可快速更改当前幻灯片的版式。

"版式"是指幻灯片内容在幻灯片上的排列方式。版式由占位符(占位符：带有虚线或影线标记边框的框，它是绝大多数幻灯片版式的组成部分。这些框容纳标题和正文，以及对象，如图 2-2-11 所示表、表格和图片等)组成，而占位符可放置文字(例如标题和项目符号列表)和幻灯片内容(例如表格、图表、图片、图形等)。

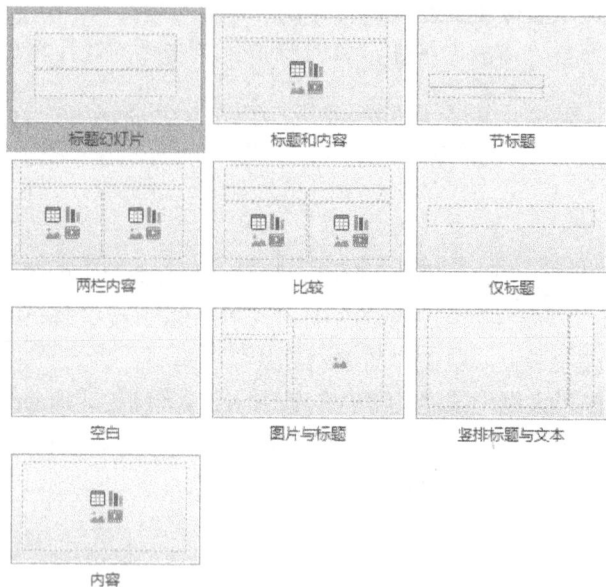

图 2-2-11　幻灯片版式

由标题和项目符号列表的占位符组成的基本版式。

由三个占位符组成的版式：标题占位符、项目符号列表占位符和内容占位符(例如表格、图示、图表或剪贴画)。

每次添加新幻灯片时，都可以在"幻灯片版式"任务窗格中，选取一种版式。版式涉及所有的配置内容，也可以选择一种空白版式。

(1) 使用自动版式。如果插入了不适于现在版式的项目，WPS 演示会根据产品提供的版式自动调整成适合的版式。例如，如果使用的是标题和文本版式，那么在占位符中键入文字后，再插入一张图片时，版式会自动调整，添加一个用于存放图片的占位符。

(2) 重新应用版式。如果改变了所选版式中占位符的属性，比如移动了图片或表格的位置，或者改变了文字的颜色，不小心删除了标题文本框，然后又希望恢复到其原始版式，可以重新应用原始版式。

在"幻灯片版式"任务窗格中指向所需版式，单击下拉箭头，在打开菜单中选取"重新应用样式"。在"设计"选项卡上，单击"版式"，可以实现幻灯片版式的应用。在普通视图"幻灯片"选项卡上，选取要应用版式的幻灯片，也可以实现幻灯片版式的应用。

如果已经更改幻灯片上的占位符或字体，那么可以从幻灯片母版重新应用占位符属性和字体。可以在普通视图中选取"幻灯片"选项卡，选取需要的幻灯片。也可以在"设计"选项卡上，选取"版式"。指向幻灯片使用的版式类型，再单击"选取"即可。

(3) 打开或关闭自动版式。如果想要打开或关闭自动版式，可以在左上角的"文件"下拉菜单中，单击"选项"，选取"编辑"选项卡，选取或取消选取"对新插入的对象应用自动版式"即可。

7. 更改幻灯片主题

WPS 演示文稿提供了丰富的主题，用户在设置演示文稿时，可以根据需要选择主题，从而为演示文稿中的幻灯片设置统一的效果。

打开演示文稿后，选择"设计"选项卡，在"主题"选项组中选择喜欢的主题，即可更改幻灯片主题。如果想要将幻灯片主题恢复为默认状态，则选择"设计"选项卡，在"主题"列表中选择"Office 主题"选项即可。

2.2.3　功能项

1. 格式刷

格式刷是一种快速应用格式的工具，能够将某文本对象的格式复制到另一个对象上，从而避免重复设置格式。

选中已经设置了格式的文本或者段落，然后单击"剪贴板"选项组中的"格式刷"按钮，此时鼠标指针呈刷子形状，按住鼠标左键不放，并拖动鼠标选择需要设置为相同格式的文本或段落，就可以实现格式的复制。

双击"格式刷"按钮，可使鼠标指针一直呈刷子状态，按<Esc>键可以退出当前状态。

2. 选择窗格

通过窗口最上端的窗格，可以单击选择当前需要编辑的演示文稿。

3. 对齐方式

在制作 WPS 演示的过程中，经常需要在页面中插入多个文本框，在插入完毕后，如何使多个文本框快速对齐？

如图 2-2-12 所示的演示文稿中，文本框的分布没有规律，看起来也不美观。

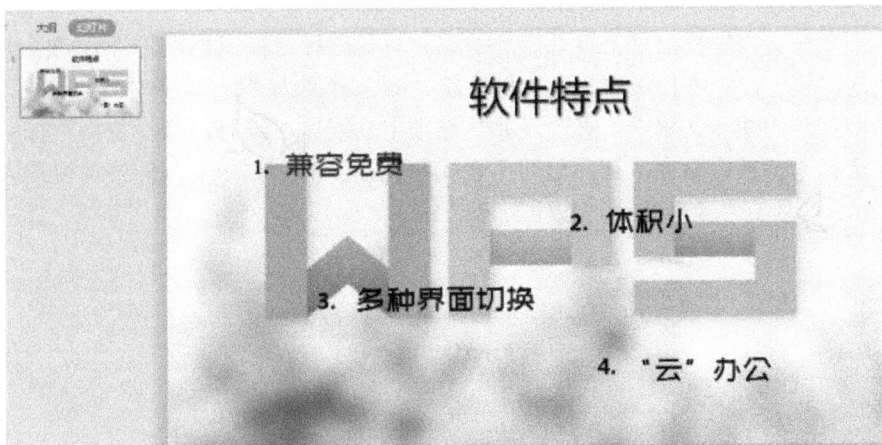

图 2-2-12　示例

要让这些文本框整齐排放，首先选中这些需要对齐的文本框，单击鼠标左键，拖出一个大矩形，把文本框都框在里面，或者在选择时按住<Ctrl>键实现多选。选中所有要对齐的文本框后，在工具栏中会出现一个绘图工具选项卡，选择下面的对齐。在出现的下拉列表中，选择水平居中对齐，如图2-2-13所示，效果如图2-2-14所示。

图2-2-13　对齐方式

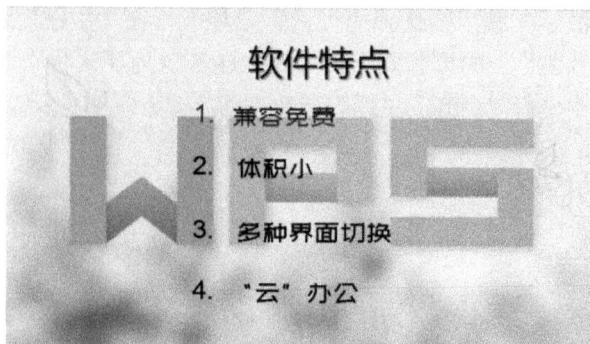

图2-2-14　效果图

可以通过"开始"选项卡中的 ≡ ≡ ≡ ≡ ≡↔ ，对所选文字内容进行左对齐，居中对齐，右对齐，两端对齐，分散对齐。

2.3　WPS 演示文稿操作技巧

2.3.1　演示文稿操作快捷键速查

1. 查找文本

在"开始"选项卡上，单击"查找" 🔍查找 ，打开"查找"对话框。在"查找内容"框中，键入要查找的内容。单击"查找下一个"，即可找到要查找的内容。

2. 查找和替换(在文稿中查找"##"，并将其替换成"**")

当用户要在文档中找出某个多处用到的词并对其进行替换或更正时，用WPS提供的查找和替换功能较方便。本任务要求在文档中将"##"替换为"**"。具体操作步骤如下：

在当前打开的演示文稿中，在"开始"选项卡功能区中选择"查找替换"按钮，在下拉列表中选择"替换"命令，在弹出的"查找和替换"对话框中输入需要替换的内容，如图2-3-1所示，点击"全部替换"按钮即可。

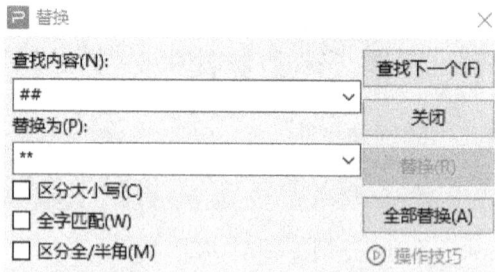

图2-3-1　"查找和替换"对话框

2.3.2 演示文稿字体快速嵌入

在 WPS 演示程序中，有时会遇到这种情况：将在某台电脑中已编辑好的 WPS 演示文件拿到其他电脑中打开时，有一些字体不能正常显示，这是由于系统中缺乏文档所用的某些字体所致。为避免这个问题，可以使用 WPS 演示中的字体嵌入功能，将文件中所用的字体嵌入到文档中，这样在其他未安装这些字体的系统中也能正常显示和打印了。

在打开的 WPS 演示窗口中，点击左上角的"文件"命令选项，选择"选项"，打开"选项"对话框，选择左侧窗格的"常规与保存"选项卡。找到"共享该文档时保留保真度"组中的"将字体嵌入文件"选项，并将其勾选，然后再点击"确定"按钮即可。如图 2-3-2 所示。

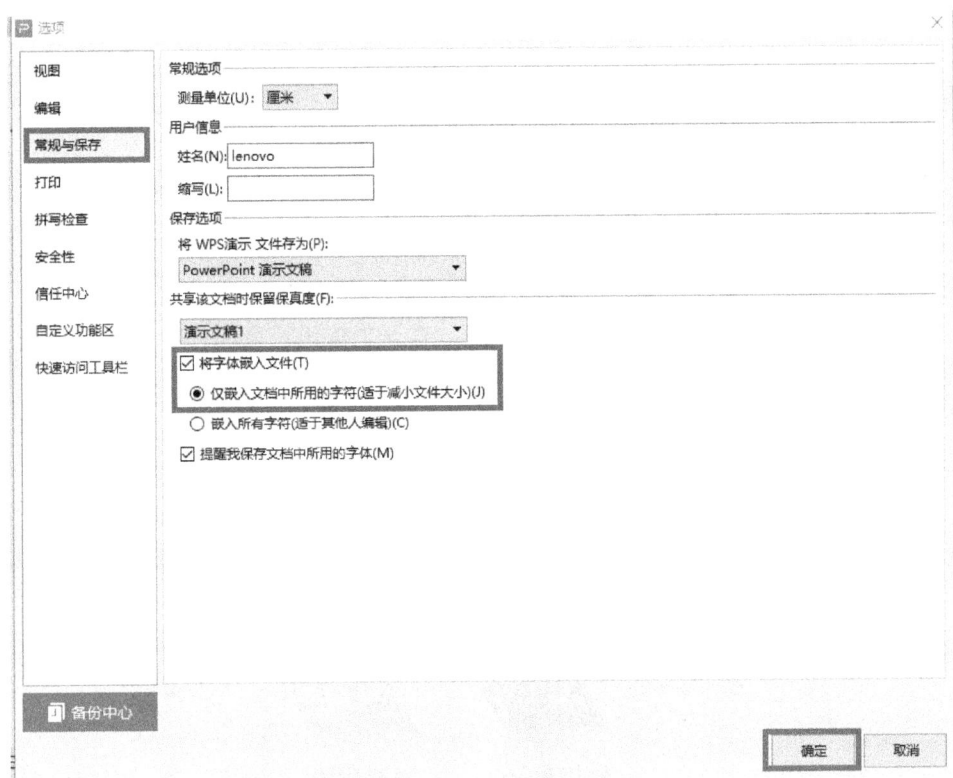

图 2-3-2 字体嵌入

2.3.3 演示文稿视图模式快速切换

WPS 演示为我们提供了多种幻灯片视图效果，我们可以根据自己的喜好来进行视图的切换。

打开一个幻灯片文档。在右下侧。有四个按钮，分别是"普通视图""幻灯片浏览视图""阅读视图"和"幻灯片播放"。打开文件时默认是普通视图。单击第二个按钮，打开幻灯片浏览视图，可以看到所有幻灯片，一览全局。如图 2-3-3 所示。

图2-3-3　浏览视图

单击第三个按钮，打开阅读视图，这时候，有三个按钮，从左向右依次是"上一页""菜单""下一页"，如图 2-3-4 所示。

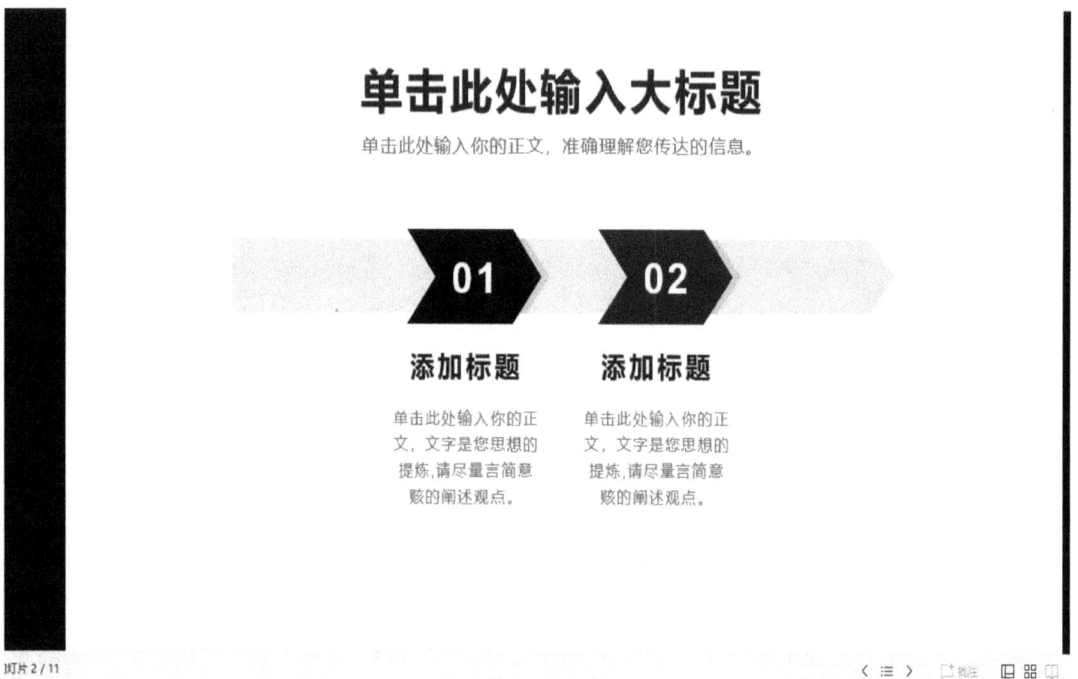

图 2-3-4　阅读视图

单击"菜单"按钮即可结束放映。或者右击幻灯片也会弹出菜单,选择"结束放映",如图 2-3-5 所示。单击第四个按钮可进行全屏播放,退出方法一样。

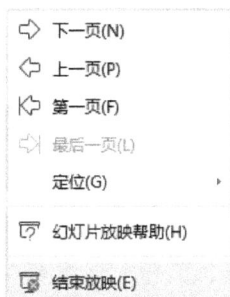

图 2-3-5 结束放映

还可以在"视图"选项卡的"演示文稿视图"组中选择相应的视图模式进行切换,如图 2-3-6 所示。

图 2-3-6 视图模式

单击"备注页",可以添加备注,真正放映时备注内容是看不到的,如图 2-3-7 所示。

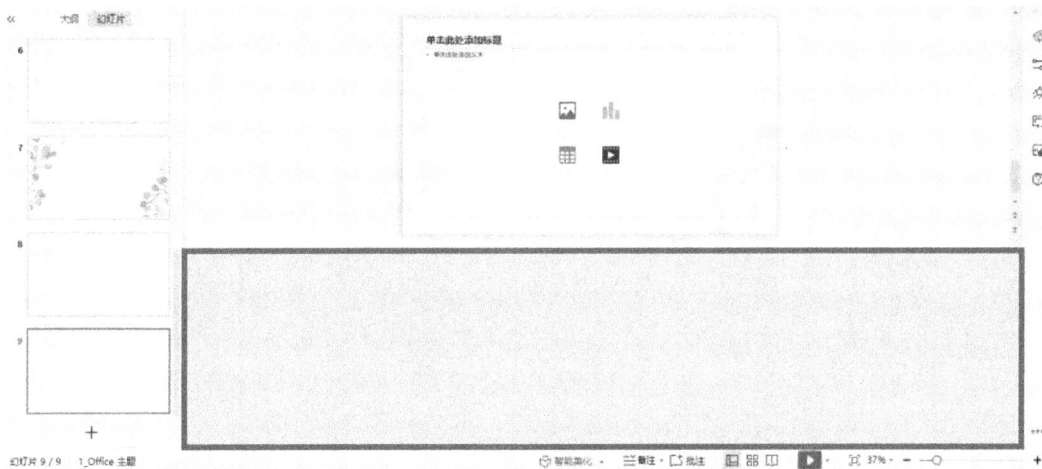

图 2-3-7 添加备注

单击"幻灯片放映",可以找到放映工具。单击"从头开始",播放全部幻灯片,如图 2-3-8 所示。

图 2-3-8 播放幻灯片

2.3.4　答辩助手快速制作答辩演示文稿

在模板编辑页面，左侧顶部的"添加幻灯片"按钮可以增加正文、目录、章节、结束、封面页，右侧下方编辑页面内容。

右侧中部的"智能排版"按钮用于选择新的模板页面，这也是这个工具的核心功能，也是最有特色的一个功能。

右侧上方有播放、更换风格、导出和分享四个功能。播放就是演示文稿预览，导出就是下载到本地，分享支持 QQ、微信以及复制链接分享，而"更换风格"功能不但可以一键替换现有的模板，还能提取不同模板的配色为自己所用。

演示文稿制作完成后直接导出就可以了。

2.3.5　教学工具箱快速制作教学演示文稿

WPS 的教学工具箱拥有丰富多样的教学题型库，帮助你轻松制作教学演示幻灯片。点击上方菜单栏"会员专享"—"教学工具箱"，在界面右侧的侧边栏处，可以看见丰富多种适合制作教学演示幻灯片的题型库，如图 2-3-9 所示。

图 2-3-9　教学工具箱

例如，WPS 教学工具箱提供了汉字卡片、汉字听写等针对文字教学场景的相关教学素材。

点击"汉字卡片"，在弹出的对话框中输入文字，点击添加。

此时就可展示此文字的相关信息，如拼音、笔顺、笔画、部首、结构和释义。

单击"确定"，就可将此卡片插入到幻灯片中，就可以播放演示汉字卡片了，如图 2-3-10 所示。

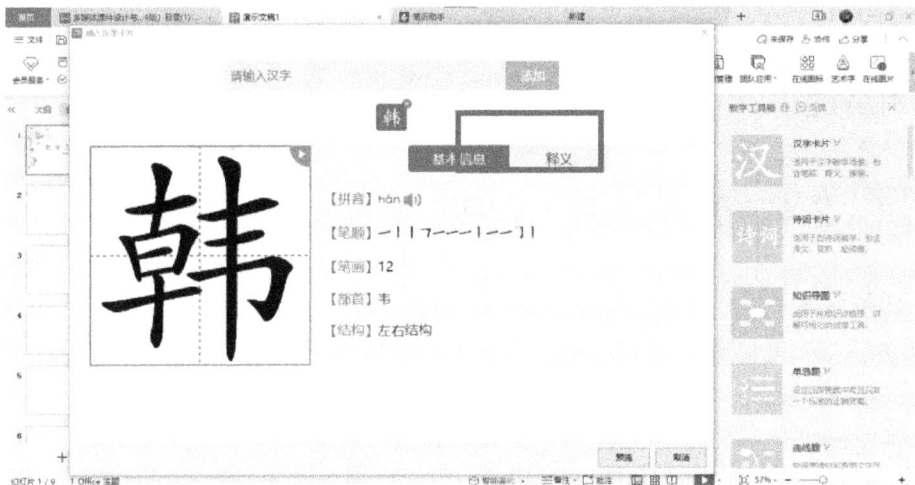

图 2-3-10　汉字卡片

2.3.6　PDF 快速转换为演示文稿

如何将 PDF 文件转换成演示文稿，首先打开对应的 PDF 文档，选择"转换"选项卡中的"PDF 转 PPT"，如图 2-3-11 所示，打开了对应的对话框，按需求设置点击"开始转换"，转换后的文件保存到相应目录中，如图 2-3-12 所示。

图 2-3-11　PDF 转 PPT

图 2-3-12　开始转换

任务进阶

2.4 练习任务：WPS 演示文稿基本操作

1. 任务目标

(1) 熟悉演示文稿窗口切换的方法。

(2) 学会修改幻灯片显示比例，熟悉折叠功能区等基本操作方法。

2. 任务说明

在此任务中，能够熟练切换文稿窗口，改变幻灯片显示比例，更改实际操作窗口。

3. 必备技能

(1) 演示文稿窗口的切换。

(2) 幻灯片显示比例的设置。

4. 操作实施

(1) 通过"设计"选项卡 🔲 配色方案.对演示文稿进行快速切换窗口颜色。

(2) 通过窗口右下角 67% ▾ — ⎯⎯⎯○⎯⎯⎯ ➕ 对当前幻灯片的显示比例进行修改，之后可以通过窗口右下角 ⎙ ，对幻灯片设置最佳显示比例。

(3) 在实际操作过程中，如果觉得功能区占用的操作窗口面积太多，可以通过右上角的"折叠"按钮 ∧ 将功能区进行折叠，如图 2-4-1 所示，折叠后如图 2-4-2 所示。

图 2-4-1 折叠前

图 2-4-2 折叠后

2.5 提升任务：制作《欢度国庆》新闻稿

1. 任务目标

(1) 掌握制作完整演示文稿的方法步骤。

(2) 领会演示文稿的总体分析、设计规划及实现步骤等不同创作过程的特点。

2. 任务说明

制作一个用于庆祝国庆节的电子宣传片，主题是"欢度国庆"，以介绍国庆节的由来为主线，整理相关文字信息，衬托宣传主题的影响力。演示文稿最终结果示意图如图 2-5-1 所示。

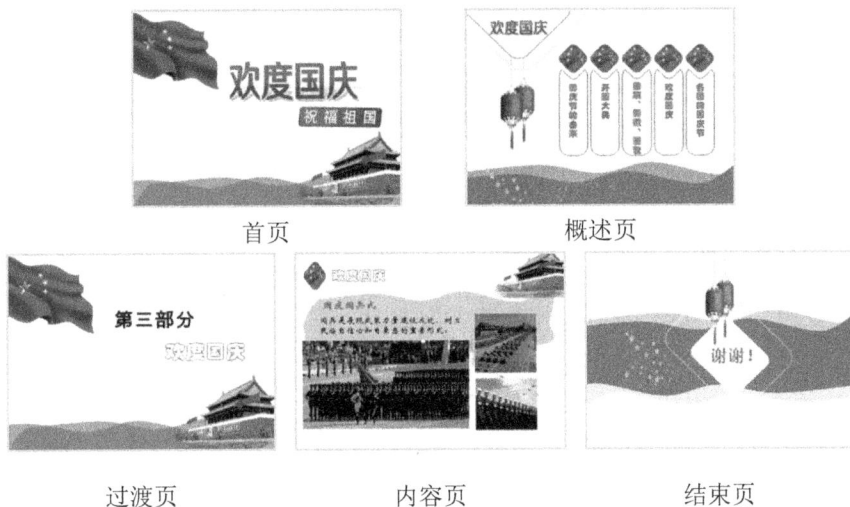

首页　　　　　　　　　　　　　　　概述页

过渡页　　　　　　　　　内容页　　　　　　　　　结束页

图 2-5-1　示意图

3. 必备技能

(1) 文本的插入与设置。

(2) 幻灯片播放等设置。

4. 操作实施

(1) "欢度国庆"幻灯片的总体内容分布情况如下：

① 第 1 张幻灯片：主题的封面。

第 2 张幻灯片：专题介绍内容导航(与网站中的首页导航功能类似)。

从第 3 张幻灯片开始，相继后续若干张幻灯片，是对第 2 张导航幻灯片中两个主题内容展开的介绍。幻灯片不得少于 10 张，每张幻灯片上的文字不得超过 10 行。

最后一张幻灯片用于致谢或出示与主题相关的宣传标语。

② 可以使用系统提供的主题模板，但必须添加自己的设计元素，也可以完全自己原创，并将模板文件保存下来；

③ 为演示文稿中的文字设置项目符号或编号，层次不得少于 2 级；

④ 为幻灯片之间必须设置过渡切换效果；

⑤ 设置精确排练播放时间；

⑥ 设置演讲者视图，并在备注页窗格备注具体宣传资料。

(2) 本案例的特点是信息量大、涉及的媒体元素多，如何更好地将主题展示给观众又不使观看者有审美疲劳，是一个需要重点考虑的问题。

(3) 为更好地实现人机交互，我们采用知识拓展的方式，给各幻灯片之间采用了超链接的方式进行处理，并能通过动作按钮返回调用幻灯片中。

2.6 进阶任务：快速制作《美丽西安》演示文稿

1. 任务目标

(1) 掌握制作完整演示文稿的方法步骤。

(2) 领会演示文稿的总体分析、设计规划及实现步骤等不同创作过程的特点。

2. 任务说明

制作一个用于宣传和推广西安形象的电子宣传片，主题是"美丽西安"，以介绍西安的历史人文、地理环境、旅游资源、特色美食为主线，整理相关文字信息，衬托宣传主题的影响力。

3. 必备技能

(1) 文本文件的插入与设置。

(2) 幻灯片播放等设置。

4. 操作实施

(1) 根据前面所学知识，借助所搜集到的文字和图片素材，完成演示文稿中母版和基本页面的实现。

① 第 1 张幻灯片：主题的封面。

第 2 张幻灯片：专题介绍内容导航(与网站中的首页导航功能类似)。

从第 3 张幻灯片开始，相继后续若干张幻灯片，是对第 2 张导航幻灯片中两个主题内容展开的介绍。幻灯片不得少于 10 张，每张幻灯片上的文字不得超过 10 行。

最后一张幻灯片用于致谢或出示与主题相关的宣传标语。

② 可以使用系统提供的主题模板，但必须添加自己的设计元素，也可以完全自己原创，并将模板文件保存下来；

③ 为演示文稿中的文字设置项目符号或编号，层次不得少于 2 级；

④ 为幻灯片之间必须设置过渡切换效果；

⑤ 设置精确排练播放时间；

⑥ 设置演讲者视图，并在备注页窗格备注具体宣传资料。

(2) 为"美丽西安"演示文稿在恰当的页面嵌入合适的图片，并设置良好的播放效果。

(3) 为更好地实现人机交互，我们采用知识拓展的方式，给各幻灯片之间采用了超链接的方式进行处理，并能通过动作按钮返回调用幻灯片中。

【习 题】

模块二资源

一、单项选择题

1. 演示文稿和幻灯片的关系是(   )。

A. 在演示文稿中包含若干张幻灯片

B. 在幻灯片中包含若干张演示文稿

C. 演示文稿和幻灯片均可单独保存为文件

D. 演示文稿与幻灯片是相同的概念

2. 在一个演示文稿中，新增一张幻灯片，下列操作不能实现的是( )。

A. 执行"插入"菜单的"新建幻灯"命令

B. 在左侧视图中按<Enter>键

C. 在左侧视图中右键选择"新建幻灯"

D. 使用"文件"菜单的"新建"命令

3. 在"WPS 演示 2019"中，要删除一张幻灯片，下列说法错误的是( )。

A. 在大纲视图，选中要删除的幻灯片，按<Delete>键

B. 在幻灯片浏览视图，选中要删除的幻灯片，按<Delete>键

C. 在幻灯片视图，选择要删除的幻灯片，单击"编辑—删除幻灯片"命令

D. 在幻灯片视图，选择要删除的幻灯片，单击"文件—关闭"命令

4. "WPS 演示 2019"文件默认扩展名为( )。

A. pot   B. exe   C. ppt   D. txt

5. 在"WPS 演示 2019"中，将打开的文件"我的梦 .ppt"另存为"中国梦 .ppt"，则( )。

A. 当前文件是"我的梦 .ppt"和"中国梦.ppt"

B. "我的梦 .ppt"和"中国梦 .ppt"均被关闭

C. 当前文件是"我的梦 .ppt"

D. 当前文件是"中国梦 .ppt"

6. "WPS 演示 2019"中，从当前幻灯片开始放映应该( )。

A. 单击幻灯片切换

B. 单击自定义放映命令

C. 使用 F5 键

D. 使用<Shift + F5>键

二、多项选择题

1. 在 WPS 演示的浏览视图下，选定某张幻灯片并拖动，不可以完成的操作是( )。

A. 移动幻灯片   B. 复制幻灯片   C. 删除幻灯片   D. 选定幻灯片

2. 在演示文稿的放映中要实现幻灯片之间的跳转，下列( )操作无法实现。

A. 幻灯片切换   B. 自定义动画   C. 添加形状   D. 添加超链接

3. WPS 演示中，下列说法中正确的是( )。

A. 可以动态显示文本和对象

B. 可以更改动画对象的出现顺序

C. 可以设置幻灯片切换效果

D. 图表中的元素不可以设置动画效果

4. 在 WPS 演示环境中，( )不是插入新幻灯片的快捷键。

A. Ctrl + N   B. Ctrl + M   C. Alt + N   D. Alt + M

5. 在 WPS 演示中，下列关于幻灯片切换描述正确的是(   )。

A. 可以添加声音

B. 不能自动切换

C. 可以设定切换持续时间

D. 所有幻灯片可以使用相同的切换效果

6. 在 WPS 演示中，关于复制幻灯片说法错误的是(   )。

A. 复制幻灯片时无法同时多张一起复制

B. 可以在不同的演示文稿间复制幻灯片

C. 幻灯片封面是无法复制的

D. 只能在普通视图中复制幻灯片

三、判断题

1. WPS 演示有多种视图模式，视图模式只能创建演示文稿时指定，编辑时不能相互切换。   (   )

2. 当演示文稿处于播放状态时，单击一次鼠标右键，幻灯片会自动切换到下一张幻灯片。   (   )

3. 在不打开演示文稿的情况下，也可以播放演示文稿。   (   )

4. 在 WPS 演示中，新幻灯片总是添加到当前幻灯片之后。   (   )

5. WPS 演示文稿文件的默认扩展名是 .dps。   (   )

模块三　文本设计与应用

思维导学

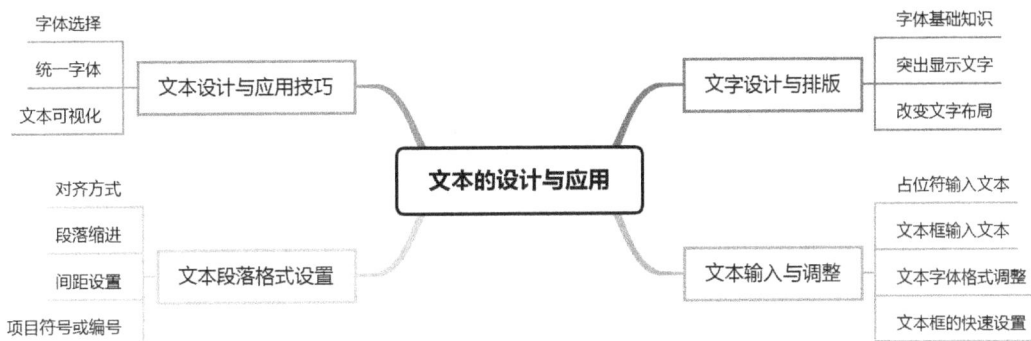

知识精粹

有衬线字体与无衬线字体：在中文字体中最具代表性的两种字体"黑体"和"宋体"分别属于无衬线字体和有衬线字体，有衬线字体历史悠久，笔画有装饰性，自带古典美感；无衬线字体笔画粗细相同，适合电子设备使用。

3.1　文字设计与排版

课件中的文字部分往往体现课件的核心要素，文字表达了课件要展示的核心内容和主要思想，课件的实际使用场景会受到场地光线、显示设备分辨率及播放硬件的影响，有时播放效果与电脑屏幕展示效果有极大区别，因此，要想使课件的文字具有易读性、美观性，就需要对文字的整体排版布局进行设计，增加其"识别度"。

3.1.1　字体基础知识

在课件制作中，文字是课件页面中最核心的要素，它承载着课件内容的核心思想。

1. 汉字发展过程

在神话传说中，汉字是由仓颉创造出来的，随着中华文明的发展，汉字字体也经历了不同的字型字体的发展过程，如图 3-1-1。现存最早可识别的成熟汉字系统是商代的甲骨文，它更接近于原始的图画文字，笔画生动，灵活多变；秦始皇统一六国后开始推行"书同文"，使用了丞相李斯所创的小篆，这种字体线条流畅且规范，可以说是我国第一种"规范字体"；此后书法字体经历了五个阶段，分别是隶书、草书、行书、楷书以及魏碑。印刷术发明之后，雕工们的刻刀又对汉字的形态产生了深刻的影响，楷书字体在雕工的刻刀下产生了笔画清晰、边角分明的宋体字，宋体字与印刷术的发展密不可分，影响至今。如今我们常用的书籍印刷、公文印刷等仍然沿用了宋体字及其衍生字体，如仿宋字体，电脑中自带的字体有宋体字。随着信息技术的发展，更适合于屏幕阅读的黑体字也出现在我们的字库之中，黑体包括雅黑、俪黑等黑体系列。

图3-1-1　汉字演变

图 3-1-1　汉字演变

2. 汉字形态

网络上的字体包或字体库成百上千，初学者常常困于如何在课件制作中选择合适字体，选择字体的前提是了解字体。

字体在《辞海》的解释为文字的结构形式。如汉字的字体有篆书、隶书、草书、楷书、行书等。当面对名目繁多的字库时，如何区别和使用这些字体呢？在这里我们可以根据字体形态大致将中文字体分为宋体、黑体、书法体及艺术变化体，如图 3-1-2 所示。不同的字体传达不同的风格和气质，在使用时应根据课件主题及内容进行字体的搭配，具体方法在后文的"文本字体选择技巧"章节进行介绍。

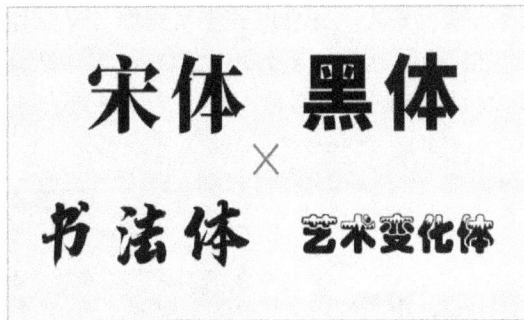

图 3-1-2 汉字形态

3. 文字排版

我们在日常课件中经常能看到一些令人惊艳的课件作品，如图 3-1-3 所示，观察其文字排版部分，或错落有致，或大气磅礴，或规整有序，其实优秀的文字排版也是存在规律的。学习和掌握排版规律，做好文字内容的排版是课件制作者的必修课。

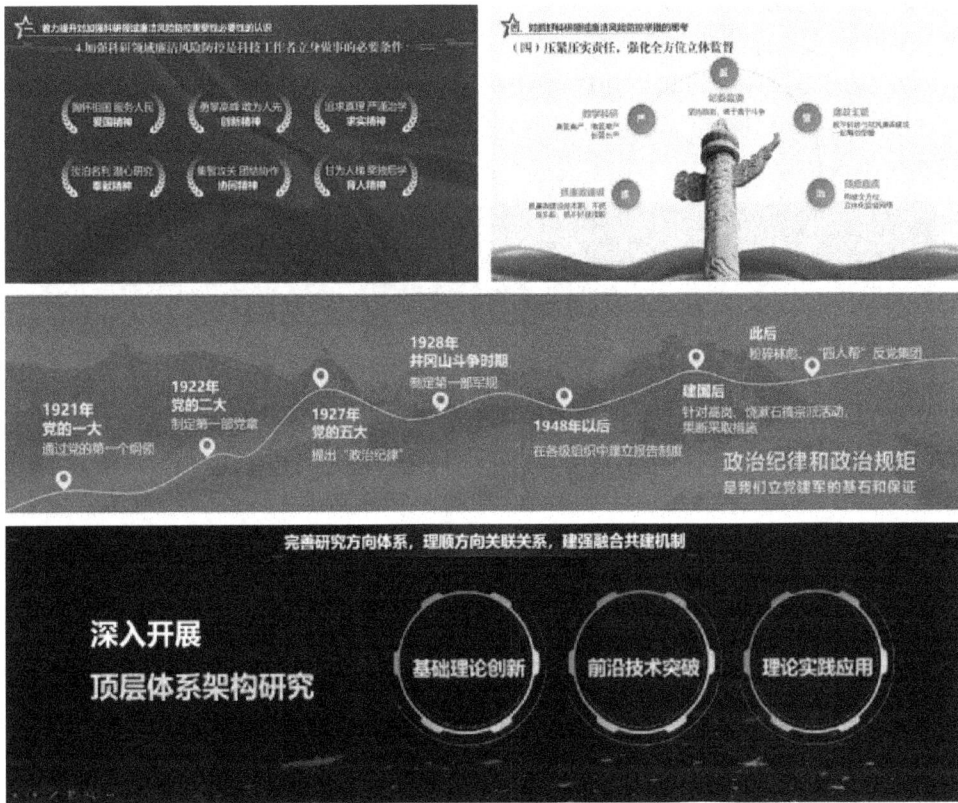

图 3-1-3 文字排版课件参考

（1）一行字排版。

一行字排版是指课件文字比较少时所进行的排版的方式，一行字通常出现在封面页、结尾页或金句页，字数一般在 10 个字以内。因为字数较少常常导致制作者没有思路，然而若在白板上只打出这一行字，又显得苍白无力。根据文字本身精简的特点，挖掘其意义去寻找配图是一种比较合适的排版方式，并且能够丰富画面含义，如图 3-1-4 所示。原图只把文字打在了课件上，虽然用到了居中对齐，但是空白过多，缺乏感染力，修改后将主题文字设置为书法体，字体倾斜，在画面中错落排开，并且找到了与之相配的图片作为背景，充分呼应主题。

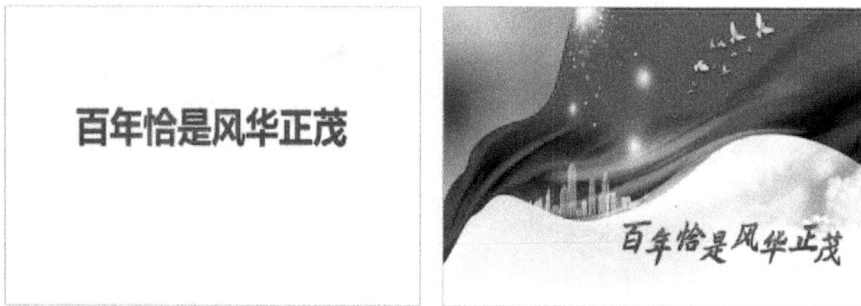

图 3-1-4　一行字排版修改前(左)后(右)

(2) 名人名言排版。

当课件中需要展示引用名人或特定人士的观点时，最适合的排版方式是"名人照片或签字+文字"的组合，不仅可以增强观点的说服力，还可以增加课件展示的真实氛围感。如图 3-1-5 所示，如果只在页面中放置鲁迅先生的名言及署名，整体看上去比较单调。在增加鲁迅先生本人图片后，大大增加了说服力。

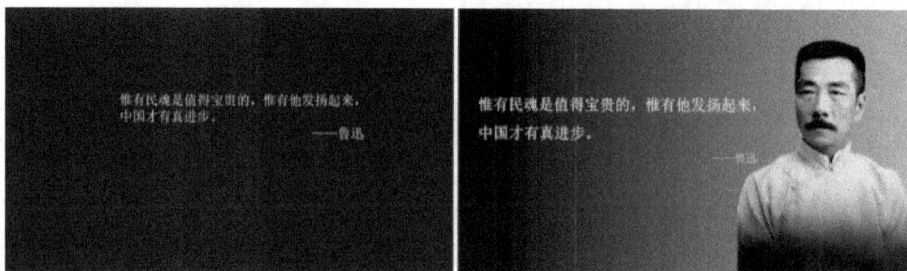

图 3-1-5　照片＋名言组合排版

除了文字和照片左右排版的方式，还可以采用图文叠压的方式进行排版，增加画面层次感，如图 3-1-6 所示。需要注意这种排版方式要对人物照片进行抠图，去掉背景后进行操作。

图 3-1-6　图文叠压排版

(3) 两段文字排版。

两段文字内容的排版首先要区分主次，即哪一部分需要重点展示，另一部分为次要内容。如果两段文字同样重要，比如对比内容，那么在设计中可以用均衡的方式进行排版。如图 3-1-7 所示为诗词赏析的并列排版方式，可以采用左右并列的方式展示两段内容。也可用将诗词强化，译文弱化的方式展示重要程度不同的内容，如图 3-1-8 所示。

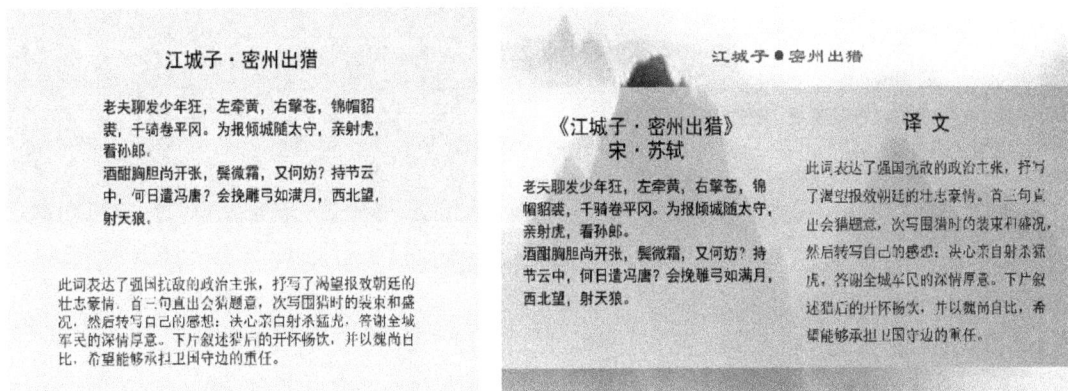

图 3-1-7 两段同级文字排版

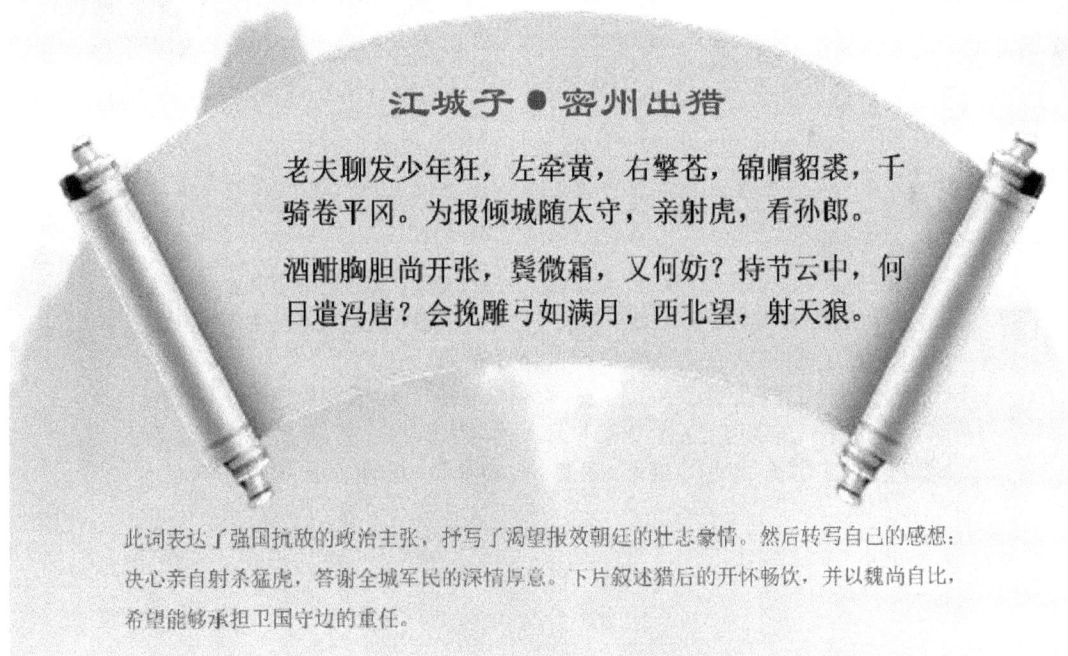

图 3-1-8 两段文字区分重点与次重点排版

(4) 大段文字排版。

当课件文稿内容比较多时，需适当对文字信息进行拆分、提炼，删除无关信息，如图

3-1-9 所示这段密密麻麻的文字，实际上主要内容是讲了要学习六种精神，我们可以提炼出六种精神的关键词，并给这六种精神各增加一个松枝形图标进行衬托，通过对信息的拆分提炼，大段文字变得更加容易理解。

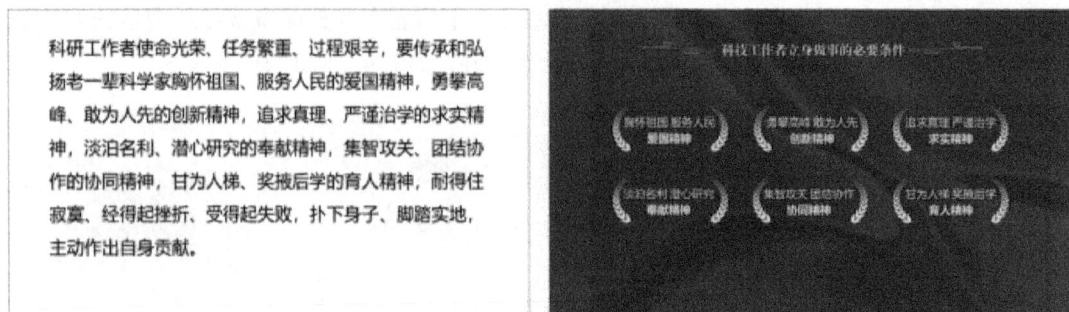

图 3-1-9　大段文字提炼重点

3.1.2　突出显示文字

多媒体课件的设计理念是要突出重点，包括演示者的演讲重点，画面展示重点。当我们下意识的评判课件美丑时，往往是在评判它有没有将重点明确的展示出来。课件不同于文档，可以用加重字体方式表达重点，课件需要使用全方位的文字、图像、图形等相结合来烘托重点。大多数初学者做的课件容易走向重点不明确的误区。如图 3-1-10 所示，这是一张介绍通信内容的课件页面。标题写明了主题"什么是通信"？但内容较长，做课件时要尽量将段落"轻量化"，即每一段行数控制在 3 行以内。当观者看到这样的页面时，需要先通读一遍，再去找重点内容，再去消化理解，这样的课件展示效率很低。因此，首先需要将标题突出显示。

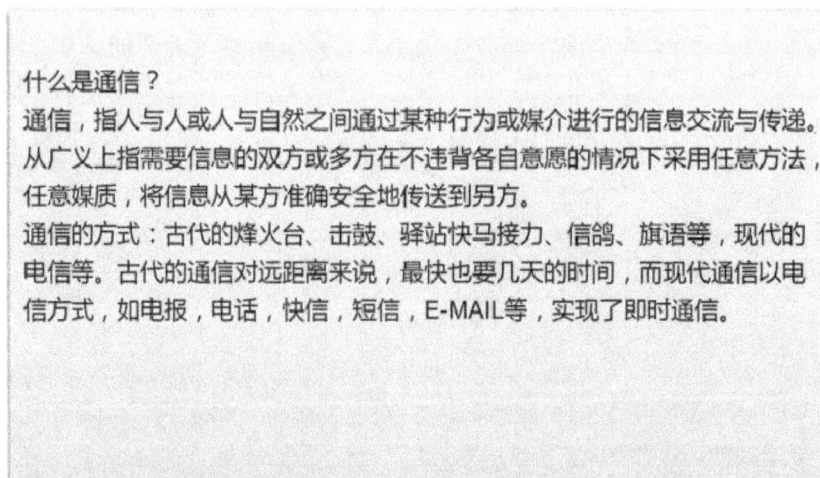

图 3-1-10　通信内容课件

关键步骤如下：

(1) 切分标题与内容。首先，把标题和内容分开在不同的文本框中，以方便后续设置。

选中"什么是通信？"→单击右键选择"剪切"(快捷键<Ctrl+X>)→在页面空白处单击右键选择"粘贴"(快捷键<Ctrl+V>)，这样标题就成了独立的一个文本框。

(2) 选中标题文本框。按住鼠标左键不放，将其拖拽到画面上方中间位置，此时文本框仍为选中状态，具体表现为文本周围有 8 个圆点围起来的方框，如图 3-1-11 所示。

图 3-1-11　选中标题文本框

(3) 设置标题字体字号颜色。在选中状态下通过文字状态栏进行调整，单击字体框旁边的下三角选择字体为"黑体"→字号选择"54"→字体加粗→文本填充为红色，如图 3-1-12所示。

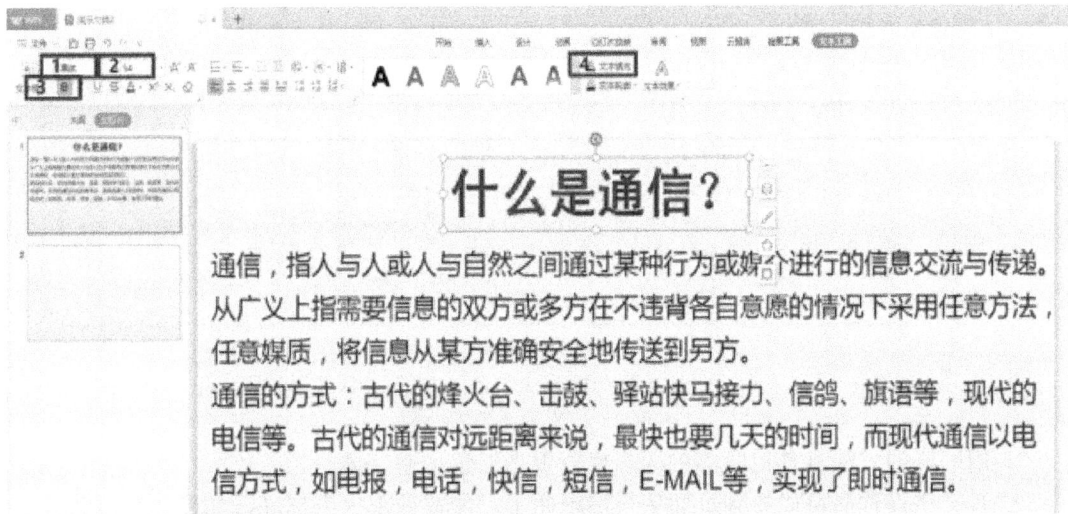

图 3-1-12　调整标题字号

经过对标题文字的提取与设置，本页课件突出展示了标题内容，使本页第一个重点标题清晰地展示出来。

3.1.3　改变文本布局

在上文提到的页面中，正文部分行数较多且没有主次，当文字内容较多时，可以适当改变文字布局以增加画面的层次与美观，我们梳理文中的重点内容，找出文本中包括三个层次，分别是：① 通信的定义，② 扩展定义，③ 古今通信区别。分析出层次关系后，将重点文字提炼出来，也可以概括出每一段内容的小标题。这样整理后结构层次一目了然，可以大大提高信息的传输效率。

关键步骤如下：

通读内容后可将每部分内容的标题提取出来突出显示，在这里因内容相对统一，可以不用单独剪切出标题文本框，而是直接选中标题部分修改。以第一段为例，"通信"二字可直接作为分段小标题，其后面的逗号按<Delete>键删掉即可。

按住鼠标左键选中"通信"二字→设置为"加粗"→文本填充为红色→按<Enter>键，使小标题突出展示，如图 3-1-13 所示。

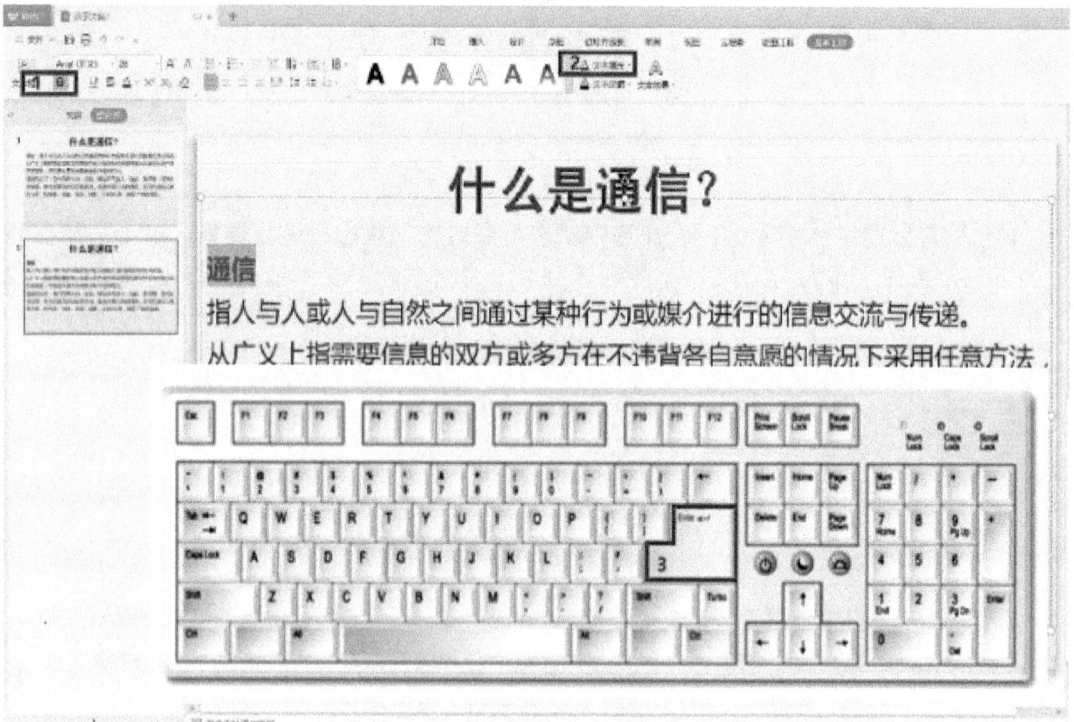

图 3-1-13　突出展示小标题

利用同样的方法将其他段落的标志也设置为红色加粗字体。

经过文字设置后可以看到页面变得清晰明了，阅读效率大为提高，如图 3-1-14 所示。

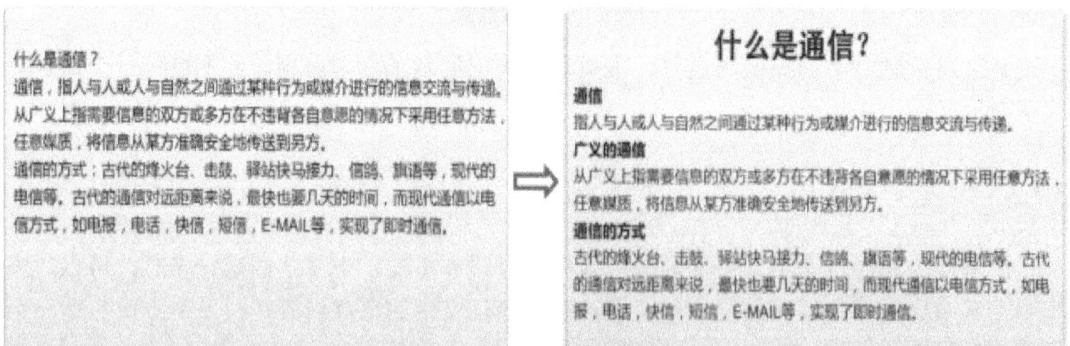

图 3-1-14　调整标题前后对比

3.2 文本输入与调整

3.2.1 占位符输入文本

当新建一个课件页面时，通常会看到页面两个虚线框，虚线框中有"单击此处编辑(副)标题"的字样，用鼠标单击后虚线框里面的字自动消失并且出现闪动光标，表示可以继续输入文字，这个虚线框称之为"占位符"。占位符就是占住一个固定的位置，使用者可以在里面添加内容的符号，它能起到规划课件结构的作用，如图 3-2-1 所示。

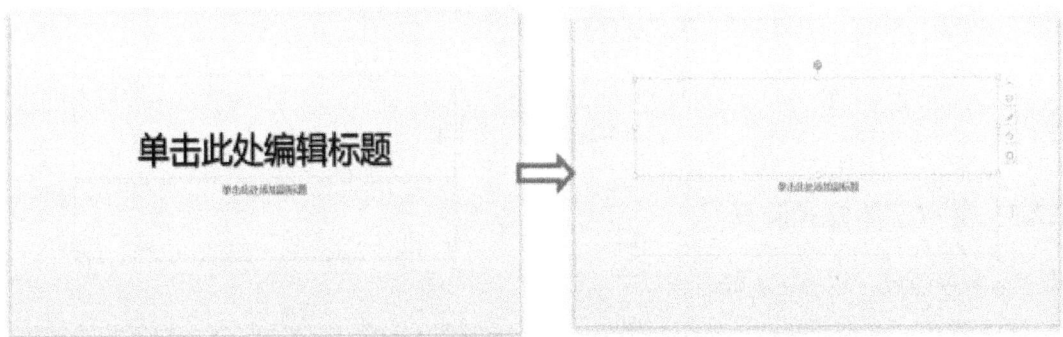

图 3-2-1 单击占位符后可输入文字

3.2.2 文本框输入文本

前文的课件经过字体、字号、颜色等的设置后，初步有了层次感，但最后一段内容还是比较多，阅读后可知本段讲了两部分内容，大意是古今通信方式区别。因此可以将第三段分为两部分，第一部分为"古代通信方式"，第二部分为"现代通信方式"。此时，需要我们利用插入文本框的方式手动输入两个不同的标题，如图 3-2-2 所示。

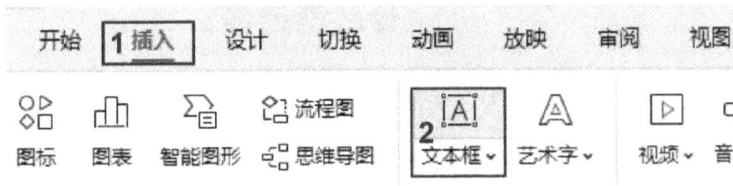

图 3-2-2 插入文本框

首先，在"开始"选项卡中找到"文本框"；单击后根据文字方向选择"横向文本框"或"竖向文本框"，在这里使用"横向文本框"；选择好文本框后，鼠标指针变为十字形，此时可按住鼠标左键不放，在页面空白处拖拽出一个文本框，文本框拖拽好后与占位符类似，都是虚线框。在文本框内手动输入"古代通信方式"，如图 3-2-3 所示。

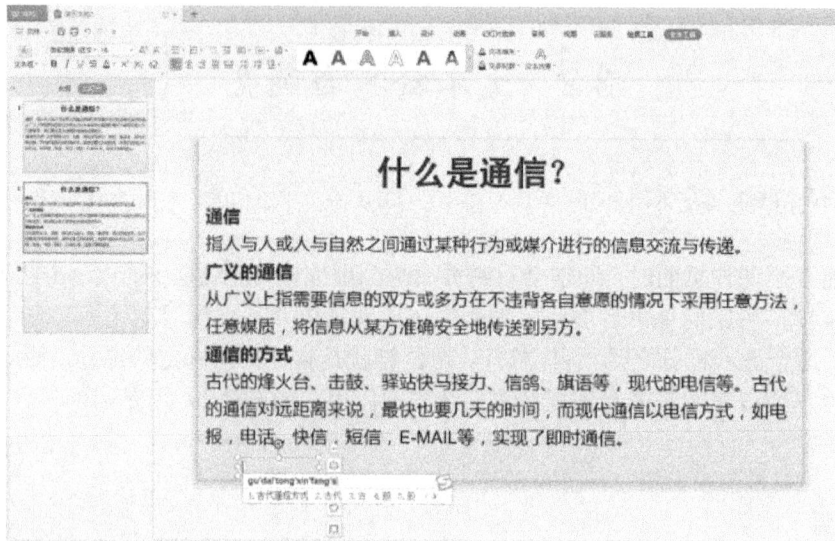

图 3-2-3   选中文本框

3.2.3   文本字体格式调整

调整文字格式的方式有两种：

(1) 选中文字手动调整。选中文字后，在文字属性栏进行字体、字号、颜色等的调整。

(2) 利用格式刷进行调整。格式刷能够复制已有文字及段落的格式。前面已经调整好了二级标题的格式，先用鼠标左键单击已设置好的"广义的通信"标题文字，然后点格式刷，当鼠标变成一把小刷子后，选择"古代通信方式"，用左键拉取范围选择，松开鼠标左键，相应的格式就会设置好，如图 3-2-4 所示。

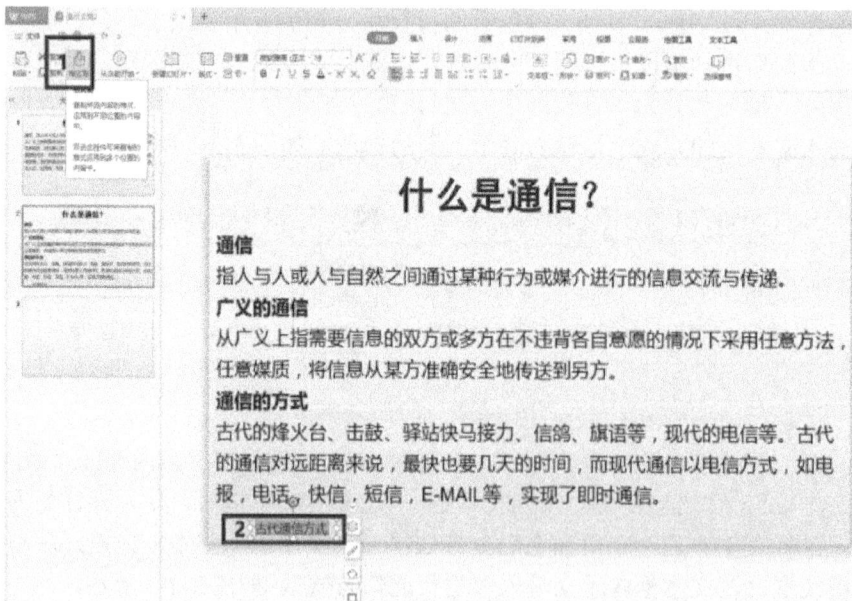

图 3-2-4   使用格式刷

3.2.4 文本框的快速设置

利用格式刷将文字的属性刷好后，文字增大导致文本框的宽度不够用，文字自动产生了换行。在这里使用鼠标进行调整，将光标放在文本框四边中的任意一条边上，光标变成四向箭头，表示可以进行文本框的移动；按住鼠标可随意变换位置；将光标放在文本框四角中的任一角时，光标变为斜向 45°的双箭头，此时可拖拽文本框进行放大和缩小的调整。按住<Shift>键的同时按住鼠标左键可实现文本框等比例拖拽。

3.3 文本段落格式设置

文本段落格式包括文本的对齐方式，段落间距及行间距等。当课件中的文字内容比较多时，适当调整文本的段落格式可以使其看起来简洁美观。

3.3.1 对齐方式

对齐是指任何元素都不能在页面上随意安放，每一项都应当与页面上的某个内容存在某种视觉联系，如图 3-3-1 所示为对齐示意图。

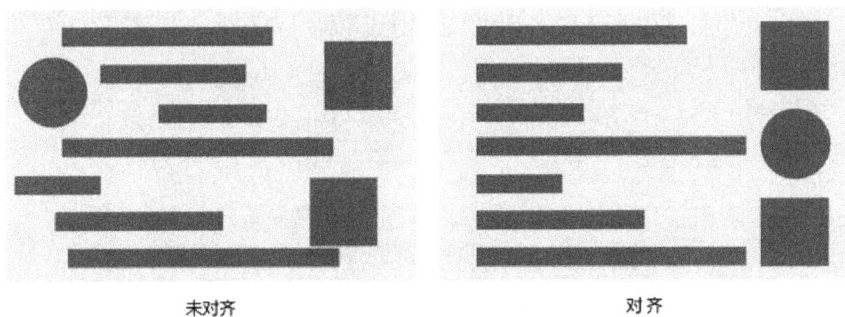

图 3-3-1 对齐示意图

文本段落的对齐是对页面中文字信息组织的考量，利用对齐，符合用户的视觉惯性，降低用户阅读负担。利用不同的对齐形式，能有效组织信息，使版面统一、简洁、更有条理，还可以引导视觉流向，有助于信息更好传达，也更美观。常用的对齐方式包括以下 7 种，见图 3-3-2。

图 3-3-2 常见对齐方式

在 WPS 课件制作中，调整文本段落的对齐方式在文本工具属性栏中，如图 3-3-3 所示方框位置。

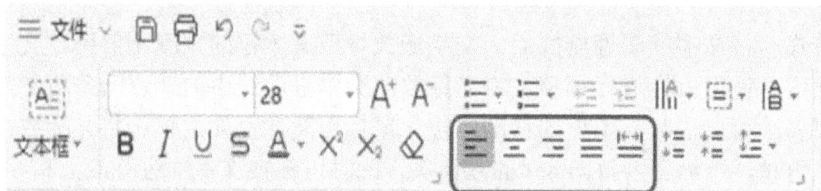

图 3-3-3   对齐功能区

其操作方法是选中文本框后直接单击方框中的一种对齐方式即可，从左到右分别为左对齐、居中对齐、右对齐、两端对齐和分散对齐。

3.3.2   段落缩进

段落的缩进有首行缩进、左缩进和悬挂缩进三种形式，段落缩进意在提醒读者阅读和区分文章整体结构。段落缩进与后文所讲的段落间距、行间距有所不同，三者区别如图 3-3-4 所示。

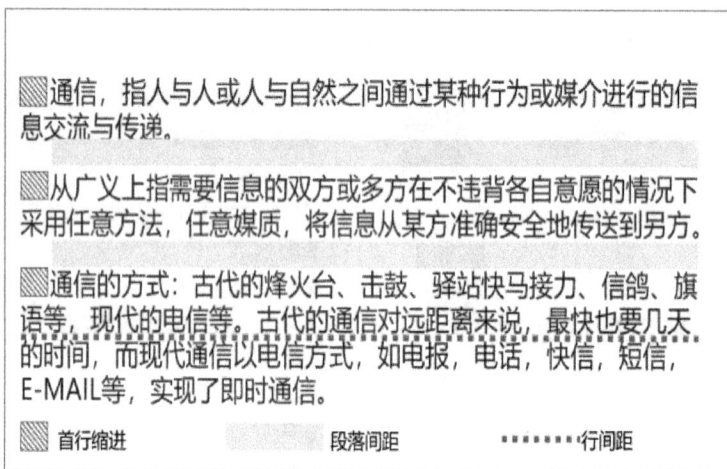

图 3-3-4   段落缩进、段落间距与首行缩进区别

设置段落间距需要打开"段落"对话框，操作步骤是：选中段落文字→鼠标左键单击段落扩展符号→设置缩进方式及数值。

3.3.3   间距设置

段落之间如果不设置合适的间距，阅读起来会感到很吃力，当课件文字较多又不便删除时，应进行行段间距的调整。操作方法是：选中段落文字→左键单击文本工具属性栏的扩展符号，在弹出的对话框中选择合适的磅数，如图 3-3-5 所示。

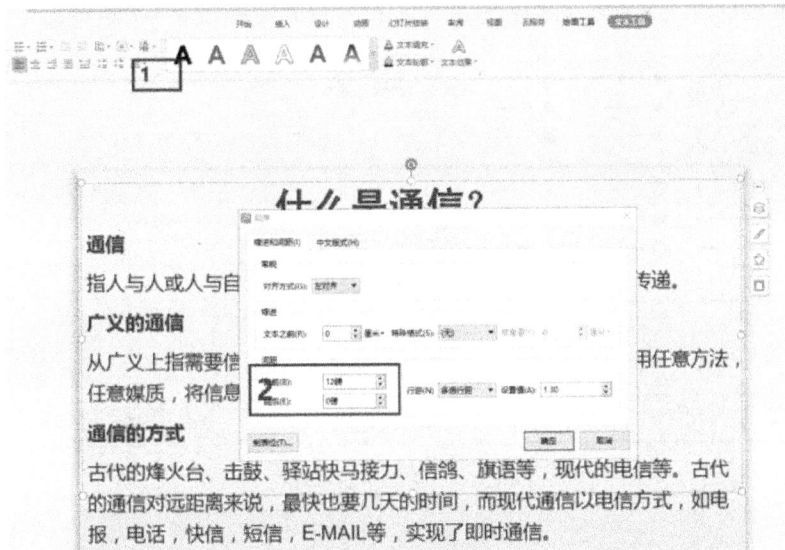

图 3-3-5　设置段间距

3.3.4　项目符号或编号

在制作课件的过程中，为了使正文内容能够更清楚地表达，一般会将文字分条或分段进行表述，用项目符号进行条或段之间的强调，通常默认的项目符号是一个个的小黑点，在 WPS 中可设置不同的项目符号形式。首先认识一下项目符号库的位置，如图 3-3-6 所示，单击"开始"选项卡→"段落"选项组，第一个就是项目符号库，默认的项目符号有黑色圆点，黑色方块等等。单击"项目符号和编号"，即可进入"项目符号和编号"对话框。

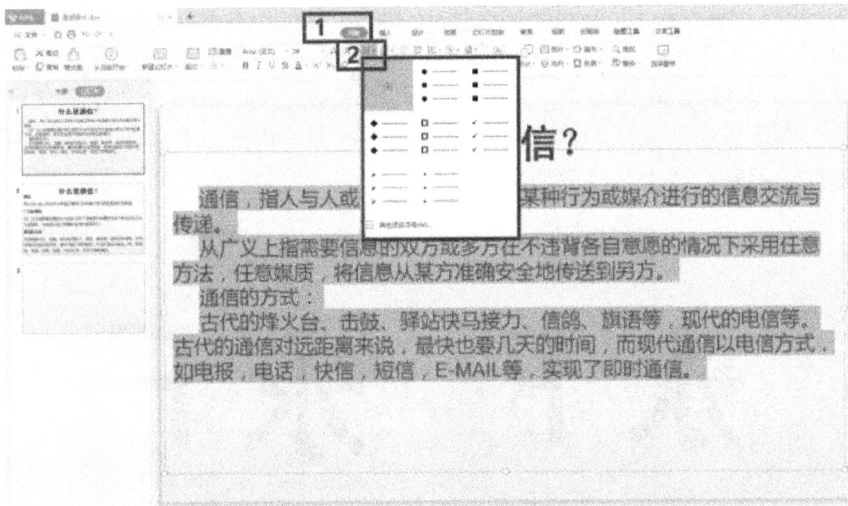

图 3-3-6　设置项目符号

在"项目符号和编号"对话框中的"大小"和"颜色"选项可以自定义符号显示的大

小及颜色，也可以自定义添加新的符号或图片符号样式，如图 3-3-7 所示。

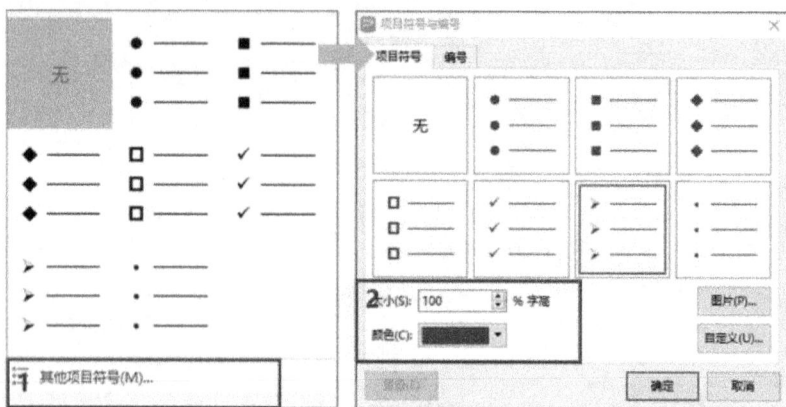

图 3-3-7　自定义项目符号

3.4　文本设计与应用技巧

3.4.1　字体选择

1. 字体区别

字体可以分为两种：有衬线和无衬线，如图 3-4-1 所示。有衬线是指在字的笔画开始、结束的地方有额外的装饰，而且笔画的粗细也会有所不同。中文字体中的宋体就是一种最标准的衬线字体，衬线的特征非常明显。字形结构也和手写的楷书一致。因此宋体一直被作为最适合的正文字体之一。而黑体和无衬线字体则是没有这些衬线装饰，直线和横线笔画粗细几乎均等。宋体是为了适应印刷术而出现的，因为具备一些木版刀刻的韵味，所以看起来简洁利落，即使缩小也能有良好的可读性，其广泛运用在新闻、参考书籍等印刷品这些长文章中。黑体的笔画整齐划一，因为它高度的统一性，可以让字体本身对眼睛的刺激降到最低，而把更多的注意力放在文字表达的内容上，很适合在屏幕媒介中使用，所以成为现代设计中屏幕界面正文排版的首选字体。

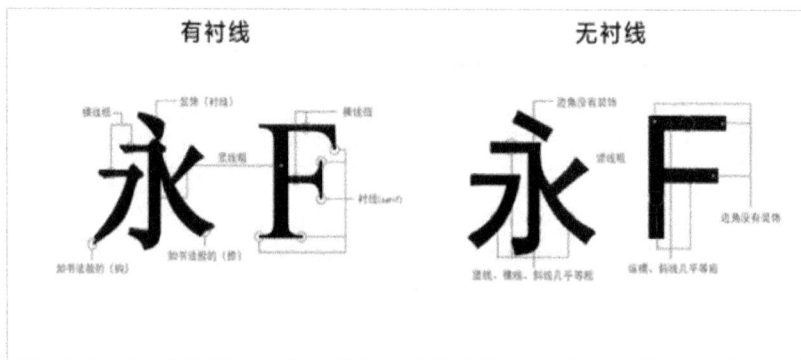

图 3-4-1　有衬线与无衬线字体

2. 字体性格

不同字体表现出的性格是不同的，可以根据笔画的粗细来进行分辨，这里的性格，是指字体的一种气质。字体给人的印象会随着笔画的粗细而改变，同一张演示作品用不同的字体呈现，其整体感觉也会有所不同，如图 3-4-2 所示，笔画粗的标宋传达出一种"权威、历史、厚重"的印象；如图 3-4-3 所示的相对细的仿宋则给人细弱稚嫩之感，用在当前这张作品上显得与画面主题要传达的思想不符。

图 3-4-2　粗宋字体

图 3-4-3　仿宋字体

笔画粗的黑体是"强而有力、朝气蓬勃、严格"的感觉；细笔画的则是："明亮、纤细、柔弱"的感觉。除了黑体和宋体以外，不同的书法体也会传达出不同的气质。所以在设计时挑选字体一定慎重，因为一款恰当的字体能够将课件效果更好地呈现出来。笔画越细，字体的气质就越偏向纤细柔弱，反之则偏向雄厚刚强。

3.4.2　统一文字

在课件设计中，用到的字体宜少不宜多，控制在 3 种以内比较合适，当课件内有多种字体需要更换时，根据替换字体类别的不同也有相应的替换方式。

1. 统一当前页面的字体

按<Ctrl + A>快捷键全选文字→在"开始"选项卡中直接更改字体，如图 3-4-4 所示。

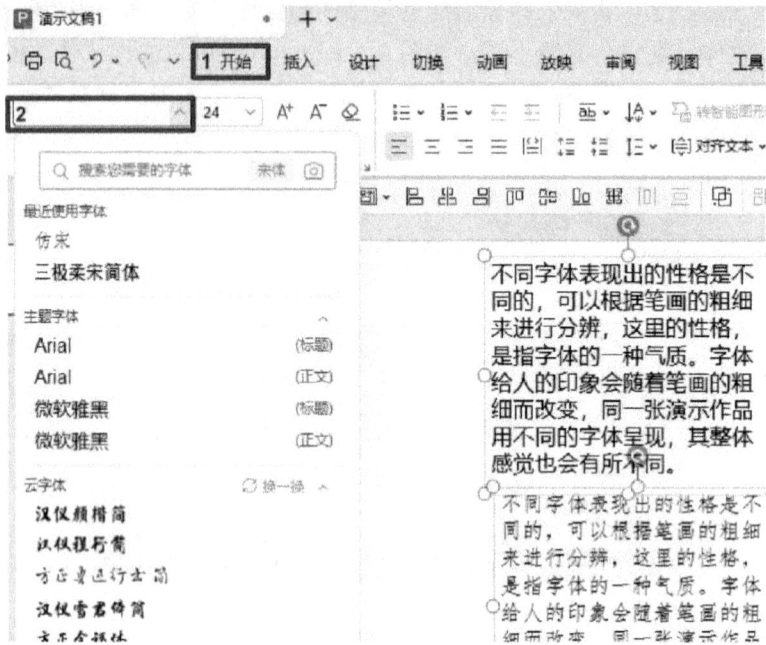

图 3-4-4　当前页面全部更改为一种字体

2. 替换当前页面中部分字体

打开一个课件可以看到这个课件标题都是仿宋体，我们需要把所有的仿宋体更换为黑体。操作方法为：在"开始"选项卡中单击"替换"→选择第 2 项"替换字体"→在弹出的对话框中先选择原字体"仿宋"→替换为"黑体"→单击"替换"，即可将课件中所有的仿宋字体全部更换为黑体，如图 3-4-5 所示。

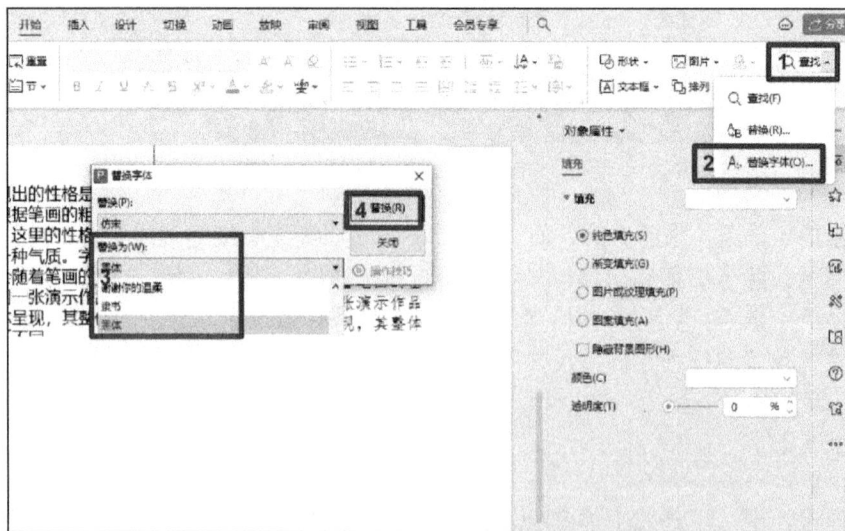

图 3-4-5　部分字体替换

3.4.3 文本可视化

文本可视化，也称信息可视化。广义的解释为用符合人类直觉的方式展示数据，用颜色、形状、大小、位置、长短等形象地展示数据重点、逻辑和趋势，从而发现问题，引导有价值的决策，在课件设计中我们可以理解为把文字信息变成直观可见的图示信息。通过如图 3-4-6 所示的两张图对比，我们不难发现，文本可视化后可以让课件更美观，还能让信息的传递效率变得更高。学员队要用课件做一张新生见面会欢迎屏，第一张虽然文本清晰但整体感觉较为平淡，第二张图加上地图后整体呼应度高了很多，而且画面生动，便于拉近新生之间的距离。

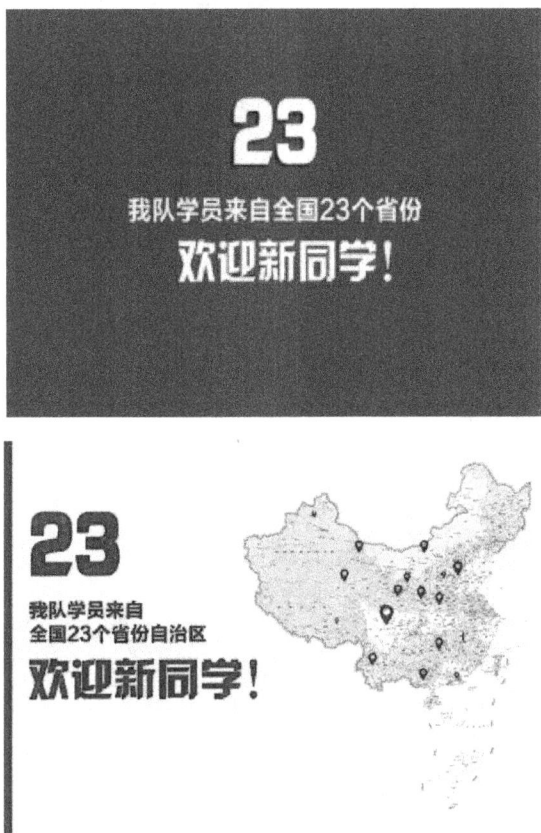

图 3-4-6 可视化前后对比图

文字传达的是文字本身所代表的符号意义，而图示所传达的信息则要丰富得多，包括颜色、形状、纹理质感等，人类进化已有数百万年的历史，从远古时代就能通过辨认颜色、形状、大小来判断物体之间的区别，识别文字则是后期通过习得而来的技能。因此，我们读图的速度远大于阅读文字的速度，在做课件时把文字与图示结合起来使用，能辅助读者更直观地了解课件所传达意图。通过观察图 3-4-7 也可以直观感受到，看懂一个图标只需几毫秒，而阅读文字并理解其含义则需要数秒甚至更多时间。

图 3-4-7　图示与文字

　　了解文本可视化的含义后，我们可以在课件制作中将其付诸实践，通常所采用的方式是为具体的文本添加图像，这里的图像包括图表、图标、图片、形状等图形化的元素。

　　如图 3-4-8 所示，"高效时间管理"课件封面使用了一个闹钟的图标来传达"时间"的概念，与标题呼应，使人一目了然。

3-4-8　"高效时间管理"课件封面

　　当课件内容要点或层次较多时，图标当成主要视觉元素用于衬托或提示内容，起到有效聚焦要点的作用，如图 3-4-9 所示。

图 3-4-9　图标素材

这一类图标素材在专业的素材网站都可以进行下载，在搜索引擎中输入关键词"图标素材"就可看到海量资源。

除了利用图标以外，添加配图也是文本可视化的常用方法之一，人民日报、学习强国等官方媒体的 APP 上有很多经典案例可供我们参考借鉴，如图 3-4-10 所示，习近平总书记在全国两会上曾经用紧紧抱在一起的石榴籽来形容民族团结，设计者在把必要的文字信息排好版后添加了石榴籽的配图，非常形象地呼应了主题。

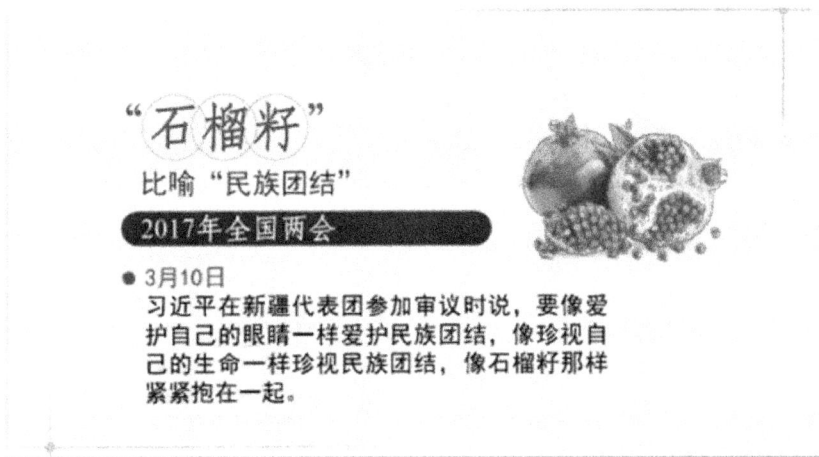

图 3-4-10　恰当配图(图源：学习强国 APP)

使用配图时，要尽可能选择高清图片，在图片网站或搜索引擎中进行图片搜索，选中合适的图片后下载，将下载的图片导入到课件中。图片搜索的一个小技巧就是利用关键词进行搜索，比如在制作"用'石榴籽'比喻'民族团结'"时，所要搜索的关键词如果是"石榴"，那么会出现石榴树、石榴花、超市货架上的石榴等大量图片，挑选起来会颇费时间，可以将关键词修改为"石榴 手绘"，这样就能很容易搜到相应清晰且背景干净的配图。

任务进阶

3.5 练习任务：制作不同效果的文字范例

1. 任务目标

(1) 学会分析文字主题类型，确定文字编辑设计方案。

(2) 熟练运用文字工具中的字体、字号、颜色填充设置，制作"体育与健康"特殊字符效果。

2. 任务说明

在此任务中，运用所学知识分析标题意义，确定方案后，利用文字工具制作渐变标题《体育与健康》。

3. 必备技能

(1) 分析文本含义，并为文本设计合理的视觉呈现方式。

(2) 掌握文本工具中字符字体、字号及颜色的使用。

4. 操作实施

(1) 课件主题是"体育与健康"，在这里我们可以用填充渐变色的思路进行设计，因为主题与健康有关，课件可以将绿色确定为主题色。

(2) 在空白演示文稿中，输入文字："体育与健康"。

(3) 选中"体育与健康"文本框，设置字体为"锐字真言体"，字号为 88 号。

(4) 选中文本框，选择"文本填充"→"渐变填充"，默认有四个颜色滑块，在这里我们仅需要两个，多余的颜色滑块可按住鼠标左键拖移出去；分别设置第一个颜色滑块为浅绿色，第二个为深绿色，将角度设为 80°。操作实施步骤如图 3-5-1 所示。

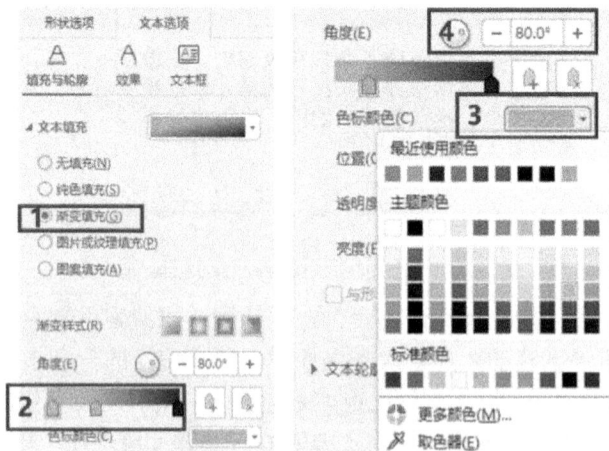

图 3-5-1 关键操作步骤

(5) 参考效果如图 3-5-2 所示。

图 3-5-2　"体育与健康"参考效果

3.6　提升任务：制作特殊效果的文字范例

1. 任务目标

(1) 学会分析文字主题类型，确定文字编辑设计方案。

(2) 熟练运用文字工具中的字体、字号、颜色填充与特殊格式设置，制作"建筑与力学"特殊字符效果。

2. 任务说明

在此任务中，运用所学知识分析标题意义，确定方案后，利用文字工具制作渐变立体标题《建筑与力学》。

3. 必备技能

(1) 分析文本含义，并为文本设计合理的视觉呈现方式。

(2) 掌握文本工具中字符字体、字号、颜色及三维格式的使用。

4. 操作实施

(1) 课件题目为"建筑与力学"，可以给标题文字增加透视装饰效果，以呼应主题。

(2) 在文本框中输入文字→将文本框形状填充为深蓝色→文本填充为浅金色渐变，角度设为 90°，操作实施，如图 3-6-1 所示。

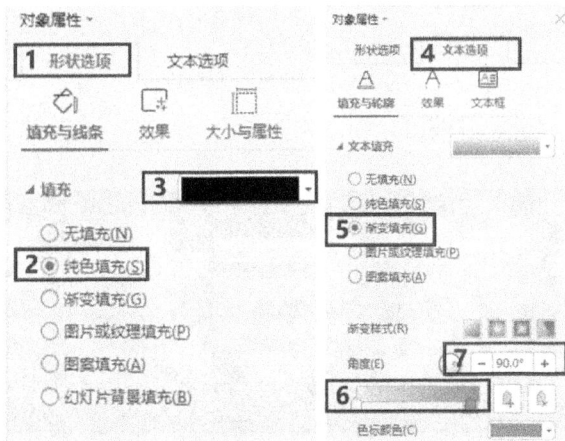

图 3-6-1　操作步骤

（3）选择文本框，在文本工具选项栏中单击"文本效果"→选择"更多设置"，如图 3-6-2 所示。

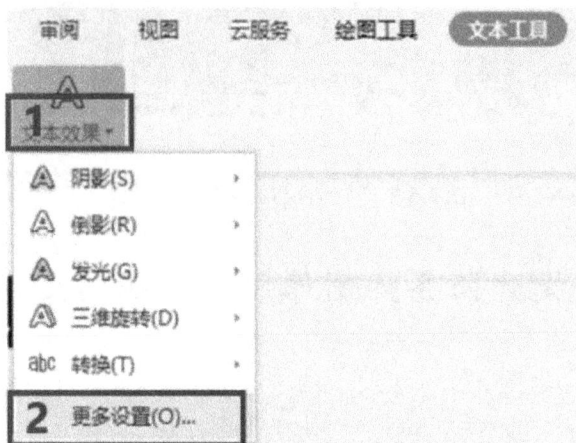

图 3-6-2　文本效果-更多设置

（4）分别设置文字"三维格式"和"三维旋转"数值如图 3-6-3 所示。

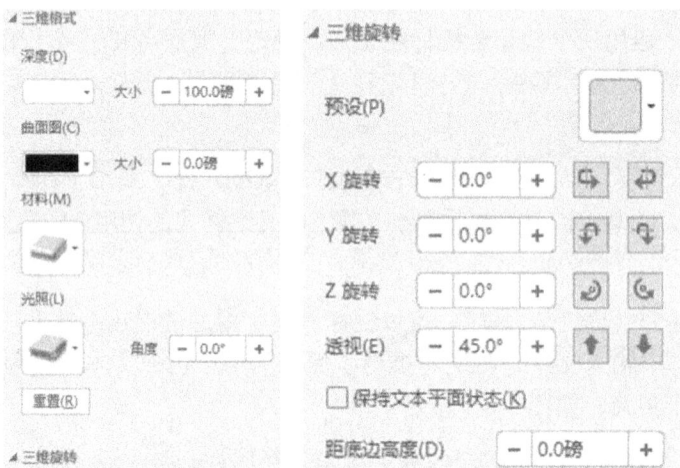

图 3-6-3　设置三维参数

（5）参考效果如图 3-6-4 所示。

图 3-6-4　立体字参考效果

3.7 进阶任务：设计并制作"党史故事"演讲比赛主题版面

1. 任务目标

(1) 熟练掌握在演示文稿中插入文字，设置字体字号常用的方法。

(2) 灵活运用颜色及填充方式为演示文稿内容服务，达到文字与图示展示相结合的应有效果。

2. 任务说明

在此任务中，利用前面章节所学知识设计完成"党史故事"演讲比赛主题版面，为其配置恰当字体，设置相应字号、段落，并设置合适背景等，提升演示文稿的视觉感知力，更好的服务主题内容。

3. 必备技能

(1) 能够熟练掌握字体设置并按照用户的需求进行播放。

(2) 熟练掌握插入文字、设置字号及颜色的方法，并设置特殊文字效果。

4. 操作实施

(1) 根据前面所学知识，借助文字和图片素材，完成演示文稿中版面的对齐设置。

(2) 为"党史故事"演示文稿在恰当的页面排版合适的文字，并设置字体与特殊文字效果。

(3) 设置为全屏显示。

参考效果如图 3-7-1 所示。

图 3-7-1 参考图

【习　题】

模块三资源

一、单项选择题

1. 在幻灯片页面中复制文字的快捷键是(　　)。

A. Ctrl+C　　　　　　B. Ctrl+Z　　　　　　C. Ctrl+X　　　　　　D. Ctrl+V

2. 在幻灯片页面中粘贴文字的快捷键是(　　)。

A. Ctrl+C　　　　　　B. Ctrl+Z　　　　　　C. Ctrl+X　　　　　　D. Ctrl+V

3. 在 WPS 2019 中要在幻灯片中插入文本框进行文字输入时，应当选择插入(　　)。

A. 文件　　　　　　B. 文本框　　　　　　C. 附件　　　　　　D. 版式

4. 在 WPS 2019 中对文本框的填充操作，应在(　　)工具选项卡，用来对文本进行相应的设置操作。

A. 形状选项　　　　B. 文本选项　　　　C. 设计　　　　　　D. 插入

5. 能够复制已有的文字及段落格式的工具是(　　)。

A. 文本对齐　　　　B. 文字刷　　　　　C. 工具刷　　　　　D. 格式刷

二、多项选择题

1. 以下(　　)字体为书法体。

A. 隶书　　　　　　B. 宋体　　　　　　C. 草书　　　　　　D. 黑体

2. 课件中需要引用名人名言时，可以选择的排版方式有(　　)。

A. 只在页面输入语句　　　　　　　B. 照片与名言左右排版

C. 图文叠加排版　　　　　　　　　D. 名人签字与名言排版

3. 大段文字排版需避免(　　)方面。

A. 不漏一字全部输入　　　　　　　B. 提炼重点

C. 拆分要点　　　　　　　　　　　D. 保留所有信息

4. 以下(　　)字体为有衬线体。

A. 仿宋　　　　　　B. 楷书　　　　　　C. 方正小标宋　　　　D. 雅黑

三、判断题

1. 宋体的发明起源于印刷术。　　　　　　　　　　　　　　　　　　(　　)

2. 项目符号不能更改颜色与样式。　　　　　　　　　　　　　　　　(　　)

3. 行书字体适合在课件正文中使用。　　　　　　　　　　　　　　　(　　)

4. 当前页面有 3 种不同字体时，可以统一更换成同一种字体。　　　　(　　)

5. 课件制作中配图与文字可以毫无关系。　　　　　　　　　　　　　(　　)

模块四　图形图像编辑与处理

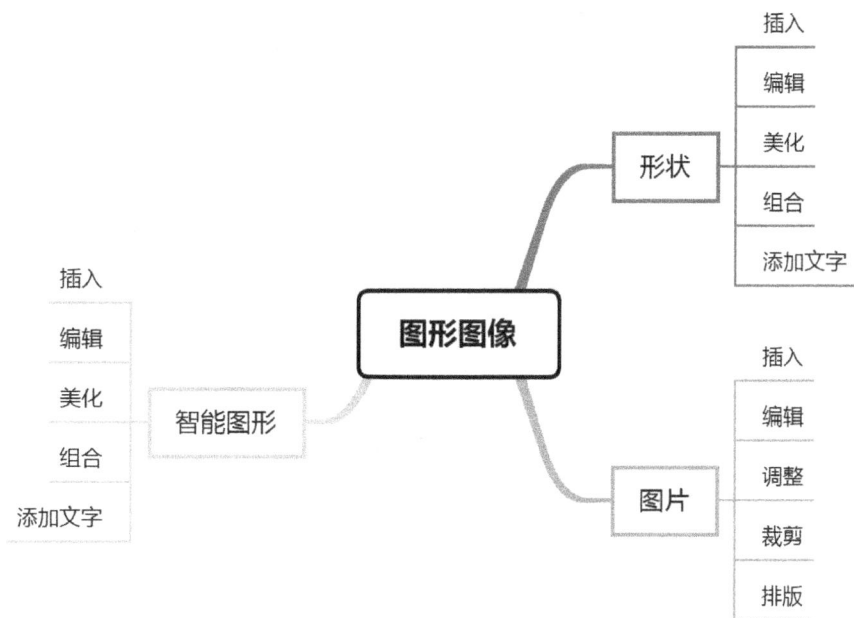

知识精粹

　　图片：由图形、图像等构成的平面媒体。图片的格式很多，但总体上可以分为点阵图和矢量图两大类，我们常用的 BMP、JPG 等格式都是点阵图形，而 SWF、CDR、AI 等格式的图形属于矢量图形。

　　形状：表示特定事物或物质的一种存在或表现形式，如长方形、正方形，也指外貌。

　　智能图形：用于表达信息和观点的图形，在幻灯片中应用智能图形可以更直观地表达信息，每种智能图形的布局都提供了一种表达内容以及增强所传达信息的不同方法。

4.1　图片的编辑与处理

4.1.1　图片的插入

在 WPS 中有四种插入图片的方法，第一种是插入本地图片，第二种是分页插图，第三种是手机传图，第四种是资源夹图片。如图 4-1-1 所示为图片插入的四种类型。

图 4-1-1　图片插入类型

1. 插入本地图片

切换到要插入图片的幻灯片，然后单击"插入"选项卡中的"图片"按钮，如图 4-1-2 所示。在插入类型中单击"本地图片"按钮，如图 4-1-3 所示。打开"本地图片"对话框，选择要插入的图片，单击"打开"按钮，即可将所选的一张或多张图片插入到当前幻灯片的中心位置，如图 4-1-4 所示。

图 4-1-2　本地图片——插入

图 4-1-3 本地图片——选择类型

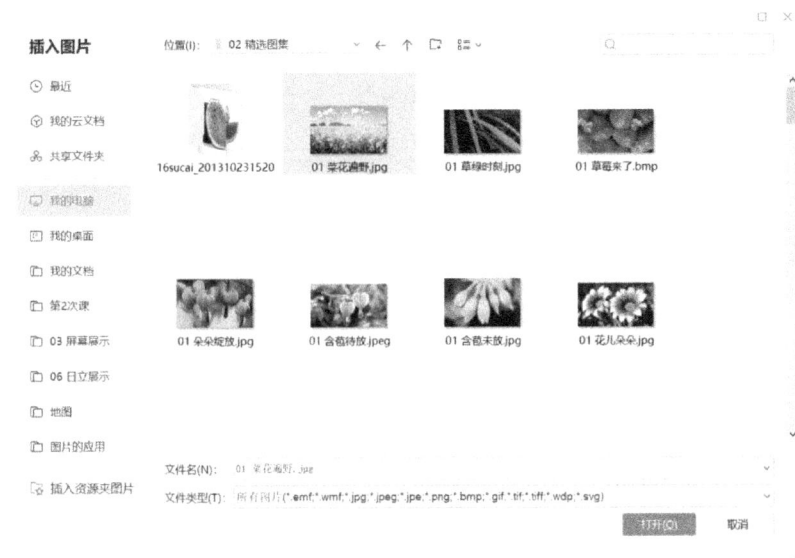

图 4-1-4 "本地图片——选择图片"对话框

2. 分页插图

选择要插入图片的幻灯片，单击"插入"选项卡中的"图片"按钮，然后单击"分页插图"按钮，如图 4-1-5 所示。打开"分页插图"对话框，选择图片(按<Shift>键可同时选中多张图片)后单击"打开"按钮，如图 4-1-6 所示。每张 PPT 页面会依次插入一张图片，若幻灯片页数不足，会自动新建幻灯片并插入图片，如图 4-1-7 所示。

图 4-1-5　分页插图——类型选择

图 4-1-6　分页插图——图片选择

图 4-1-7 分页插图——插入效果

3. 手机传图

选择要插入图片的幻灯片，单击"插入"选项卡中的"图片"按钮，然后单击"手机传图"按钮，如图 4-1-8 所示。手机端选择多张需要传输的图片，如图 4-1-9 所示，可通过"+"添加多张图片，最多 20 张，在 PC 端图片接收完成后，可以通过双击鼠标或者单击鼠标右键插入至文档中。

图 4-1-8 手机传图——类型选择

图 4-1-9 手机传图——手机选图

4. 资源夹图片

收集常用素材资源上传至资源夹，可多人共享，可一键插入到文件，如图 4-1-10 和图 4-1-11 所示。

图 4-1-10　资源夹图片——类型选择　　　　图 4-1-11　资源夹图片——上传资源

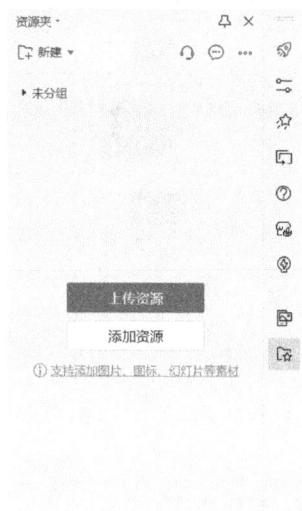

4.1.2　图片的编辑

在幻灯片中插入图片后，我们可以利用与编辑形状相同的方法来对图片执行各种编辑操作，如选择、移动、缩放、复制、旋转、叠放、组合、对齐等，这些操作大多数是利用"图片工具"选项卡来进行的，利用该选项卡还可以裁剪图片。

1. 选择图片

选择图片有两种方法：第一种是单击图片；第二种是按住鼠标左键拖动直到完全覆盖住图片再放手。如图 4-1-12 所示。

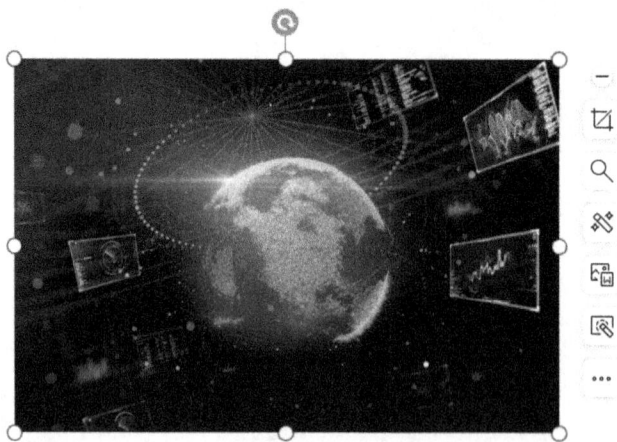

图 4-1-12　选中图片

2. 移动图片

单击图片，当鼠标指针变成十字箭头形状时，按住鼠标左键并拖动图片，可完成图片的移动，如图 4-1-13 所示。

图 4-1-13　移动图片

3. 复制图片

复制图片有以下三种方式：

(1) 使用"开始"选项卡中的"复制"与"粘贴"按钮，如图 4-1-14 所示。

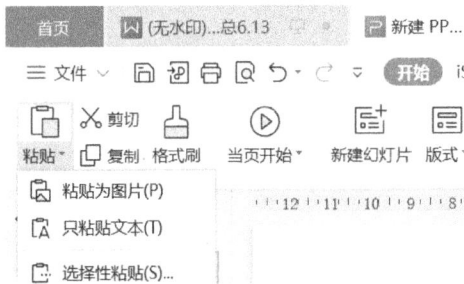

图 4-1-14　复制图片设置

(2) 使用快捷键<Ctrl+C>和<Ctrl+V>。

(3) 使用快捷键<Ctrl+D>。

操作完成后，图片复制的效果如图 4-1-15 所示。

图 4-1-15　复制图片

4. 组合图片

选中多张图片后，单击"图片工具"选项卡上的"组合"按钮，或者使用快捷键<Ctrl+G>，即可完成图片的组合，如图 4-1-16 所示。

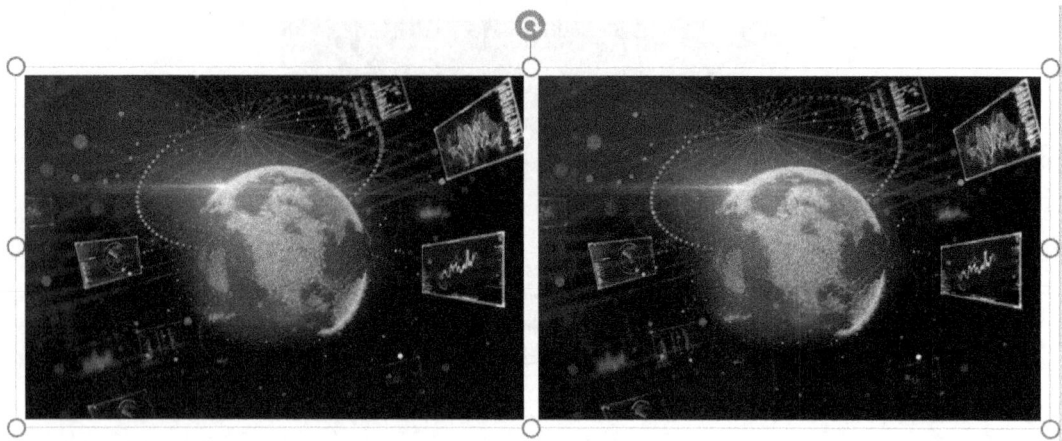

图 4-1-16　组合图片

4.1.3　图片格式设置与调整

1. 缩放图片

如图 4-1-17 所示为图片的压缩图，图片有以下两种压缩方式。

图 4-1-17　图片压缩——效果图

(1) 选中图片，单击"图片工具"选项卡中的"压缩图片"按钮，在打开的对话框中选择压缩模式和基础选项，单击"压缩"，这种压缩方式需要付费，如图 4-1-18 和图 4-1-19 所示。

图 4-1-18　图片压缩——单击"压缩图片"

图 4-1-19　图片压缩——完成压缩

(2) 还有一种更简便的方式，按住<Shift>键，拖动图片四个角上的控制点之一，将图片等比例缩放，如图 4-1-20 所示。

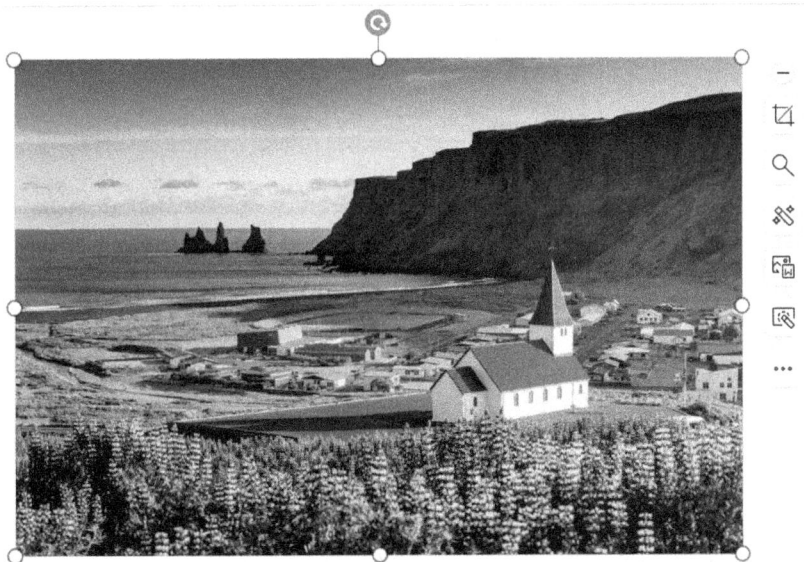

图 4-1-20　图片压缩——等比例缩放

2. 设置图片叠放次序

设置图片叠放次序，可达到如图 4-1-21 所示的效果。选中多张图片，然后单击"图片工具"选项卡上的"上移"或者"下移"按钮右侧的三角按钮，在展开的列表中选择"置于顶层"或者"置于底层"项，如图 4-1-22 所示。

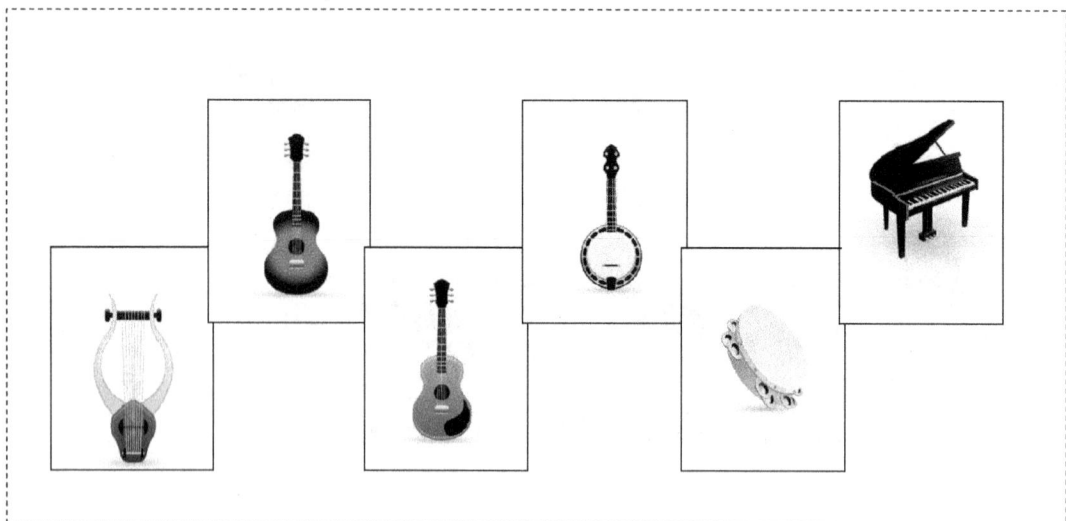

图 4-1-21　图片叠放——效果图

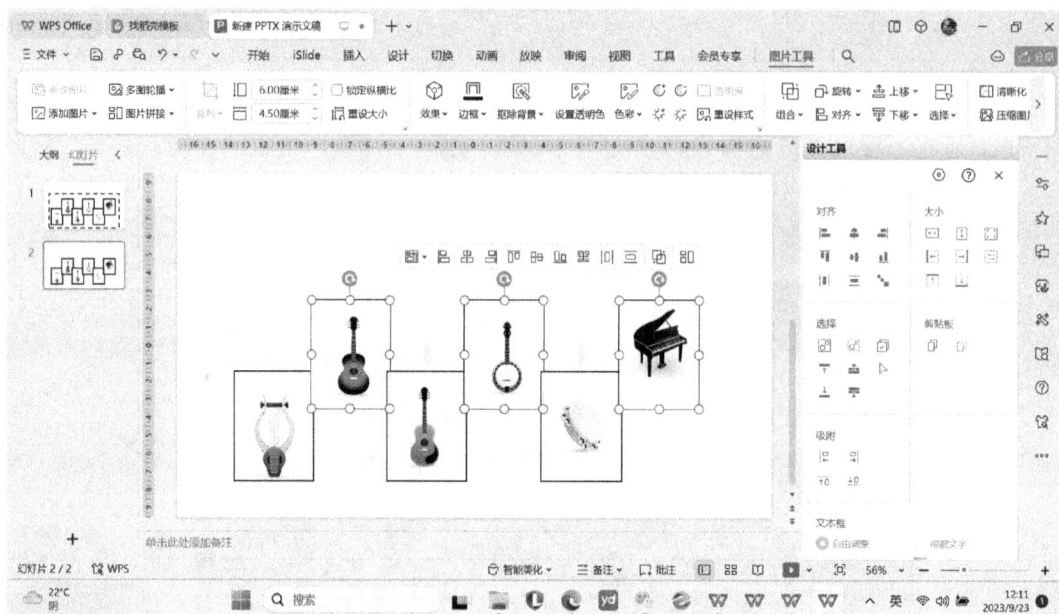

图 4-1-22　图片叠放——设置层次

然后，单击第一、三、五张，单击"图片工具"选项卡上的"对齐"按钮，选择"靠上对齐"；单击第二、四、六张，选择"靠下对齐"；最后全部选中，选择"横向分布"，使图片在水平距离上平均分开。图片对齐设置如图 4-1-23 所示。

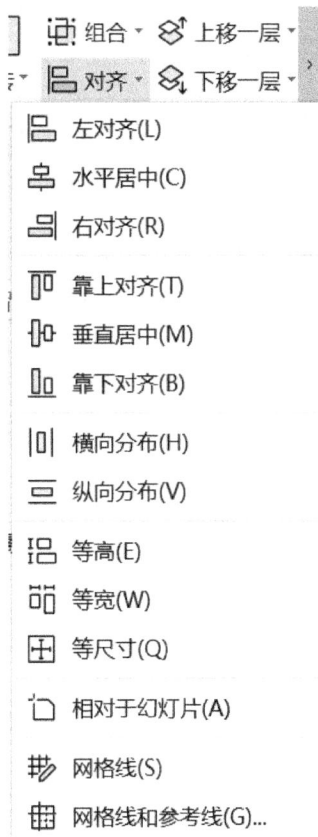

图 4-1-23　图片对齐设置

3. 旋转图片

选中要旋转的图片，然后单击"图片工具"选项卡上"旋转"按钮右侧的三角按钮，可以设置"水平翻转"和"垂直翻转"，如图 4-1-24 所示。

图 4-1-24　图片旋转——设置按钮

另一种方法为：选中图片，将鼠标指针移到图片的灰色控制点上，当鼠标指针呈现旋转形状时，按住鼠标左键并向右拖动可旋转图片，如图 4-1-25 所示。

图 4-1-25　图片旋转——拖动控制点

4.1.4　图片裁剪与排版

1. 裁剪为形状

选中图片，单击"图片工具"选项卡中的"裁剪"按钮，或单击"裁剪"按钮下方的三角按钮，在展开的列表中选择"裁剪"项，对话框出现两种裁剪方式：

第一种是"按形状裁剪"，如图 4-1-26 所示；第二种是"按比例裁剪"，如图 4-1-27 所示。

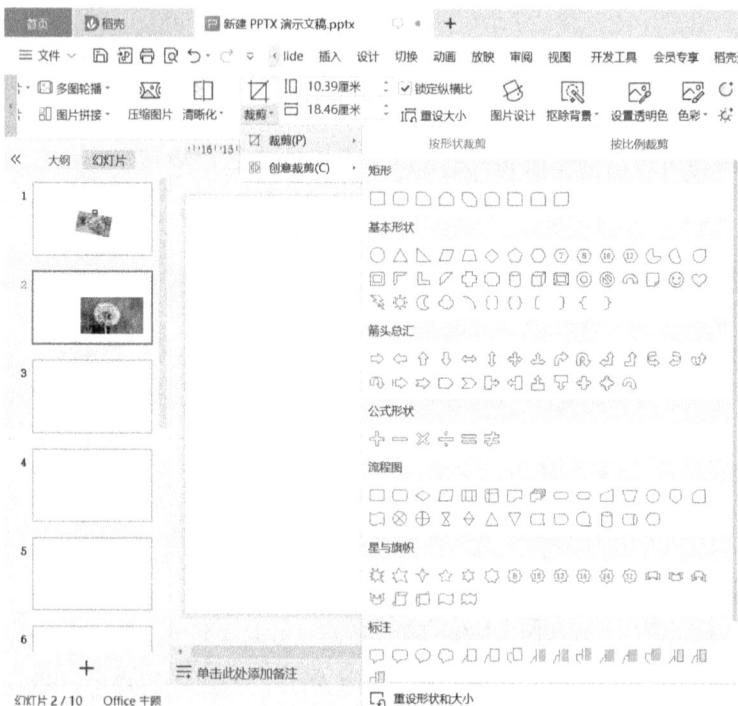

图 4-1-26　图片裁剪——按形状裁剪

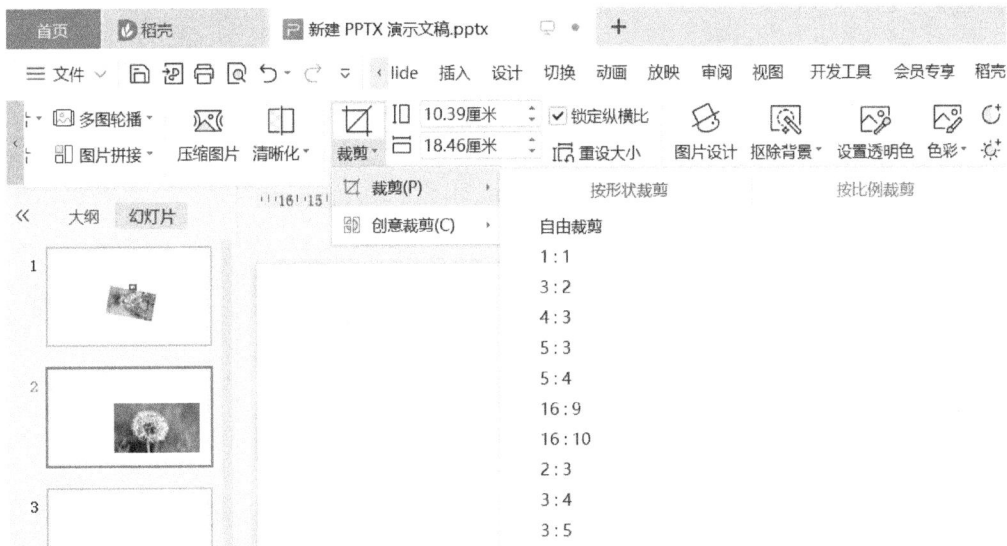

图 4-1-27　图片裁剪——按比例裁剪

　　默认状态下裁剪为矩形，此时图片四周出现 8 个裁剪控制点，将鼠标指针移至图片左侧中间的控制点上，按住鼠标左键向右拖动，至红色区域全部被裁掉后释放鼠标左键；若要取消裁剪，可按<Esc>键，或再次单击"裁剪"按钮，确认裁剪操作并取消裁剪状态。

2. 创意裁剪

　　WPS 还自带创意裁剪功能，单击"裁剪"按钮下方的三角按钮，在展开的列表中选择"创意裁剪"项，可以将图片裁剪为 WPS 自带的创意形状。图 4-1-28 所示为裁剪前的原始图，图 4-1-29 所示为创意裁剪的效果设置图，图 4-1-30 所示为图片创意裁剪后的效果图。

图 4-1-28　创意裁剪——原始图

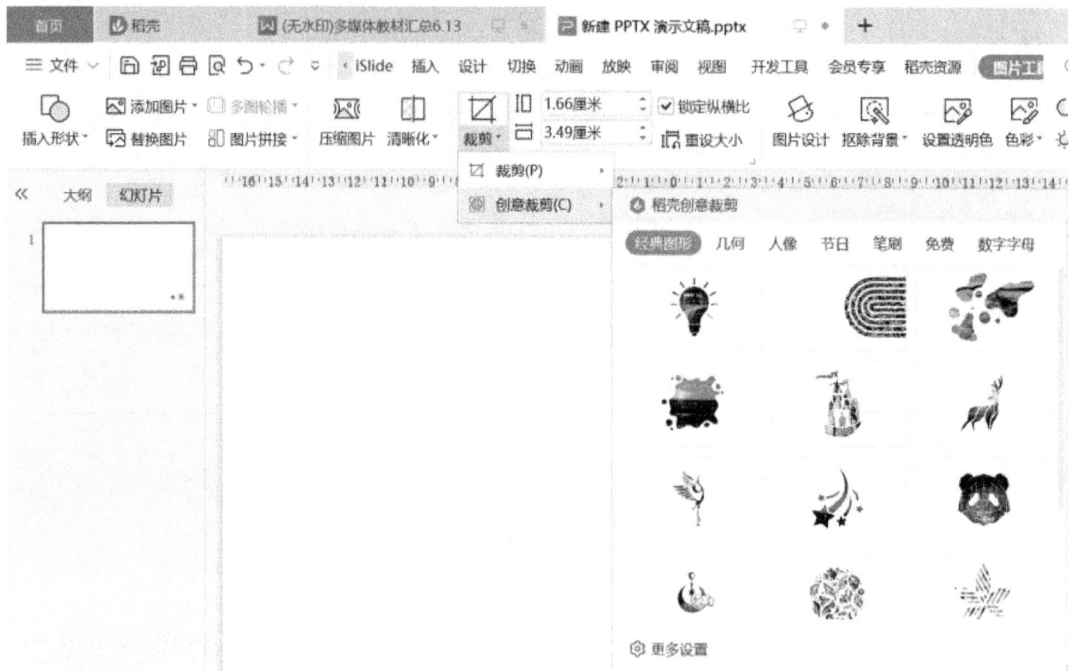

图 4-1-29　创意裁剪——效果设置

图 4-1-30　创意裁剪——效果图

3. 快速拼图

选中一张幻灯片，插入多张图片，单击"图片工具"选项卡中的"图片拼接"按钮，在此处可以选择多种拼图模式，例如，选择三张图片拼图，在下方的模型工具栏中还可以快速设置图片间距、更改图片顺序、修改图片样式。图 4-1-31 所示为图片快速拼接的效果设置图，图 4-1-32 所示为图片拼接后的效果图。

图 4-1-31　快速拼接——效果设置

图 4-1-32　快速拼接——效果图

4. 智能排版

在幻灯片中插入图片之后，单击状态栏中的"智能美化"，就可以美化当前幻灯片，重新对当前幻灯片进行排版，在给出的样式中选择喜欢的排版即可。需要注意的是，智能排版会改变原先的背景图。图 4-1-33 所示为智能排版的效果设置，图 4-1-34 所示为智能排版的效果图。

图 4-1-33   智能排版——效果设置

图 4-1-34   智能排版——效果图

4.1.5   图文混排版式设计

版式设计中文字和图形相辅相成、相映生辉，是版面产生秩序、形成美感的关键，二者能否恰当地组合在一起，更好地表达主题，是设计排版的重点。

如图 4-1-35 所示，人物位于中间，图片成了对称式构图，这种对称式构图会造成主题不明确，而且在排版时容易占据文本放置空间，怎样避免这种情况呢？我们可以利用三分法构图，将人物放置在三分之一的位置，其他部分用于放文字，这种方法叫作三分构图法，这种构图方法符合黄金分割的原理，如图 4-1-36 所示。

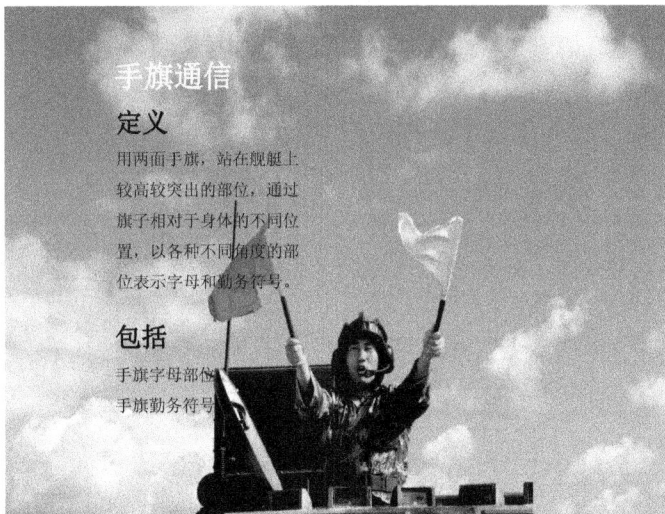

图 4-1-35　图文混排——设置前

图 4-1-36　图文混排——设置后

4.2　图形图像的绘制与设计

4.2.1　图像的分类

图像分类是指根据一定的分类规则将图像自动分到一组预定义类别中的过程。在 WPS

演示文稿中，根据功能的不同，可以将图像分为形状、图片和智能图形，每一类的绘制和设计将在下面章节逐一讲解。

4.2.2　图形的绘制与设计

图形在 WPS 演示文稿中也被称为形状。在 WPS 中，我们可以轻松地绘制线条、矩形、圆形、心形、箭头、标注、流程图、旗帜、星形等图形，并可对绘制的图形进行各种编辑和美化操作。下面我们先学习绘制和编辑形状的方法。

1．绘制形状

在 WPS 中，利用"插入"选项卡中的"形状"图标，选择列表中的相应选项，可以轻松地绘制各种形状。图 4-2-1 所示为插入形状，图 4-2-2 所示为选择形状。

图 4-2-1　绘制形状——插入形状

图 4-2-2　绘制形状——选择形状

在 WPS 中绘制不同形状的方法基本相同，只需选择相应的形状工具，然后单击或拖动鼠标进行绘制即可。

选择形状工具后直接在幻灯片中单击鼠标，可以绘制高度和宽度均为 2.54 厘米的矩形，如图 4-2-3 所示。

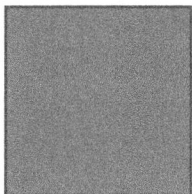

图 4-2-3　绘制形状——矩形

在绘制图形的过程中按住<Shift>键，可绘制比较规则的图形，如正圆、正方形、正多边形、正星形以及水平或垂直直线等，如图 4-2-4 所示。

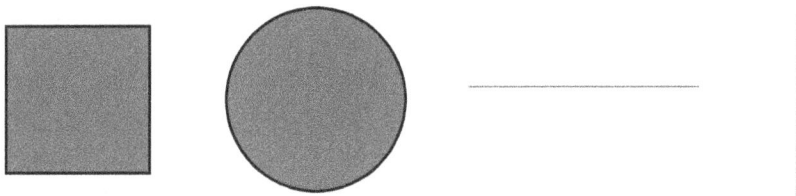

图 4-2-4　绘制形状——较规则的图形

2. 编辑形状

绘制好形状后，我们可以对其进行各种编辑操作，如选择形状，调整形状大小，移动、复制、旋转、对齐形状，设置形状的叠放次序以及组合形状等。

1）选择形状

若要选择单个形状对象，只需单击该形状即可，如图 4-2-5 所示。

若要同时选中多个形状对象，可按住<Shift>键或<Ctrl>键依次单击要选择的对象，或在要选择的对象周围按住鼠标左键并拖动，绘制一个虚线方框，释放鼠标后，方框内的所有对象都将被选中，如图 4-2-6 所示。

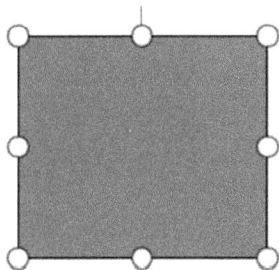

图 4-2-5　选中形状——单击

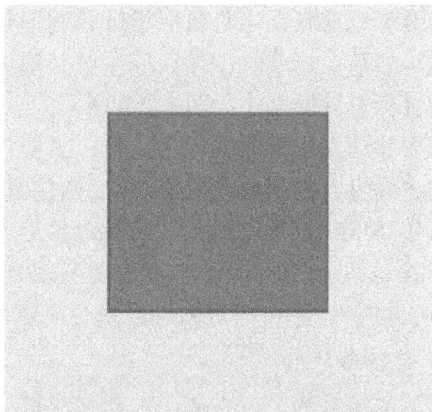

图 4-2-6　选中形状——框选

若要取消对象的选择，只需单击幻灯片空白处即可；当选择多个对象时，要取消某个对象的选择，可按住<Shift>键或<Ctrl>键单击该对象。

2）调整形状大小

选中形状后，其周围将出现用来调整其形状、大小和角度的控制点。要调整形状大小，可将鼠标指针移至形状周围的白色控制点上，当鼠标指针呈双向箭头时按住鼠标左键并拖动，至合适大小后释放鼠标左键，如图 4-2-7 所示。

技巧：调整形状大小时，按住<Ctrl>键将以形状的中心为基准进行调整，按住<Shift>键拖动形状四个角的大小控制柄，可等比例调整形状大小。

选中形状后，将出现"绘图工具"选项卡，利用该选项卡中高度和宽度的数字可精确设置对象的高度和宽度，如图 4-2-8 所示。

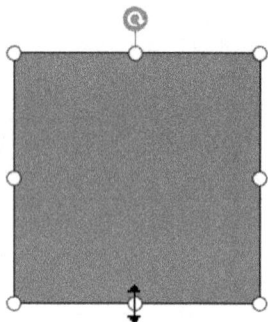

图 4-2-7　调整大小 1　　　　　　　　　　　图 4-2-8　调整大小 2

3）移动形状

若要移动形状，可将鼠标指针移到形状上，待鼠标指针变成十字箭头形状时按住鼠标左键并拖动，到合适位置后释放鼠标左键即可，如图 4-2-9 所示。

若要移动文本框或文本占位符，需要将鼠标指针移至对象的边缘没有控制点的位置，然后按住鼠标左键并拖动。

按住<Shift>键拖动对象，可使对象沿水平或垂直方向移动；按键盘上的四个方向键也可移动所选对象，若按<Ctrl+方向键>，则可对对象位置进行微调。

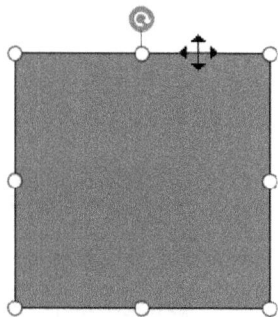

图 4-2-9　移动形状

4）旋转形状

若要旋转形状，可在选中形状后将鼠标指针移到绿色的旋转控制点上，待鼠标指针变成旋转形状时按住鼠标左键并拖动。

此外，还可以单击"绘图工具"选项卡中的"旋转"按钮，从展开的列表中选择旋转形状的方式，如图 4-2-10 所示。

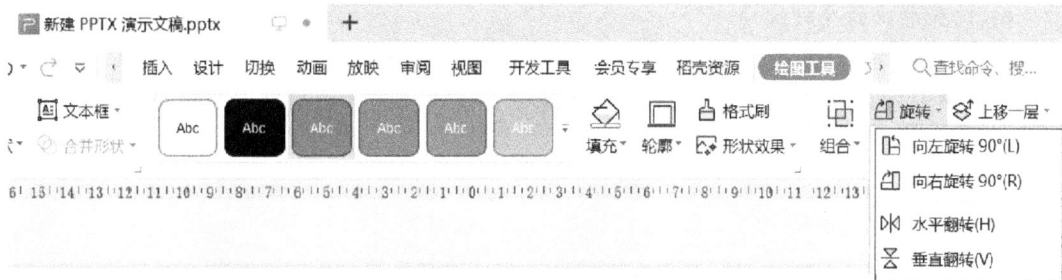

图 4-2-10　旋转形状

5) 复制形状

若要复制形状，可利用鼠标拖动或命令。将鼠标指针移至矩形形状上方，当鼠标指针呈形状时按住鼠标左键和<Ctrl>键并拖动，此时鼠标指针将变为右上角带有"+"形状，至合适位置后释放鼠标即可复制形状，如图 4-2-11 所示。

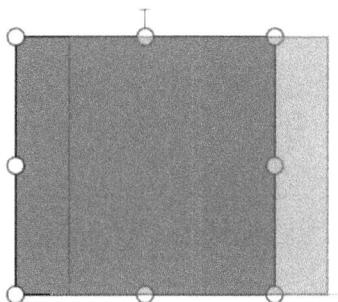

图 4-2-11　复制形状 1

若要利用"复制""剪切"(原位置不保留对象)和"粘贴"命令来复制或移动对象，可先选中形状，然后单击"开始"选项卡中的"复制"或"剪切"按钮(也可直接按<Ctrl+C>或<Ctrl+X>组合键)，然后在目标幻灯片中单击"粘贴"按钮(或直接按<Ctrl+V>组合键)即可，如图 4-2-12 所示。

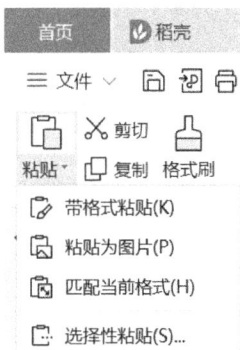

图 4-2-12　复制形状 2

在同一张幻灯片中复制或移动形状时，通常利用拖动方式；在不同的幻灯片之间复制或移动形状时，需要使用复制、粘贴或剪切、粘贴命令。

6) 设置形状的叠放次序

若要设置形状对象的叠放次序，可选中要调整层次的对象，然后单击"绘图工具"选项卡中的"上移一层"按钮或"下移一层"按钮，然后在展开的列表中选择所需选项即可，如图 4-2-13 所示为设置叠放次序的效果图。

图 4-2-13　设置叠放次序

7) 设置形状的对齐方式

若要设置形状对象的对齐方式，可选中要设置对齐的对象，然后单击"绘图工具"选项卡中的"对齐"按钮，在展开的列表中选择一种对齐方式，如图 4-2-14 所示。

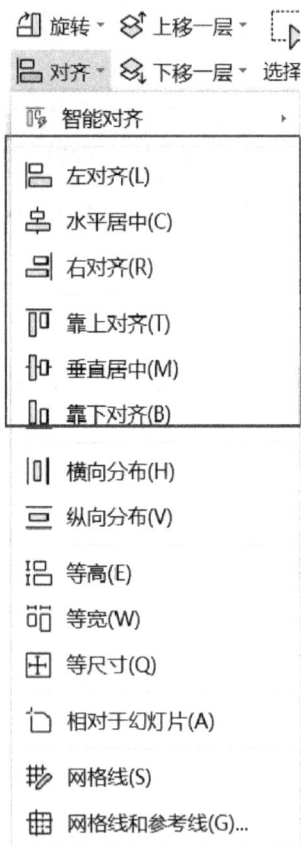

图 4-2-14　对齐形状

需要注意的是：设置左对齐、右对齐、顶端对齐和底端对齐时，在不选中"相对于幻灯片"选项的情况下，左对齐是指将所选对象以最左端的对象为基准对齐；其他几种对齐方式的意义也与其名称相同。

设置左右居中和上下居中时，在不选中"相对于幻灯片"选项的情况下，左右居中是指以所选对象集合的垂直中线为基准对齐对象；上下居中是指以所选对象集合的水平中线为基准对齐对象。

相对于幻灯片，选择相应的对齐方式和分布方式后，对象的对齐和分布操作将以整个幻灯片为基准。

8) 设置形状的分布方式

如果在"对齐"列表中选择"横向分布"或"纵向分布"，可使所选对象在水平或垂直方向上的距离相等，如图 4-2-15 所示。

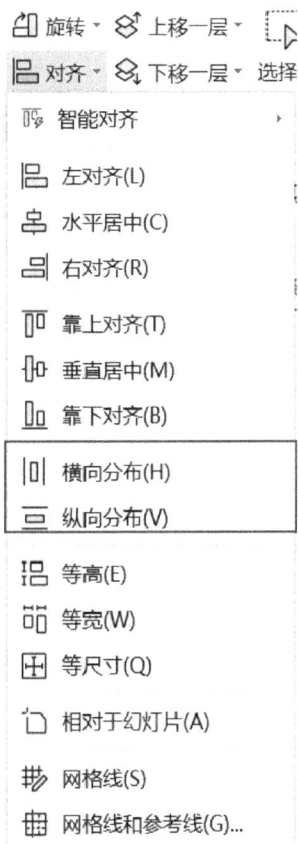

图 4-2-15　分布形状

9) 设置组合形状

在 WPS 演示文稿中，可以将多个形状、文本框、图片和艺术字等对象组合在一起，以方便对其位置、大小等进行统一调整。方法是：选中要进行组合的多个对象，然后单击"组合"按钮；或右击所选对象，从弹出的快捷菜单中选择"组合"→"组合"项，如图 4-2-16 所示。

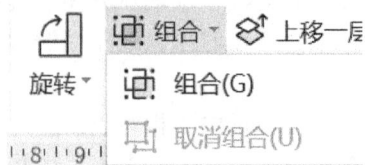

图 4-2-16　组合形状

　　若要取消组合，只需右击组合后的形状，在弹出的快捷菜单中选择"组合"→"取消组合"项；或选中组合后的形状，在"组合"列表中选择"取消组合"项。

　　选择、旋转、缩放、移动、复制形状，以及设置形状的叠放次序、组合和对齐方式等的方法，同样适用于文本框、占位符、艺术字等对象。

4.2.3　图形的美化与组合

　　在 WPS 演示文稿中绘制的大多数形状都是由线条(轮廓线)和填充组成的，当我们在幻灯片中绘制形状时，系统会自动为其设置默认的填充和轮廓，我们也可以对形状的填充颜色、轮廓和效果等进行设置，从而美化形状。

1. 美化形状

　　在 WPS 演示文稿中美化形状主要是通过"绘图工具"选项卡进行的。若要对形状应用系统内置的样式，可单击"绘图工具"选项卡中所给的形状样式中的下拉按钮，展开形状样式列表，从中选择所需的系统内置样式即可，如图 4-2-17 所示。

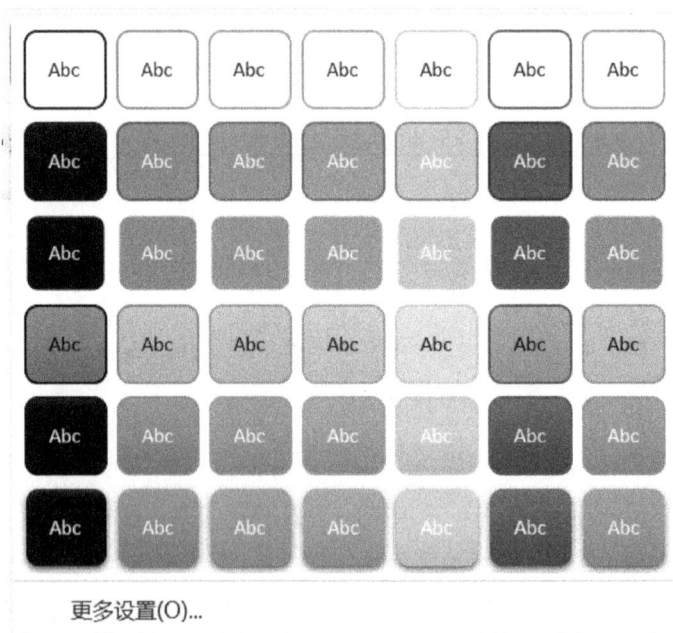

图 4-2-17　样式选择

WPS 演示文稿可以单独设置所选形状的轮廓、填充和效果。例如，选中幻灯片下方组合后的形状，然后单击"轮廓"按钮右侧的三角按钮，在展开的列表中选择需要设置的轮廓选项；若要设置轮廓线粗细，可在"轮廓"列表的"线型"子列表中选择所需选项，如图 4-2-18 所示。

　　若要设置形状的填充，可在选中形状后单击"绘图工具"选项卡中的"填充"按钮，在展开的列表中选择一种填充方式即可，如图 4-2-19 所示。

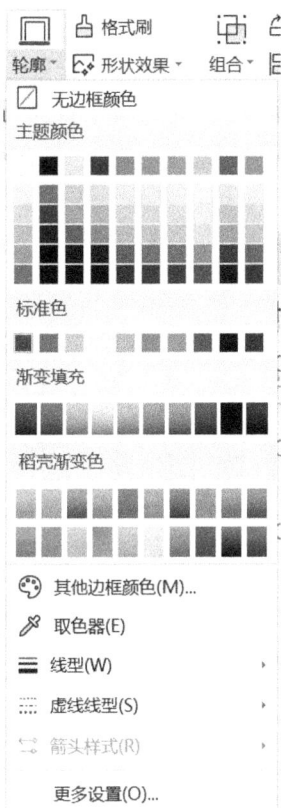

图 4-2-18　轮廓选择　　　　　　　　　图 4-2-19　颜色填充

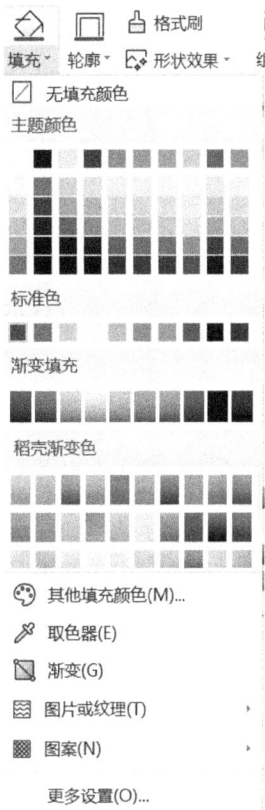

　　若要为形状设置阴影、映像、发光、柔化边缘、棱台和三维旋转等效果，可选中"形状效果"按钮，在展开的列表中选择一种效果样式，如图 4-2-20 所示。也可在展开的对象属性中设置，如图 4-2-21 所示。

图 4-2-20　形状效果设置 1

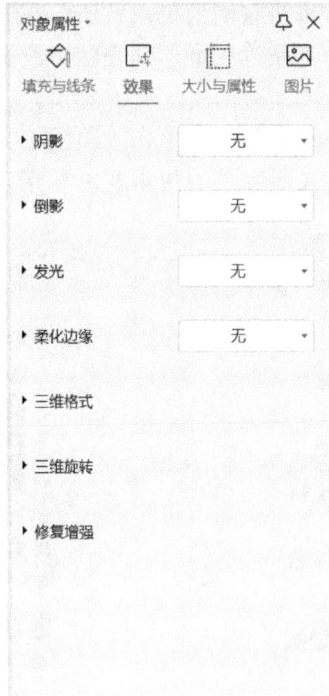

图 4-2-21　形状效果设置 2

2. 在形状中添加文字并美化

绘制好形状后，还可以在其中添加文字并对文字进行格式设置。右击要添加文本的形状，从弹出的快捷菜单中选择"编辑文字"项，此时即可在形状中输入文本，利用"开始"选项卡中字体相关的按钮可设置文本的字符格式，如图 4-2-22 所示。

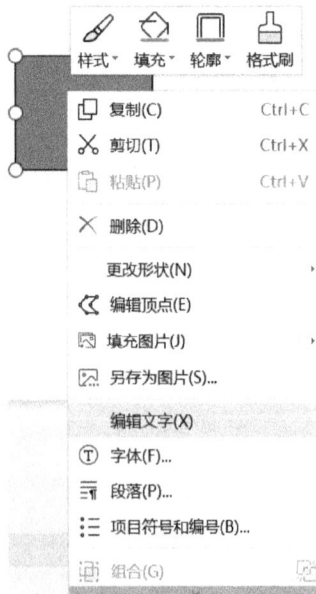

图 4-2-22　添加文字

如果绘制的是"标注"或"文本框"类的形状，则无需进行"编辑文字"的操作，可直接在其中输入文本。

用户还可单击"文本工具"中的"文本效果"设置形状(包括文本框和占位符)中文本的艺术效果，如图 4-2-23 所示。

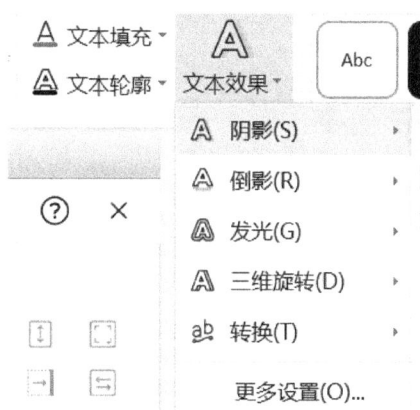

图 4-2-23　文本效果

4.3　智能图形图像应用

智能图形是信息和观点的视觉表示形式。可以通过从多种不同布局中进行选择来创建智能图形，主要用来表达事物、事理的内在逻辑关系，从而快速、轻松、有效地传达信息，WPS 演示文稿中的智能图形在 PowerPoint 中被叫作 SmartArt。

4.3.1　智能图形家族

WPS 演示文稿中的智能图形主要分为列表型、流程型、关系型、循环型、并列型、时间轴型、层次结构型、图片型和棱锥图型。列表型图表适用于简单地列出文字信息数据；流程型图表适用于时间顺序或步骤型数据；关系型图表适用于对比、渐增和包含等关系的数据；循环型图表适用于周期性和中心归属的数据；并列型表示并列状态，只有前后之分而无主次之分；时间轴型表示时间顺序；层次结构型图表适用于分层和上下级的数据。

单击"插入"选项卡中的"智能图形"，在展开的列表中可以根据需要选择相应类型的图表，每一类型中上面是系统自带的图形，下面是推荐的一些在线个性化图形，但是并列型和时间轴型只有在线图形，如图 4-3-1 所示。相对于 PowerPoint 中的 SmartArt 图形，WPS 演示文稿中的智能图形最大的优点就是拥有很多的个性图表供用户选择，满足了用户制作图表的多样性需求。

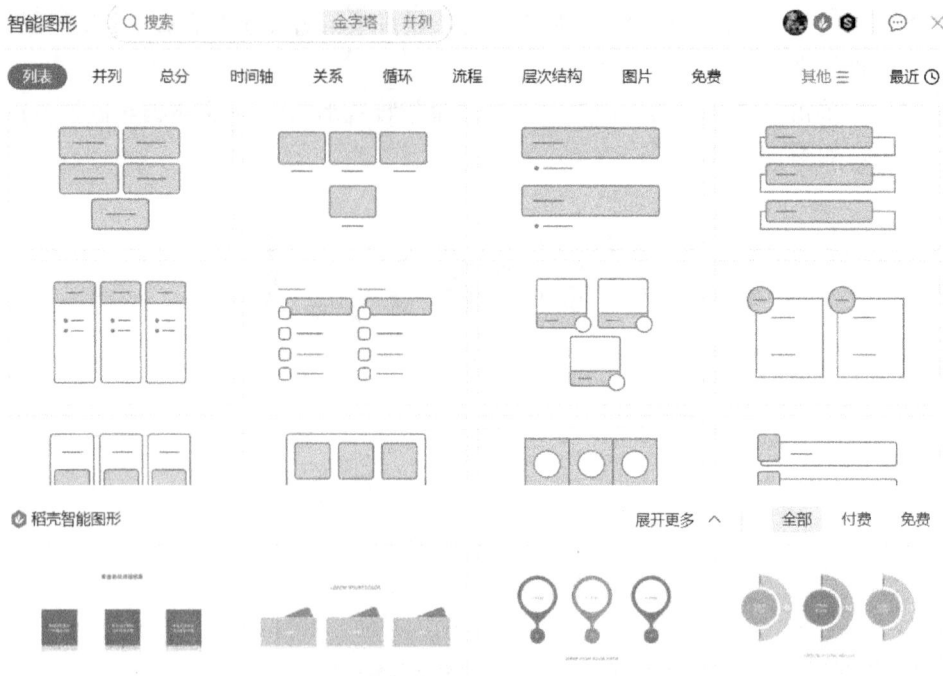

图 4-3-1　智能图形家族

4.3.2　智能图形插入与编辑

利用"插入"选项卡中的"智能图形"按钮，可在演示文稿中插入智能图形。选中要插入智能图形的幻灯片，单击"插入"选项卡中的"智能图形"，如图 4-3-2 所示。打开"智能图形"对话框，在对话框左侧选择要插入的智能图形类型，然后在中间选择需要的智能图形流程图样式，此时对话框右侧将显示所选图形的预览图，选中所需的智能图形，单击"确定"按钮，即可在幻灯片中插入所选智能图形。直接单击占位符(形状)，然后在其中输入文本，如图 4-3-3 所示。

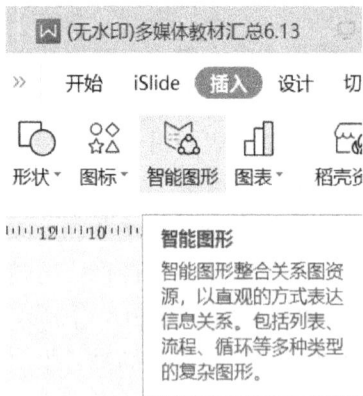

图 4-3-2　智能图形插入

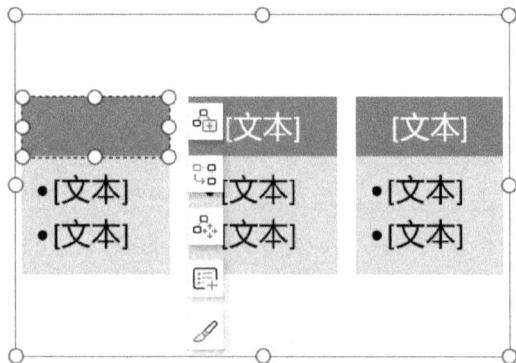

图 4-3-3　智能图形编辑

4.4 图形图像编辑与处理技巧

4.4.1 巧用形状分割制作创意图片

我们在杂志或者网络上见到这种图片，一张图片被分割、填充在不同的形状中，如图 4-4-1 所示。这种排版看起来很高级，在演示文稿中怎样设置呢？有以下两种方法。

图 4-4-1 图片分割图

第一种方法，单击"插入"选项卡中的"形状"按钮，插入一个圆角矩形，拖动滑块，形成一个胶囊的形状，复制这个形状，放置在合适的位置，再重复这一操作，并最终摆放成如图 4-4-1 所示的形状，选中所有形状，单击"绘图工具"选项卡功能区中的"组合"，将所有形状组合在一起，如图 4-4-2 所示。然后单击"填充"按钮，选择图片或纹理填充，找到合适的图片即可，最后去掉边框。

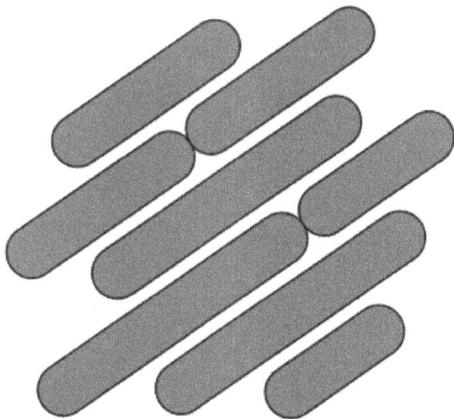

图 4-4-2 形状组合图

第二种方法，首先单击"插入"选项卡中的"图片"按钮，选择一张图片；然后单击"插入"选项卡中的"形状"按钮，插入一个圆角矩形，拖动滑块，形成一个胶囊的形状，复制这个形状，放置在合适的位置，再重复这一操作，并最终摆放成如图 4-4-2 所示的形状。最后，先选中图片再选中所有形状，单击"绘图工具"选项卡功能中的"合并形状"按钮后面的三角形，选择"拆分"，就达到这种效果了。如图 4-4-3 所示为合并形状——拆分设置图，如图 4-4-4 所示为合并形状——拆分的效果图。

图 4-4-3 合并形状——拆分设置图

图 4-4-4 形状合并——拆分效果图

4.4.2 巧用合并形状功能制作创意图形

如图 4-4-5 所示的这三种形状，你能绘制出来吗？系统提供的 170 多种形状里面没有这三种形状，怎么做出这种不规则的形状呢？看起来很复杂，但其实做起来也不难。这用到了形状设置里面的布尔运算，这是我们本节课学习的难点。什么是布尔运算呢？就是演示文稿中的合并形状功能。

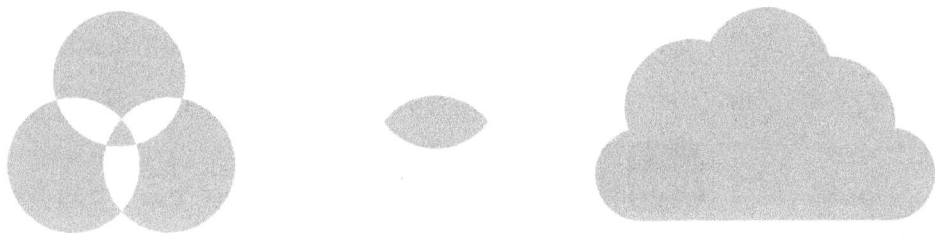

图 4-4-5　合并形状图

　　选中形状之后，上面出现了"绘图工具"选项卡，在左侧有"合并形状"按钮，这就是布尔运算，单击下拉按钮，它包括结合、组合、拆分、相交和剪除五种运算方式。上面这三种创意图形就可以通过这几种运算方式得到，这三种创意图形都可以由三个相同的圆得到。

　　(1) 插入三个相同的圆，分别用红色、橙色和蓝色填充，如图 4-4-6 所示。

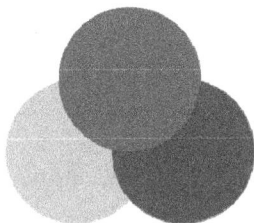

图 4-4-6　插入圆

　　(2) 选中三个圆，单击"合并形状"按钮，选择"组合"，如图 4-4-7 所示，就得到了如图 4-4-8 所示的图形。在布尔运算中，选择的顺序非常重要，刚才第一个单击的是橙色的圆，组合之后的形状就是橙色的，如果第一个单击的是红色的圆，组合之后就是红色。

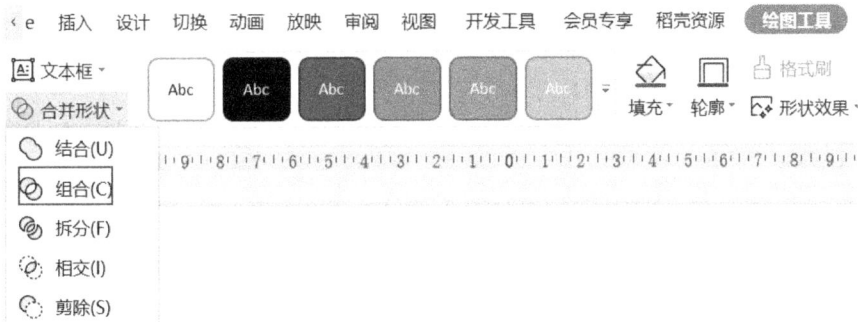

图 4-4-7　合并形状——组合

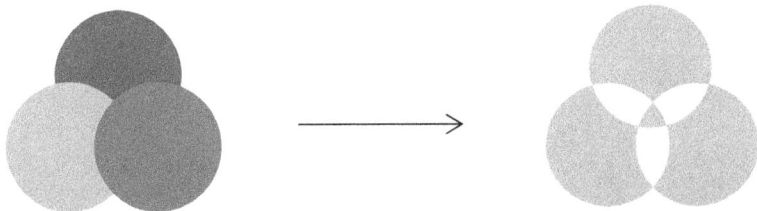

图 4-4-8　组合图

如图 4-4-5 所示的第二个形状是怎么得到的呢？还是刚才插入的三个圆，选中三个圆，单击"合并形状"，选择"相交"，如图 4-4-9 所示，就得到了如图 4-4-10 所示的图形。

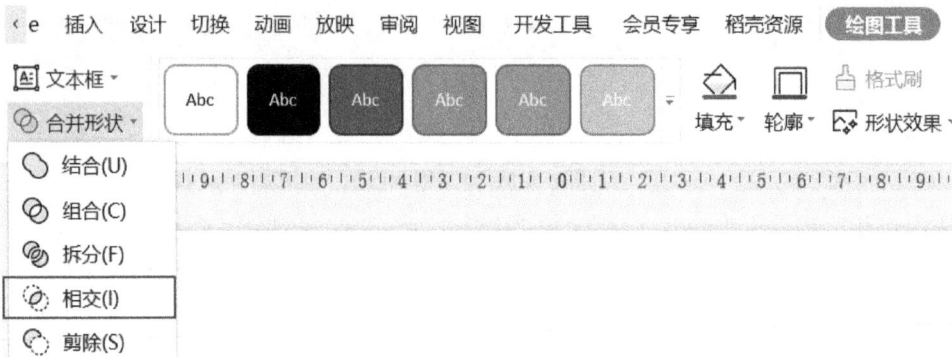

图 4-4-9　合并形状——相交

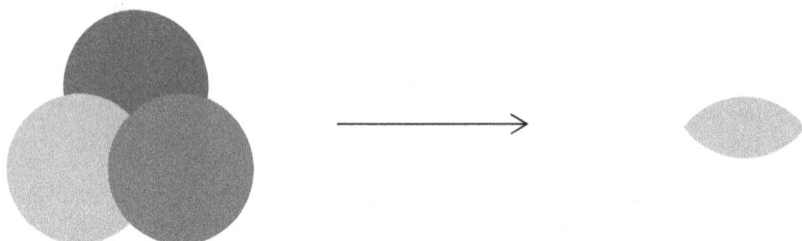

图 4-4-10　相交图

如图 4-4-5 所示的第三个形状是怎么绘制的呢？还是三个圆，添加了一个类似椭圆的矩形，我们把这四个图形依次选中，单击"合并形状"，选择"结合"运算，如图 4-4-11 所示，就得到了如图 4-4-12 所示的图形。

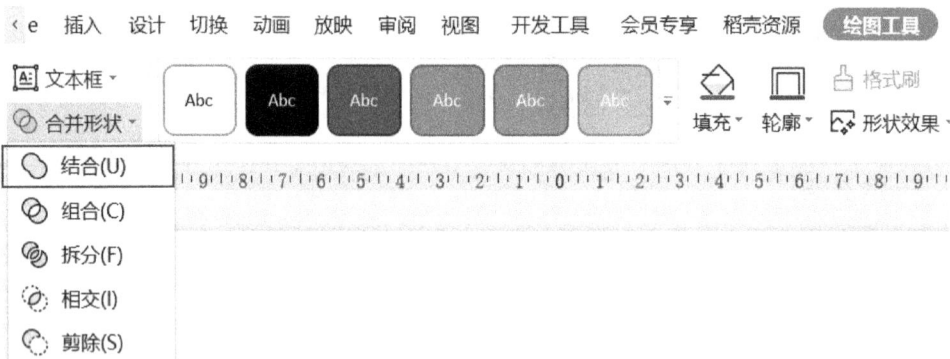

图 4-4-11　合并形状——结合

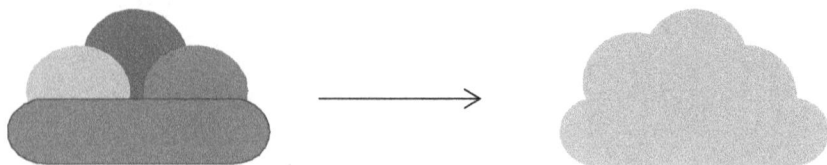

图 4-4-12　结合图

我们也可以将这三个形状拆分，就拆分成了很多很多的形状。选中三个圆，单击"合并形状"，选择"拆分"，如图 4-4-13 所示，就可以得到很多形状，如图 4-4-14 所示。我们经常用这种方式制作幻灯片的动画效果，在后面章节的动画部分我们将会学到。

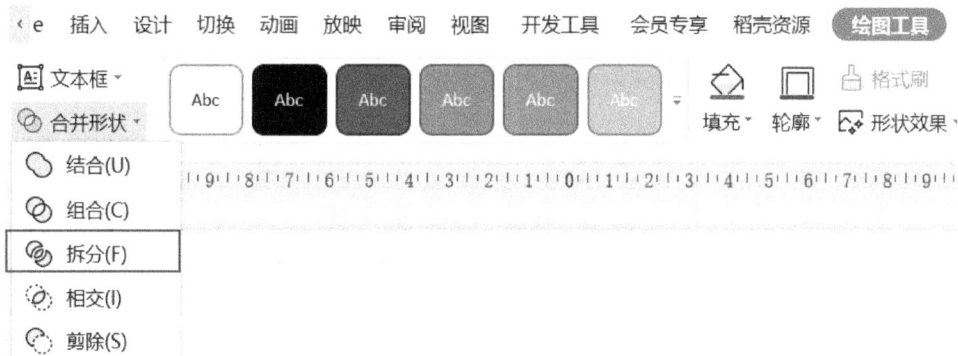

图 4-4-13　合并形状——拆分

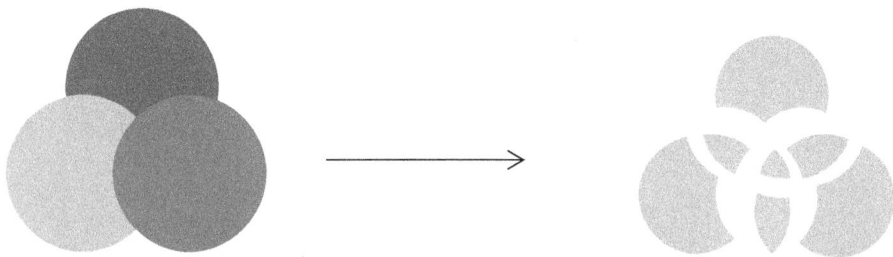

图 4-4-14　拆分图

4.4.3　平面图巧妙转换成三维图

(1) 打开 WPS 演示。单击菜单栏上"开始"选项卡中的"形状"按钮，例如，我们画一个平面圆形，如图 4-4-15 所示。

图 4-4-15　平面图

(2) 选中圆形，单击"绘图工具"选项卡中的"形状效果"，选择"更多设置"，此时在右侧弹出图形效果属性设置栏，如图 4-4-16 所示。

图 4-4-16　三维格式图

(3) 单击效果"三维格式"，在此处可对三维体的深度、曲面图设置大小和颜色。

(4) 单击效果"三维旋转"，在预设中可以选择三维模型，在下方可以调整旋转维度。这样就可以将平面图转换成三维图了，如图 4-4-17 所示。

图 4-4-17　三维图

4.4.4　幻灯片图文并茂的设计技巧

制作演示文稿的最终目的是给观众演示，能否给观众留下深刻的印象是评定演示文稿效果的主要标准，在演示文稿中使用形状和图片能提高信息传递的效率。那么究竟怎么对图文进行排版才能更美观、更高效地传递信息呢？这就涉及图片的排版。演示文稿中的图分为大图和小图。图文排版有两种方式：小图排版和大图排版。

1. 小图排版的三种方式

(1) 阵列排版。当一个 PPT 页面中有很多小图时，比如大量的人像，需要将小图处理成同样的形状或颜色，统一样式风格后，整齐排列即可，如图 4-4-18 所示。

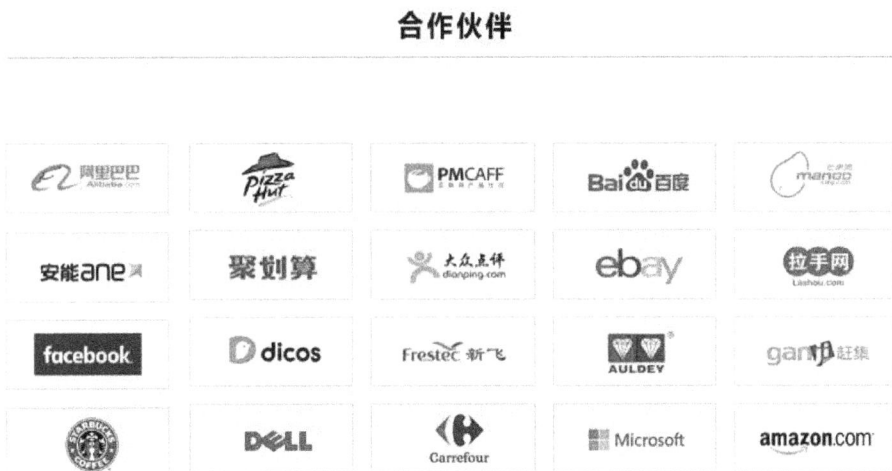

图 4-4-18 阵列排版图

(2) 添加色块。当一个 PPT 页面中的多张小图或图片不够大时，图片加色块的排版方式既简洁又美观，如图 4-4-19 所示。

图 4-4-19 添加色块图

(3) 智能图形。WPS 自带的图片拼接可以用来给图片排版，只需要选择图片的张数和其中的排版样式即可，如图 4-4-20 所示。

图 4-4-20 图片拼接图

2. 大图排版的三种方式

PPT 中使用大图往往更有视觉冲击力，尤其是在封面、封底或一些关键页面往往会使用大图，再配上少量文字，突出整个页面的设计感。下面我们来了解大图排版的三种方式。

(1) 文字加衬底。直接在大图上加文字，往往会将文字和图片融为一体，无法突出文字内容，因此，图片配文字最直接的办法，就是加个纯色的形状做衬底，既不影响图片美观，又突出文字内容。衬底形状根据具体情况可以个性设计，如图 4-4-21 所示。

图 4-4-21　文字加衬底排版

(2) 添加蒙版。图片配文字的排版，为突出文字，还可以添加蒙版，图片不受影响，又能使文字更清晰。当图片加上蒙版后，读者就可以把图片当作背景，使用色块或图标作为前景，营造出丰富的视觉层次感，如图 4-4-22 所示。

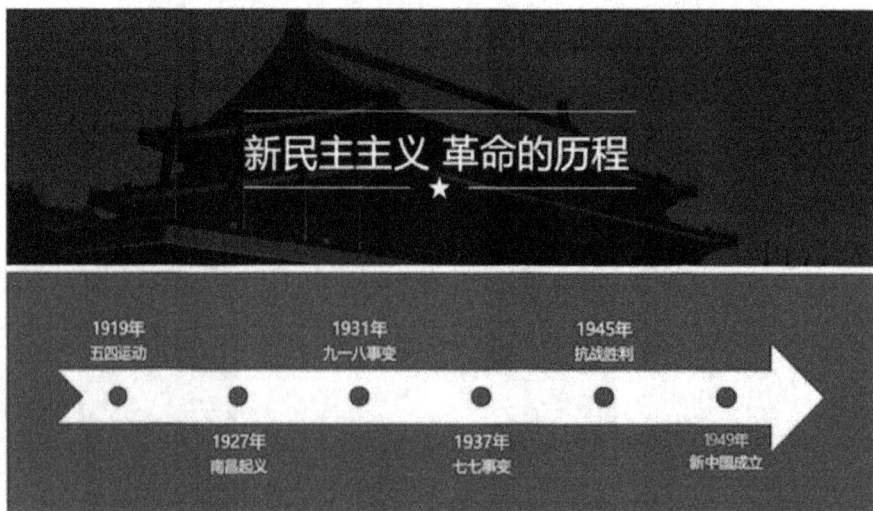

图 4-4-22　添加蒙版图

(3) 区域渐变。如果图片配大量文字，可以考虑使用渐变色块，使图片中一块渐变区域用于凸显文字，图片和文字就能完美融合，如图 4-4-23 所示。

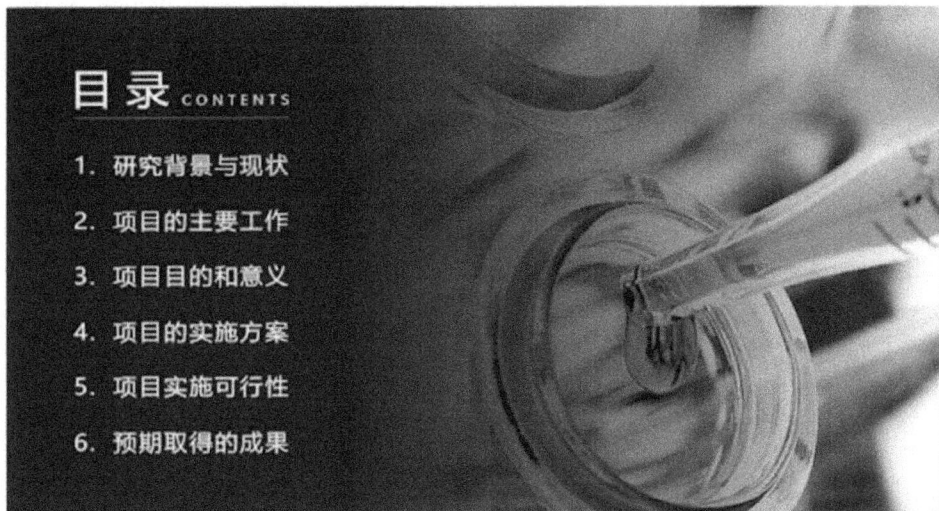

图 4-4-23　区域渐变图

4.4.5　使用图文 AI 排版搞定布局设计

与传统 PPT 中的图片排版不同，WPS 演示文稿中的图片排版既方便又快捷，有两种方式。

(1) 在 WPS 内，单击加号新建幻灯片，单击"正文"-"图文"，选择图片数量、版式布局，选择一个模板，单击"插入"后，更改图片和文字内容。如图 4-4-24 所示为图片排版模板，如图 4-4-25 所示为根据模板做出的效果图。

图 4-4-24　排版模板

颜色模式RGB

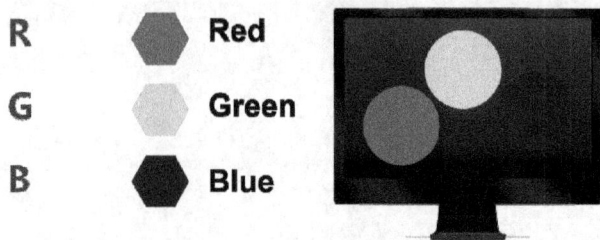

图 4-4-25　基于模板的排版效果

(2) 可以应用 "智能排版"，快速完成多图排版。

任务进阶

4.5　练习任务：图示绘制 "滴滴出行" 服务流程演示文稿

1. 任务目标

(1) 能够根据数据特点选择合适的智能图形，并明白不同的图形提供了不同的表达内容以及增强所传达信息的方法。

(2) 能够在图形中编辑数据并对图形进行颜色和边框的设置。

2. 任务说明

在此任务中，利用本章节学习的图形的插入与处理和智能图形，在演示文稿中根据数据特点插入合适的图形、编辑数据并通过 "设计" 选项卡和 "格式" 选项卡对图形进行美化，使之更有效地呈现数据。

3. 必备技能

(1) 能够熟练地使用图形画图，并设置相应的形状和颜色。

(2) 能够根据数据的逻辑关系熟练使用图形并对图形的颜色和边框进行设置。

4. 操作实施

(1) 在演示文稿中，根据数据特点选择合适的图形，使数据更有效地呈现。

(2) 在图形中，编辑数据并对图形的颜色和边框进行设置。

(3) 根据需要添加必要的形状，并将形状和图形有效地组合在一起。

参考效果如图 4-5-1 所示。

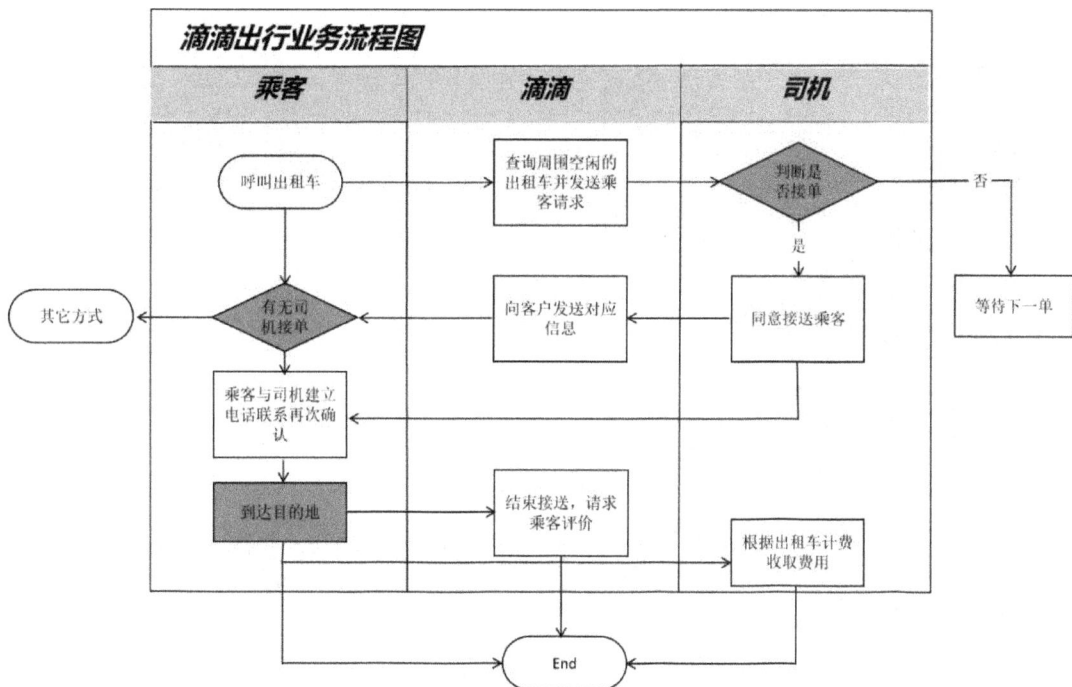

图 4-5-1　滴滴出行简易图

4.6　提升任务：设计制作"山高人为峰"封面

1. 任务目标

(1) 能够根据关键词和想要的效果利用发散思维选择合适的高清图片。

(2) 能够使用图片处理技巧裁剪图片、将图片等比例缩小并根据图片选择合适的字体。

2. 任务说明

在此任务中，根据"山高人为峰"这五个字利用发散思维搜图，找到合适的图片，并根据想要的效果裁剪图片或者压缩图片，最后根据图片的意境为其选择合适的字体进行排版，使其看起来更美观，提升封面的视觉感知力。

3. 任务技能

(1) 能够熟练地使用关键词快速搜图并找到合适的高清图片。

(2) 能够熟练掌握 WPS 演示文稿中图片的使用原则以及图片处理的技巧,如裁剪图片、等比例缩小图片。

4. 操作实施

(1) 根据关键词利用发散思维快速搜图，为"山高人为峰"这个主题找到合适的高清图片。

(2) 使用裁剪图片的功能将图片适当裁剪，留下合适的部分。

(3) 根据意境选择合适的字体并排版，注意文字不要遮挡图片的关键信息。

参考效果如图 4-6-1 所示。

图 4-6-1　山高人为峰图

4.7　进阶任务：设计制作配有 Logo 的十四运宣传海报

1. 任务目标

(1) 能够根据关键词为十四运宣传海报快速搜索相关度较高的高清图片。

(2) 能够使用裁剪功能、抠除背景功能处理图片并利用智能排版功能为文字和图片找到最佳的排版方式，提高宣传的效果。

2. 任务说明

在此任务中，根据关键词利用发散思维为主题找到合适的图片；在演示文稿中，利用图片的裁剪、图片的抠除背景处理图片，并为图片找到合适的宣传口号；最后利用图片的智能排版功能，对图片和文字进行智能排版。

3. 任务技能

(1) 能够熟练地快速搜图并应用图片的裁剪、图片的抠除背景功能处理图片。

(2) 能够熟练地使用智能排版或 AI 排版对图片进行快速排版。

4. 操作实施

(1) 根据关键词利用发散思维快速搜图，为"十四运"这个主题找到合适的高清图片并适当裁剪。

(2) 选择高清的 logo 图片，并根据需要使用背景抠除功能将 logo 抠出来。

(3) 为图片选择合适的迎接十四运的标题，并设置字体、颜色和大小。

(4) 使用智能排版或者 AI 排版功能快速排版。

参考效果如图 4-7-1 所示。

图 4-7-1　十四运宣传海报图

【习　　题】

一、单选题

1. WPS 中插入图片的方法有几种？(　　)

A. 2 种　　　　　　B. 3 种　　　　　　C. 4 种　　　　　　D. 5 种

2. 绘制一个正方形的方法是，选择矩形后按住(　　)键绘制。

A. Shift　　　　　　B. Ctrl　　　　　　C. Table　　　　　　D. Enter

3. 通常合并形状中有几种运算形式？(　　)

A. 4　　　　　　　　B. 5　　　　　　　　C. 6　　　　　　　　D. 7

4. WPS 演示文稿中的智能图形主要分为并列、总分、时间轴、关系、循环和(　　)。

A. 层次结构　　　　B. 树形　　　　　　C. 椭圆形　　　　　　D. 十字形

5. 如果让几个形状在水平方向平均分布，应该选择(　　)。

A. 纵向分布　　　　B. 横向分布　　　　C. 等高　　　　　　　D. 等宽

6. 如果让几个形状在垂直方向平均分布，应该选择(　　)。

A. 纵向分布　　　　B. 横向分布　　　　C. 等高　　　　　　　D. 等宽

7. 组合的快捷键是(　　)。

A. Ctrl+B　　　　　B. Ctrl+H　　　　　C. Ctrl+D　　　　　D. Ctrl+G

8. 单击图片，当属于指针变成(　　)形状时，可按住鼠标左键并拖动。

A. 双向箭头　　　B. 箭头　　　C. 十字箭头　　　D. 加号

9. 按住(　　)键，拖动图片四个角上的控制点之一，可将图片等比例缩放。

A. Shift　　　　B. Ctrl　　　C. Table　　　　D. Enter

10. 裁剪图片可以按照按形状裁剪和按(　　)裁剪两种方式裁剪。

A. 色彩　　　　B. 创意　　　C. 大小　　　　D. 比例

二、多选题

1. 流程型图表适用于(　　)或(　　)。

A. 时间顺序　　　　　　　B. 步骤型数据
C. 层次结构　　　　　　　D. 包含关系

2. 在 WPS 中四种插入图片的方法，它们是(　　)。

A. 本地图片　　　　　　　B. 分页插图
C. 手机传图　　　　　　　D. 资源夹图片

3. 按比例裁剪图片时，可以使用的比例有(　　)。

A. 3：2　　　B. 16：9　　　C. 16：10　　　D. 7：8

三、判断题

1. 在分页插图中，每张 PPT 页面会依次插入一张图片，若幻灯片页数不足，会自动新建幻灯片并插入图片。　　　　　　　　　　　　　　　　　(　　)

2. 智能排版不会改变原先的背景图。　　　　　　　　　　　　(　　)

3. 选择形状工具后直接在幻灯片中单击，可以绘制高度和宽度均为 2.54 厘米的特殊图形。　　　　　　　　　　　　　　　　　　　　　　(　　)

模块五　图表设计与制作

思维导学

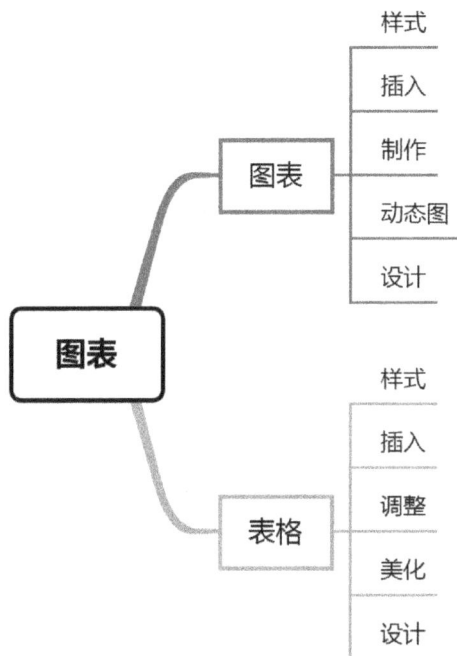

知识精粹

　　表格(又称为表)是一种可视化交流模式，又是一种组织整理数据的手段。在各种书籍和技术文章当中，表格通常带有编号和标题，以此区别于文章的正文部分。国内最常用的表格处理软件有金山软件公司的 WPS 办公软件等可以方便地处理和分析日常数据。图表一词则是泛指在屏幕中显示的，可直观展示统计信息属性(时间性，数量性等)，对知识挖掘和信息直观呈现起关键作用的图形结构，是一种很好的将对象属性数据直观、形象地"可视化"的手段。

5.1　表格插入与调整

5.1.1　表格样式

表格主要用来组织数据，它由水平的行和垂直的列组成，行与列交叉形成的方框称为单元格，我们可以在单元格中输入各种数据，从而使数据和事例更加清晰，便于读者理解。

5.1.2　表格插入

使用"插入表格"对话框可以插入一个新表格：选择要插入表格的幻灯片，单击"插入"选项卡中的"表格"按钮，在展开的列表中显示的小方格中移动鼠标，当列表左上角显示所需的行、列数后单击鼠标，即可在幻灯片中插入一个带主题格式的表格。该方法最大能创建 8 行 24 列的表格，其中小方格代表创建的表格的行、列数，如图 5-1-1 所示。

单击"插入"选项卡上的"表格"按钮，在展开的列表中选择"插入表格"选项，如图 5-1-2 所示。或者单击内容占位符中的"插入表格"图标，打开"插入表格"对话框，设置列数和行数，单击"确定"按钮也可以插入表格，插入表格如图 5-1-3 所示。

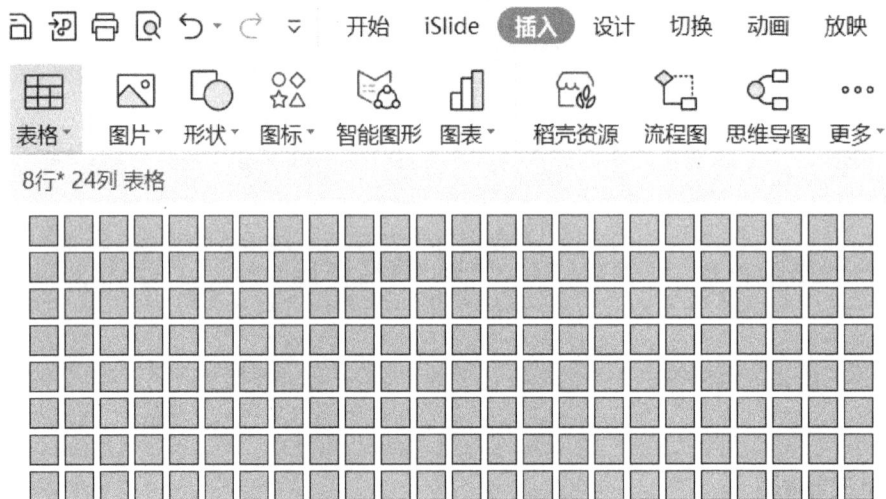

图 5-1-1　表格插入 1

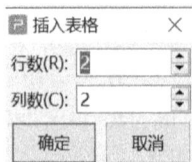

图 5-1-2　表格插入 2

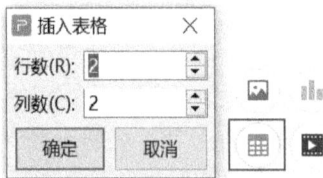

图 5-1-3　表格插入 3

5.1.3　表格调整

表格创建好后，可根据要求对表格进行适当的调整操作。如合并相关单元格以制作表头，在表格中插入行或列，以及调整表格的行高和列宽等。

要对表格进行编辑操作，首先要选择表格中要操作的对象，如单元格、行或列等，常用选择方法如下。

(1) 选择连续的单元格区域：将鼠标指针移到要选择的单元格区域左上角，拖动鼠标到要选择区域的右下角，即可选择左上角到右下角之间的单元格区域，如图 5-1-4 所示。

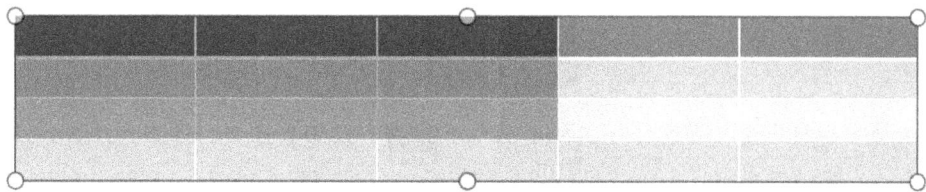

图 5-1-4　选择连续的单元格区域

(2) 选择整行和整列：将鼠标指针移到表格边框左侧的行标上，或表格边框上方的列标上，当鼠标指针变成向右或向下的黑色箭头形状时，单击鼠标即可选择中该行或该列。若向相应的方向拖动，则可选择多行或多列，如图 5-1-5 所示。

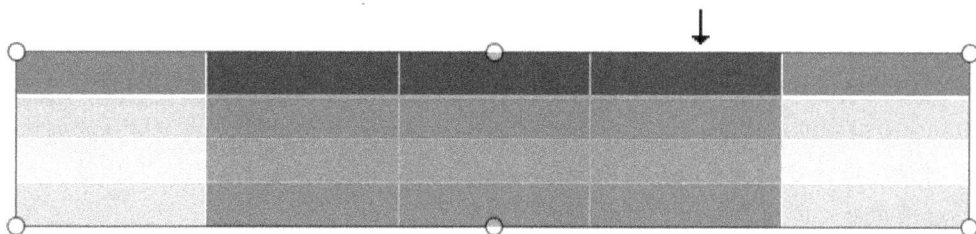

图 5-1-5　选择整列

(3) 选择整个表格：将插入符置于表格的任意单元格中，然后按快捷键<Ctrl+A>。

5.2　表格编辑与美化

5.2.1　表格编辑

如果插入的表格的行、列数不够使用，我们可以直接在需要插入内容的行或列的位置增加行或列。

1. 插入行或列

将鼠标置于要插入行或列的位置，或选中要插入行或列的单元格，然后单击"表格工具"选项卡中的相应按钮即可，如图 5-2-1 所示。

≡ 文件 ∨　　　🖫 🖼 🖨 🖾 ↺ ⟳

🖽　🏛 在上方插入行　🏛 在左侧插入列
删除˅　🏛 在下方插入行　🏛 在右侧插入列

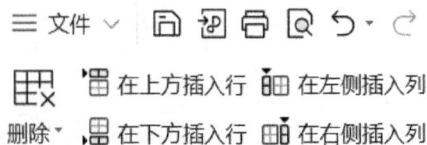

图 5-2-1　插入行或列

2. 合并单元格

要将表格中的相关单元格进行合并操作，可拖动鼠标选中表格中要进行合并操作的单元格，然后单击"表格工具"选项卡中的"合并单元格"按钮，如图 5-2-2 所示。

源　　　表格工具　　　表格样式

合并单元格　拆分单元格

图 5-2-2　合并单元格

3. 调整行高、列宽

在创建表格时，表格的行高和列宽都是默认值，由于在各单元格中输入的内容不同，所以在大多数情况下都需要对表格的行高和列宽进行调整，使其符合要求。调整方法有两种，一是使用鼠标拖动，二是通过设置高度和宽度数值进行精确调整。

(1) 使用鼠标拖动方法：将鼠标指针移到要调整行的下边框线上或调整列的列边框线上，此时鼠标指针变成上下或左右双向箭头形状，按住鼠标左键上下或左右拖动，到合适位置后释放鼠标，即可调整该行行高或该列列宽。

(2) 精确调整行高或列宽：选中行或列后，在"表格工具"选项卡中的"高度"或"宽度"编辑框中输入数值即可，如图 5-2-3 所示。

🔲 高度：　-　1.06厘米　+　🏛 平均分布各行
🔲 宽度：　-　4.74厘米　+　🏛 平均分布各列

图 5-2-3　调整行高和列宽

要调整整个表格的大小，可选中表格后将鼠标指针移到表格四周的控制点上(共有 8 个)，待鼠标指针变成双向箭头形状时按住鼠标左键并拖动即可。

表格是作为一个整体插入到幻灯片中的，其外部有边框和一些控制点，拖动这些控制点可调整表格的大小，如同调整图片、形状和艺术字一样。

4. 移动表格

若要移动表格在幻灯片中的位置，可将鼠标指针移到除表格控制点外的边框线上，待鼠标指针变成十字箭头形状后，按住鼠标左键并拖到合适位置即可，如图 5-2-4 所示。

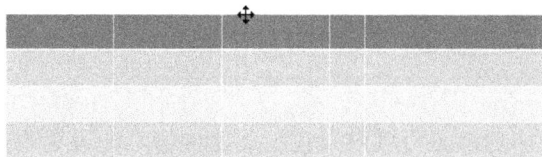

图 5-2-4　移动表格

5. 设置表格内文本的对齐格式

要设置表格内文本的对齐方式，可选中要调整的单元格后单击"表格工具"选项卡中的对应按钮，选择相应的对齐方式即可，如图 5-2-5 所示。

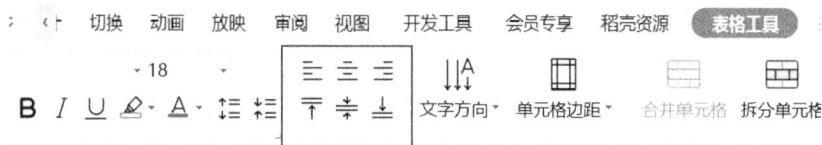

图 5-2-5　表格内文本的对齐

6. 设置表格内文本的字符格式

要设置表格内文本的字符格式，可选中表格内容后在"开始"选项卡中的"字体"中进行设置，单击如图 5-2-6 所示右下角的展开符号，得到如图 5-2-7 所示的设置框，可在其中设置字体和字符格式。

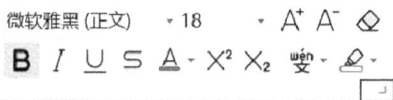

图 5-2-6　表格内字体的设置 1

图 5-2-7　表格内字体的设置 2

5.2.2　表格美化

对表格进行编辑操作后，还可以对其进行美化操作，如设置表格样式，为表格添加边框和底纹等。

1. 套用系统内置的样式

要对表格套用系统内置的样式，可将插入符置于表格的任意单元格，然后单击"表格样式"选项卡上的相应按钮，在展开的列表中选择一种样式即可，如图 5-2-8 所示。

图 5-2-8　系统表格样式

2. 添加自定义的边框

要为表格或单元格添加自定义的边框，可选中表格或单元格，然后单击"表格样式"

选项卡上的"边框"按钮右侧的三角按钮，在展开的列表中选择一种边框类型，还可以通过颜色、线型和粗细按钮对边框的颜色、线型和粗细进行设置，如图 5-2-9 所示。图 5-2-10 所示为对表格边框类型的选择，图 5-2-11 所示为对边框颜色的选择，图 5-2-12 所示为对边框线型的选择，图 5-2-13 所示为对边框粗细的选择。

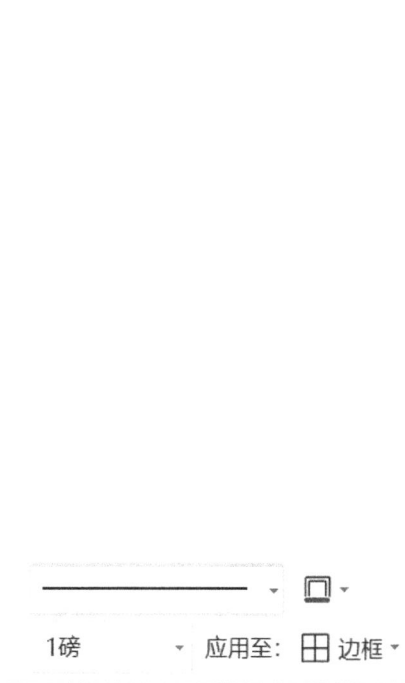

图 5-2-9　自定义边框设置按钮　　　　图 5-2-10　边框类型选择

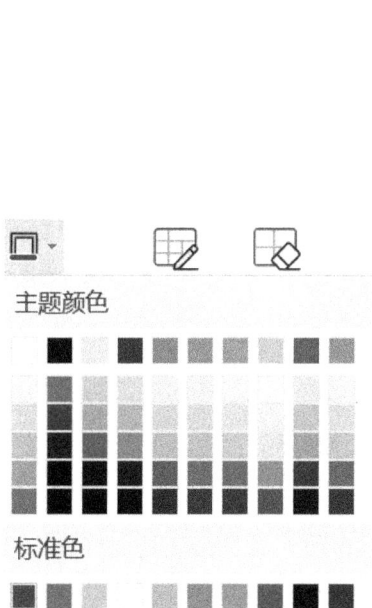

图 5-2-11　边框颜色选择　　　图 5-2-12　边框线型选择　　　图 5-2-13　边框粗细选择

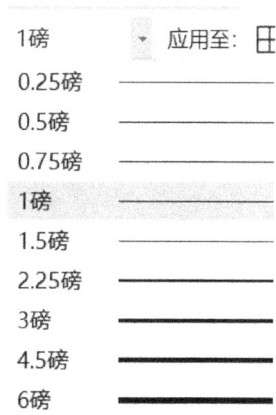

3. 添加底纹

要为表格或单元格添加底纹，可选中表格或单元格后单击"表格样式"选项卡上的"填充"按钮右侧的三角按钮，在展开的列表中选择一种底纹颜色即可，如图 5-2-14 所示。

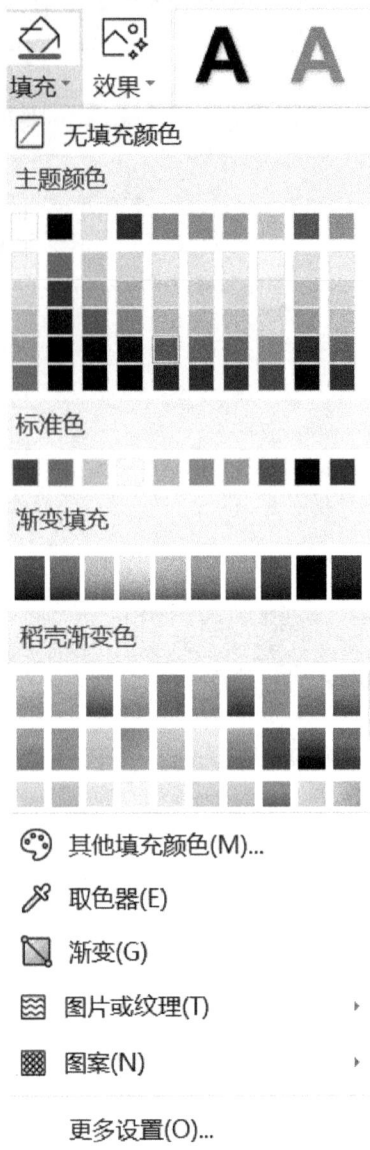

图 5-2-14   底纹填充

5.2.3   表格设计

表格除了可以用来呈现数据，还可以用来对图片进行排版。具体做法是调整表格里的单元格之后，用图片填充。如图 5-2-15 所示。具体步骤如下：

图 5-2-15　中国共产党经历的几件大事

(1) 插入一个表格，表格的行和列自己定义，如图 5-2-16 所示。

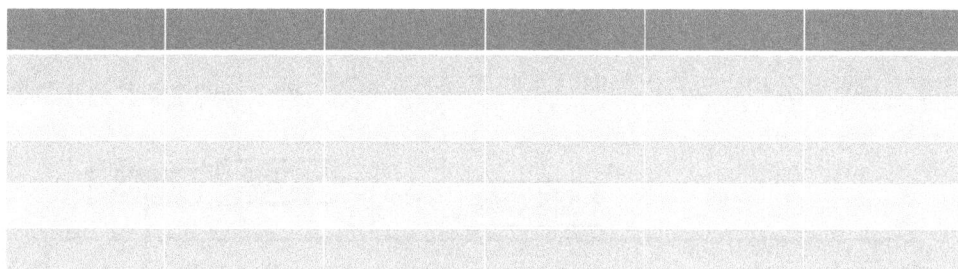

图 5-2-16　插入表格

(2) 将表格里的单元格合并，合并后的结果是这四个大单元格，如图 5-2-17 所示。

图 5-2-17　合并单元格

(3) 选中单元格，单击鼠标右键，选择"设置对象格式"，在右侧的"对象属性"里选择

"填充",如图 5-2-18 所示,用图片或纹理填充,选择相应的图片即可,如图 5-2-19 所示。

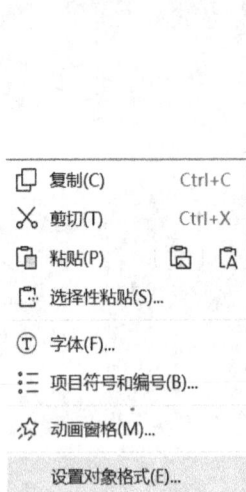

图 5-2-18　设置对象格式

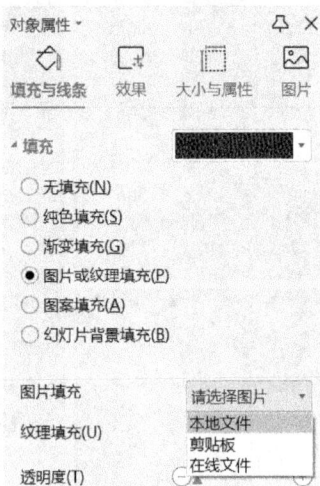

图 5-2-19　图片填充

5.3　图表创建与设计

5.3.1　图表样式

图表由哪些部分构成呢?以如图 5-3-1 所示的柱形图为例,我们一起来认识它的组成部分。

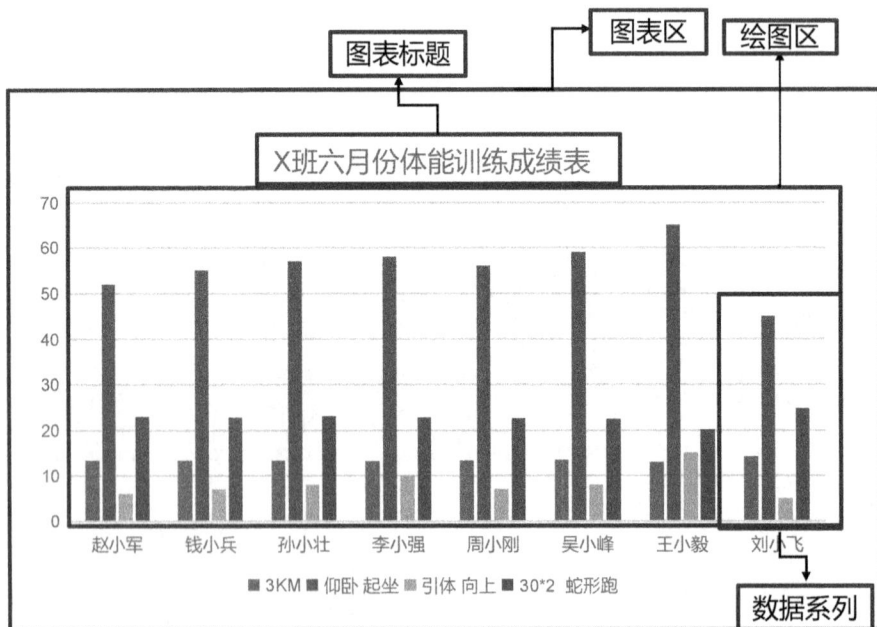

图 5-3-1　图表样式

(1) 图表区。图表区表示整个图表，包括所有图表项。

(2) 绘图区。绘图区位于图表区域的中心，包括数据系列、网络线等。

(3) 图表标题。图表标题用来说明图表的内容。

(4) 数据系列。数据系列以图形方式表示数据的大小或变化趋势，如柱形图、饼图、折线图等。图表中可以有一组或多组数据系列，多组数据系列之间用不同的颜色、图案或符号来显示以便区分。

(5) 坐标轴。坐标轴是标示数值大小及分类的水平线和垂直线。一般情况下，x 轴表示数据的分类，即分类轴；y 轴表示数据值的大小，即数值轴。

(6) 图例。图例用来指明图表中各个独立分类的意义。例如柱形图的图例显示出图表中每种柱形块所代表的内容。

(7) 网格线。网格线是指将坐标轴的刻度记号向上(对于 x 轴)或向右(对于 y 轴)延伸到整个绘图区的直线。网格线可以使用户更清楚地看到数据相对于坐标轴的位置，从而使用户更容易估计图表中数据标志的实际数值。

(8) 坐标轴标题。坐标轴标题用来说明坐标轴的内容，包括数值轴标题和分类轴标题。

5.3.2 图表类型

根据数据特征和观察角度的不同，WPS 提供了包括柱形图、饼图、条形图等十几类图表供用户选用，每一类图表又有若干个子类型。柱状图和条形图常用于数据的比较，折线图常用于显示趋势和走势，饼图和环形图常用于表示成分和占比，散点图用于表达相关性。图 5-3-2 所示为柱状图，图 5-3-3 所示为折线图，图 5-3-4 所示为饼图，图 5-3-5 所示为条形图，图 5-3-6 所示为面积图，图 5-3-7 所示为散点图。

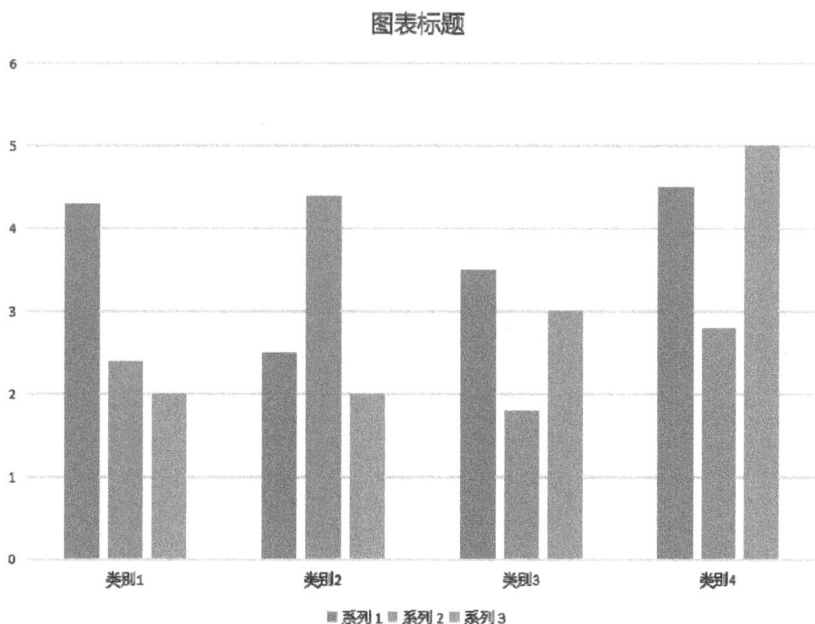

图 5-3-2　柱状图

图表标题

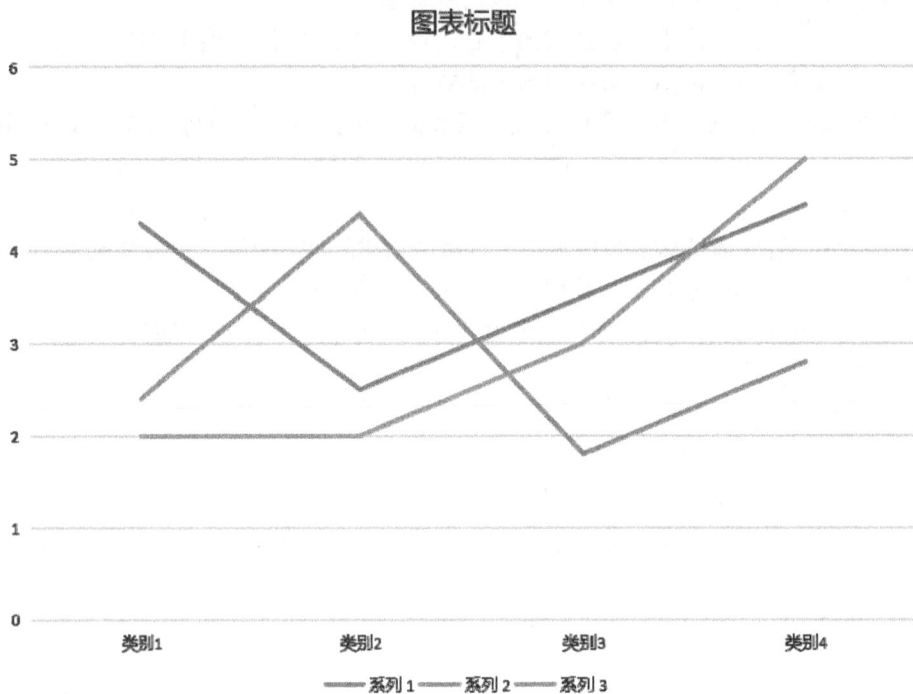

图 5-3-3   折线图

销售额

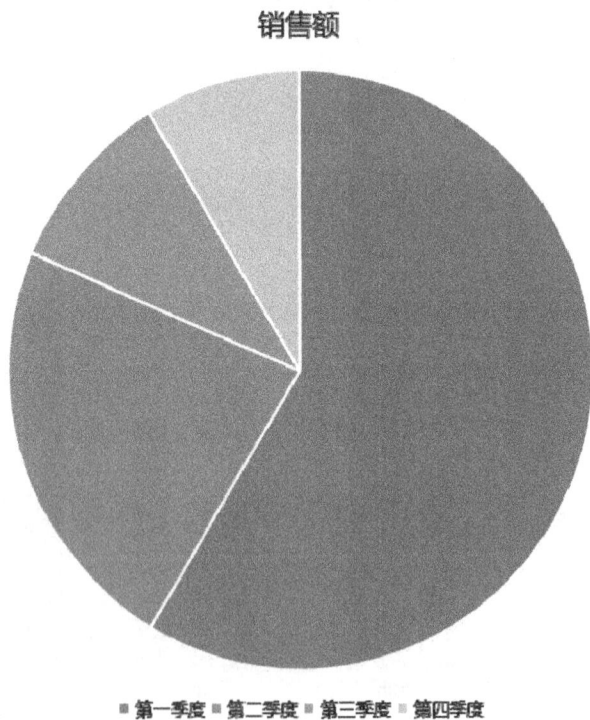

■第一季度 ■第二季度 ■第三季度 ■第四季度

图 5-3-4   饼图

图表标题

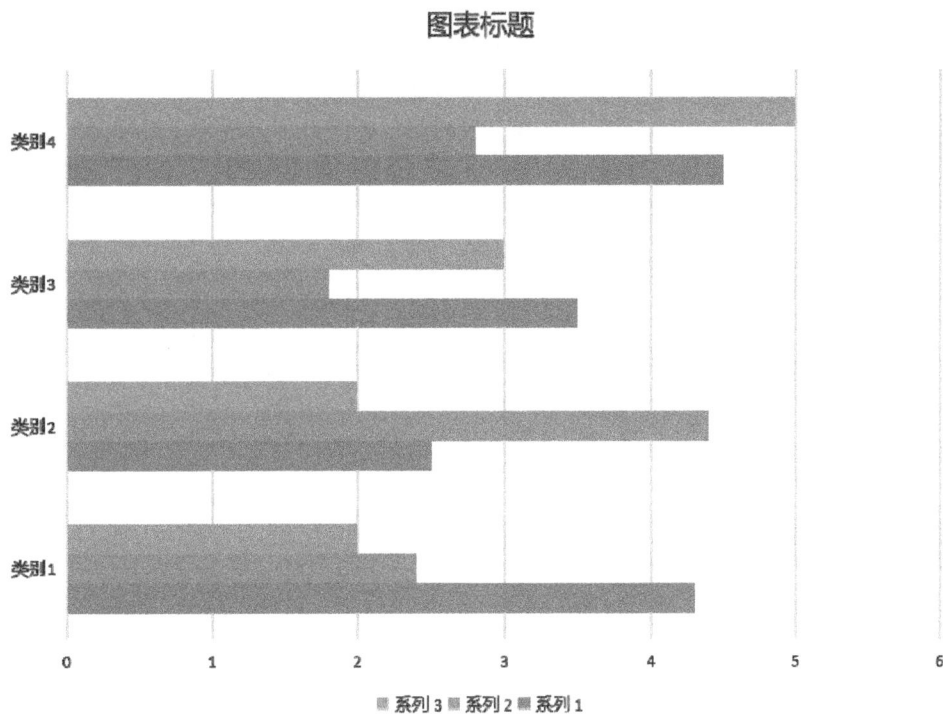

图 5-3-5　条形图

图表标题

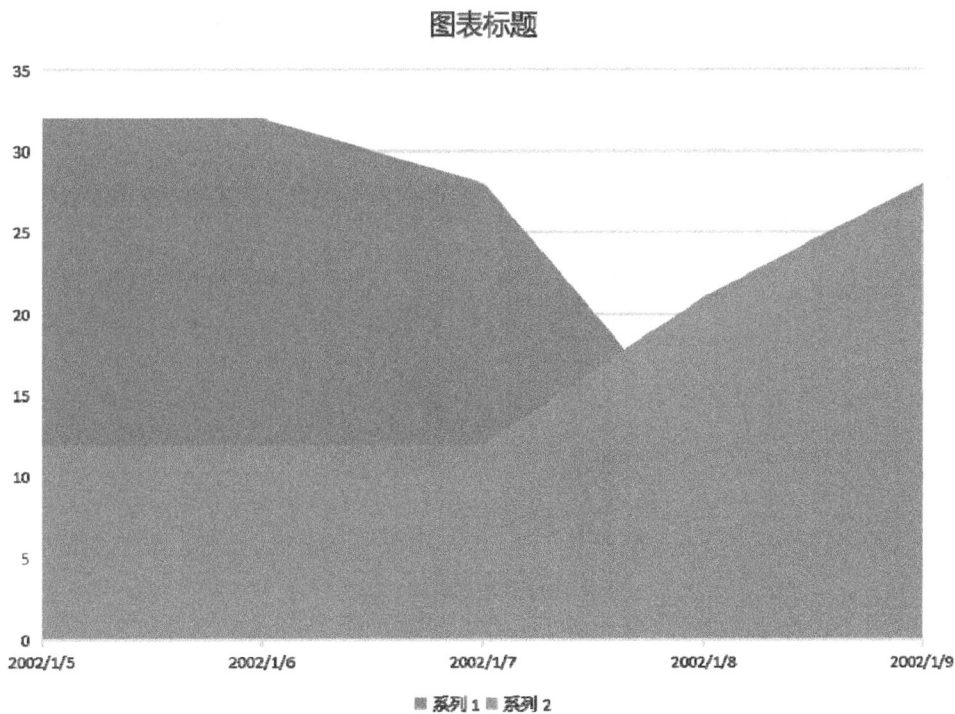

图 5-3-6　面积图

Y 值

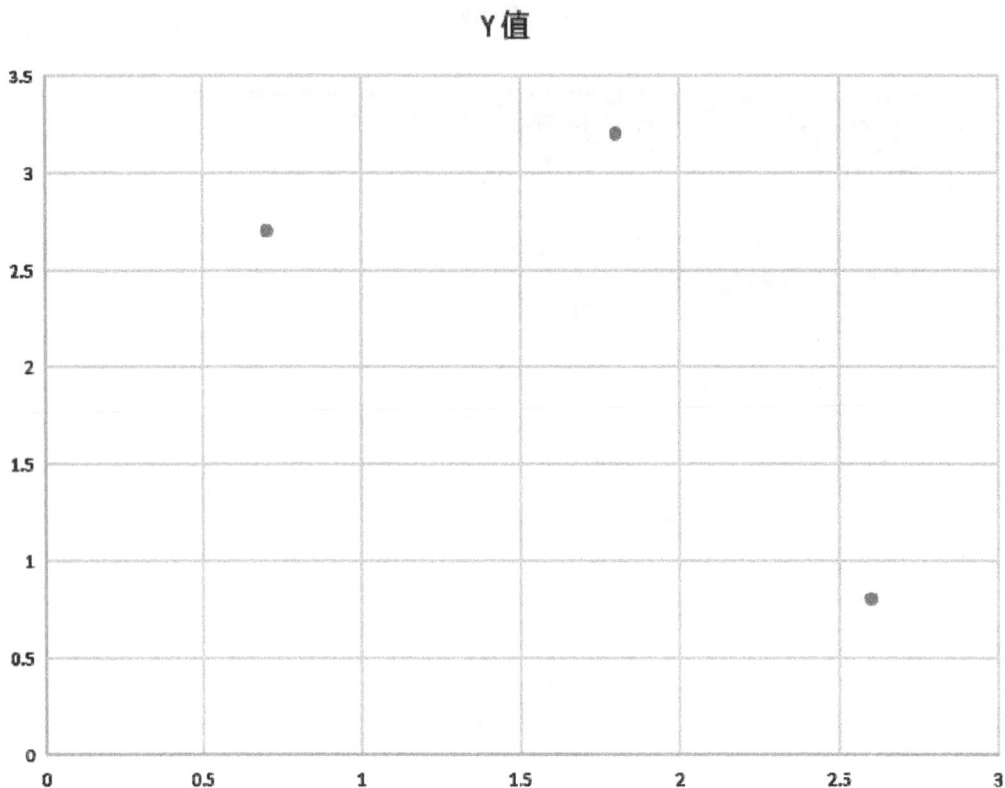

图 5-3-7　散点图

5.3.3　图表插入

插入图表的方式是在"插入"选项卡中，通过单击"图表"来实现的。"图表"中有图表和在线图表两大类，如图 5-3-8 所示。

图 5-3-8　插入图表

单击"图表"，即出现图表的对话框，里面有各种类型的图表，如图 5-3-9 所示。

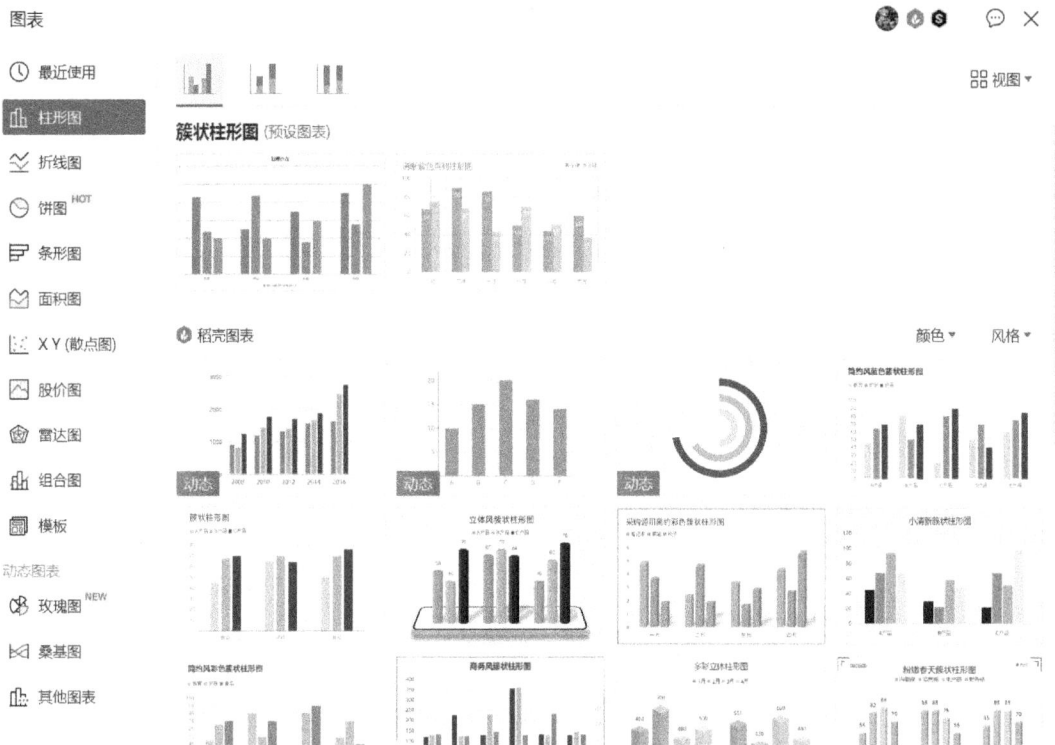

图 5-3-9　选择图表

如图 5-3-10 所示为王小毅和刘小飞上半年仰卧起坐的成绩，下面我们把他们的成绩用柱形图展示出来，看看他们上半年的成绩对比状况。

王小毅和刘小飞上半年仰卧起坐成绩		
	王小毅	刘小飞
一月	50	33
二月	52	36
三月	55	39
四月	55	40
五月	62	42
六月	65	45

图 5-3-10　仰卧起坐成绩表

首先，在"插入"选项卡中单击"图表"，在种类里选择柱形图，如图 5-3-11 所示。

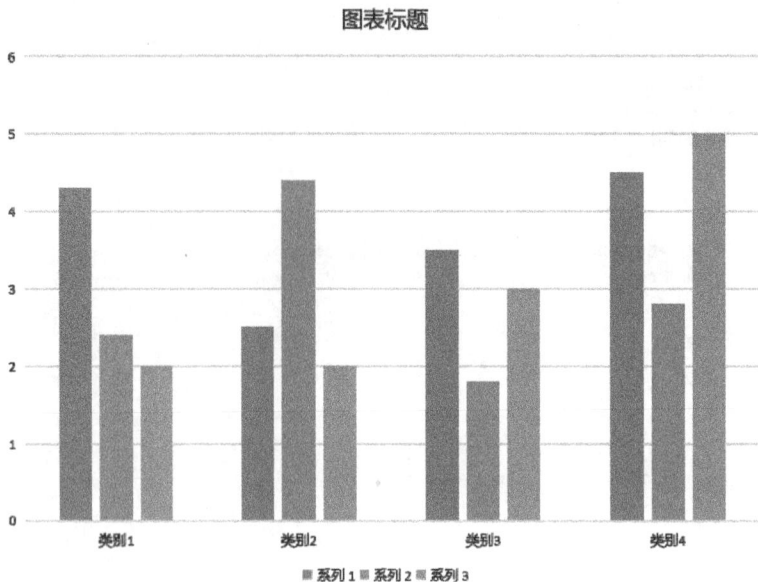

图 5-3-11　插入柱状图

单击"图表工具"选项卡中的"编辑数据"按钮，出现了与图表相关的表格，在表格里输入数据，图表就会发生变化。若要调整图表数据区域的大小，拖拽区域的右下角，如图 5-3-12 所示。

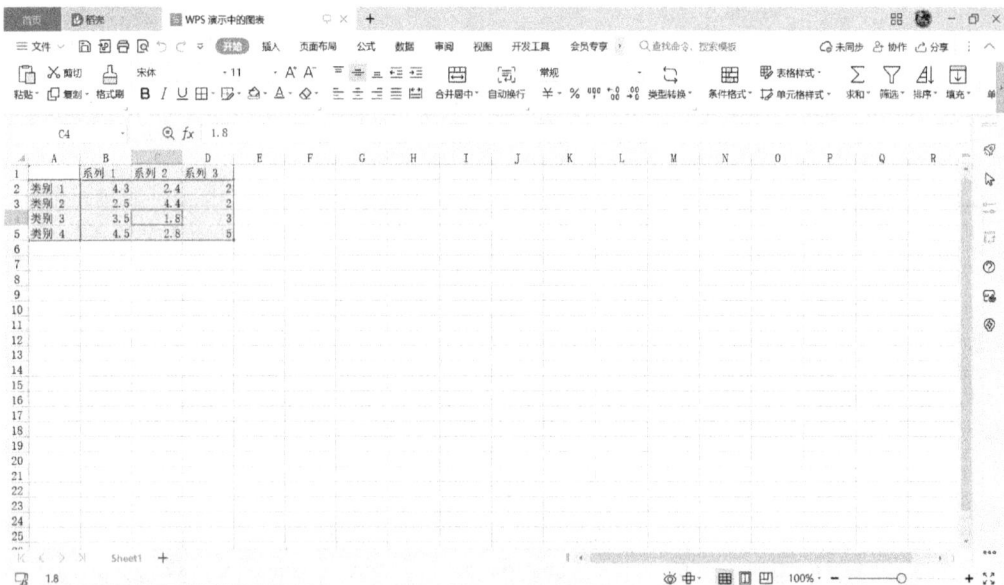

图 5-3-12　编辑表格

下面把数据复制到该表格，编辑完成后关闭表格，数据图表就生成了。

现在我们总结一下，在幻灯片中创建新图表的步骤大致分为三步：

(1) 根据数据特点确定图表类型。

(2) 选择具体的图表样式。

(3) 输入图表数据，即可自动生成相应的图表。

接下来我们对插入的图表进行编辑和美化。在幻灯片中插入图表后，可以利用"绘图工具"和"图表工具"两个选项卡对图表进行编辑和美化操作。如图 5-3-13 所示为绘图工具，如图 5-3-14 所示为图表工具。

图 5-3-13　绘图工具

图 5-3-14　图表工具

5.3.4　图表编辑

编辑表格数据、更改图表类型、快速调整图表布局等操作，可在"图表工具"选项卡中进行完成。

创建图表后，可以根据需要利用"图表工具"选项卡自定义图表布局，如为图表添加或修改图表标题、坐标轴标题和数据标签等，以方便读者理解图表。图 5-3-15 所示为图表添加元素，图 5-3-16 所示为快速布局图表，图 5-3-17 所示为更改图表颜色，图 5-3-18 所示为更改图表类型。

图 5-3-15　添加元素

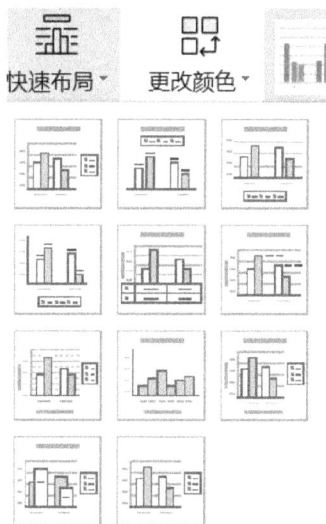

图 5-3-16　快速布局

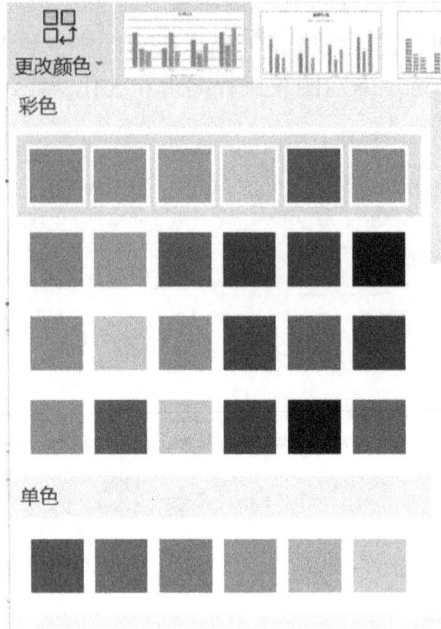

图 5-3-17　更改图表颜色

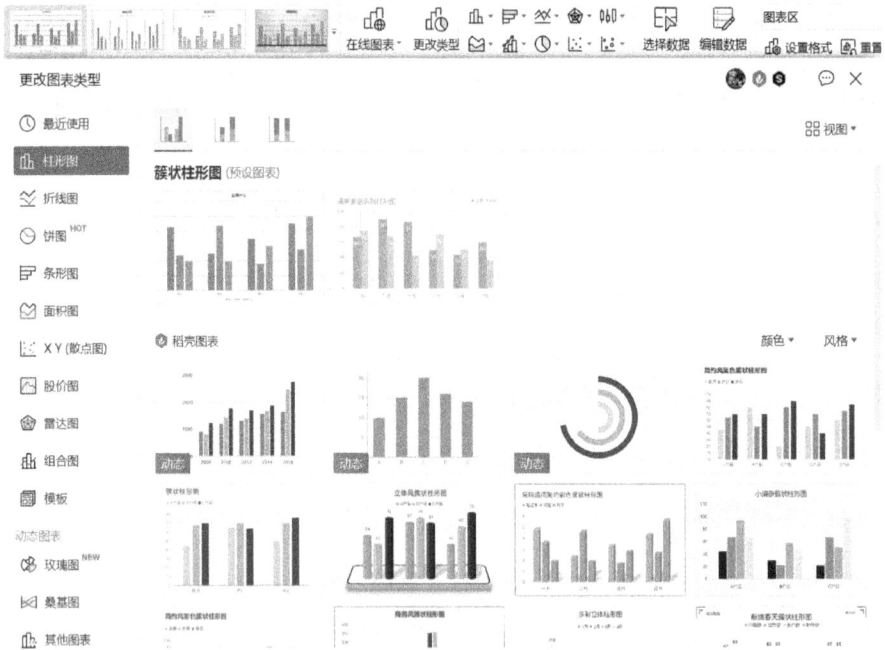

图 5-3-18　更改图表类型

5.3.5　动态图表

单击"插入"选项卡中的"图表"，在弹出的"插入图表"对话框中，选择一个图表，然后单击插入，如图 5-3-19 所示。

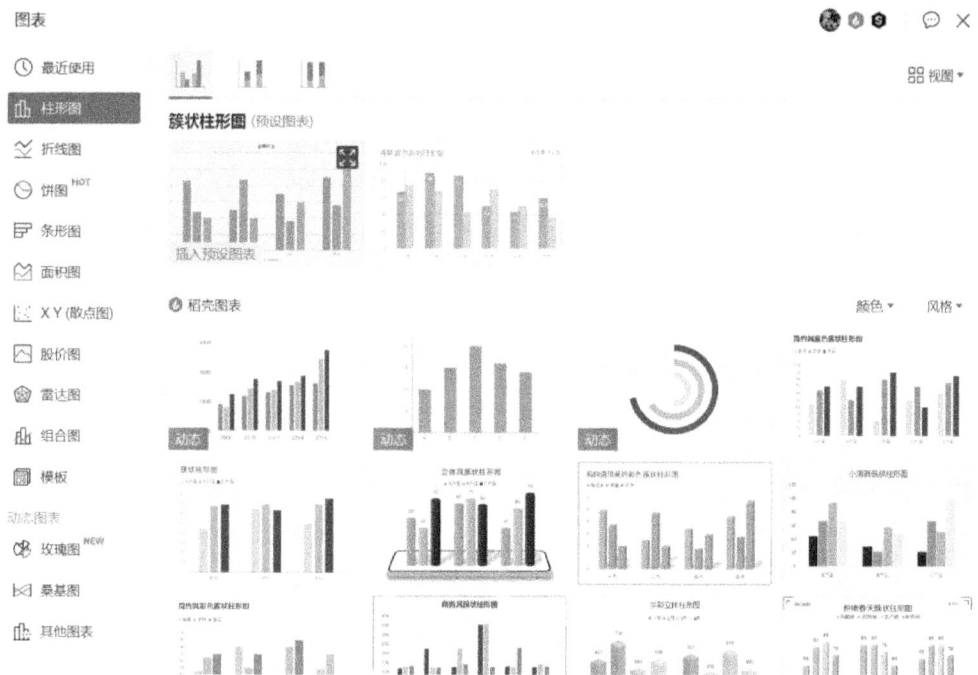

图 5-3-19　"插入图表"对话框

在图表上单击鼠标右键，然后选择"编辑数据"，如图 5-3-20 所示。

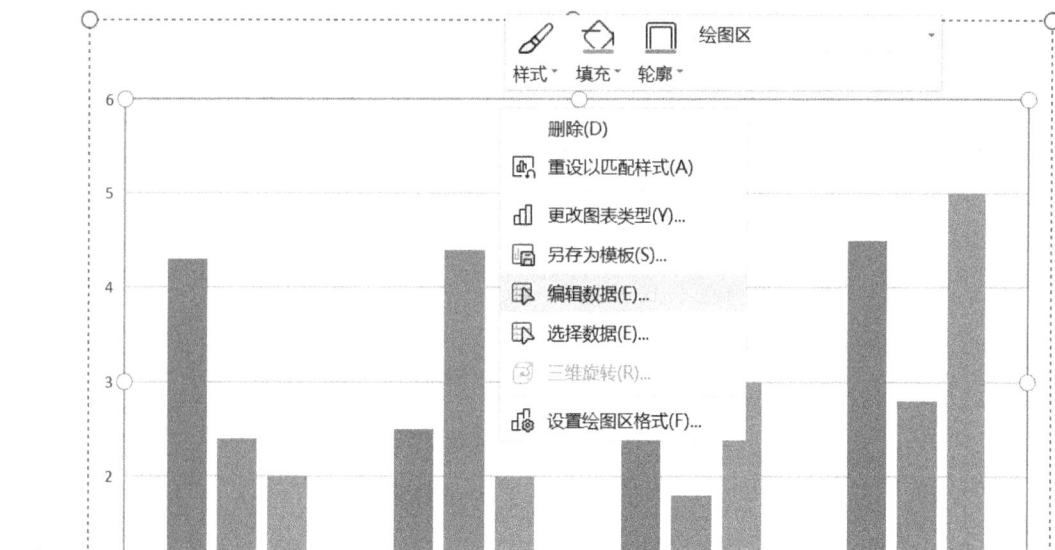

图 5-3-20　编辑图表

此时将弹出一个 WPS 演示中的图表的 Excel 表格，在这里编辑好需要的数据，如图 5-3-21 所示。

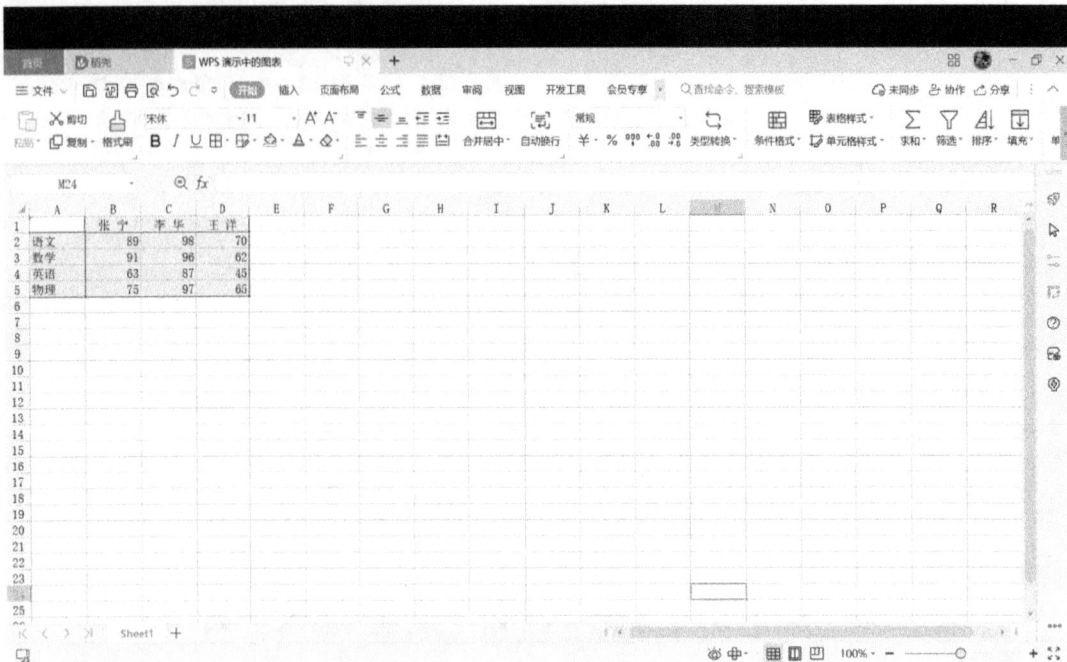

图 5-3-21　输入数据

接下来选中图表，单击"图表工具"选项卡中的"添加元素"按钮，将不需要的元素设置为"无"，如图 5-3-22 所示。

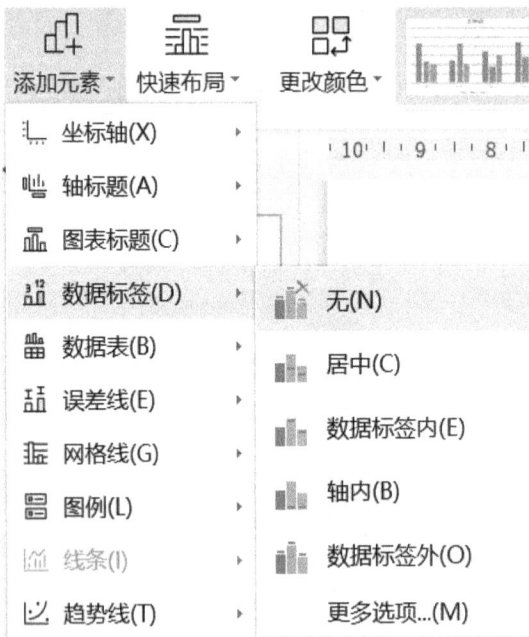

图 5-3-22　取消多余元素

然后双击图表，这时候界面右侧将弹出一个工具栏，单击"对象属性"进行设置，如图 5-3-23 所示。

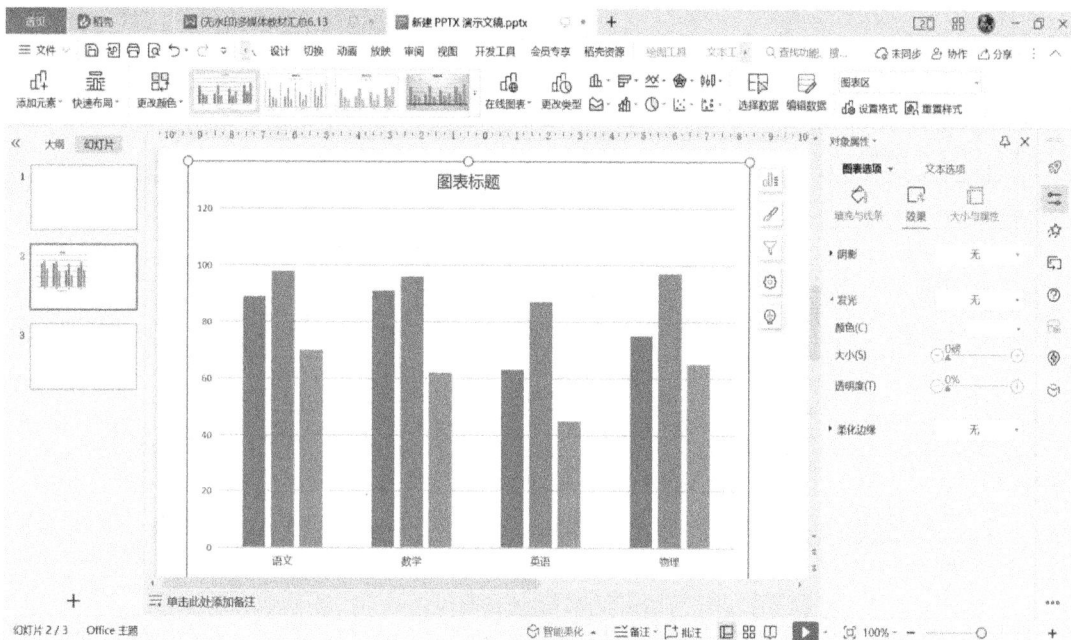

图 5-3-23　设置对象属性

选中图表，单击"动画"选项卡的"动画窗格"按钮，对动画进行设置，如图 5-3-24 所示。

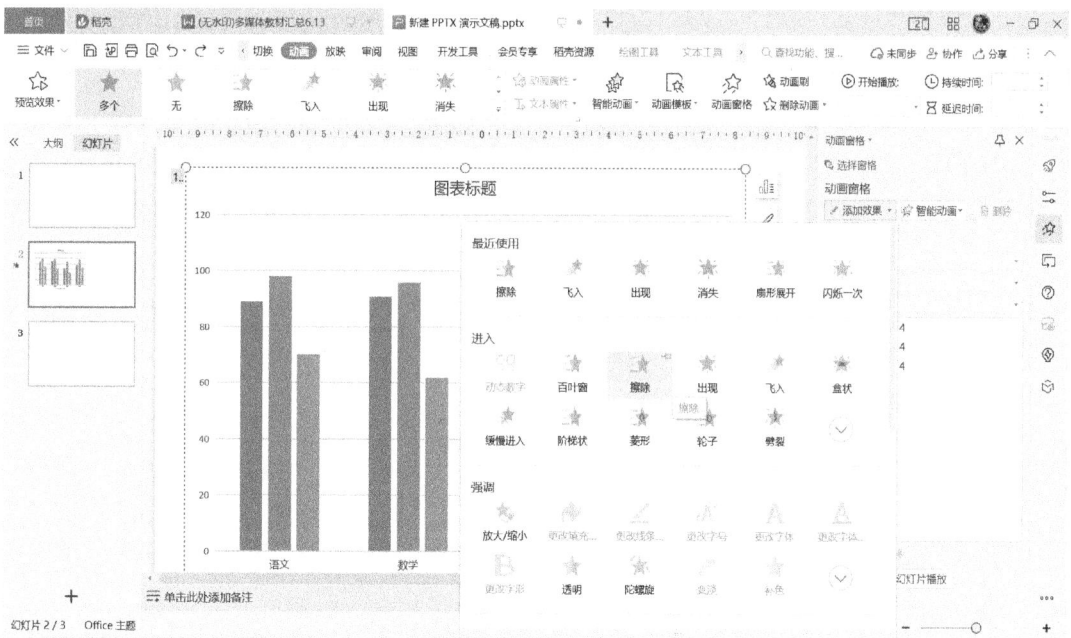

图 5-3-24　设置动画效果

修改动画的格式内容，根据自己的需要进行选择，如图 5-3-25 所示。

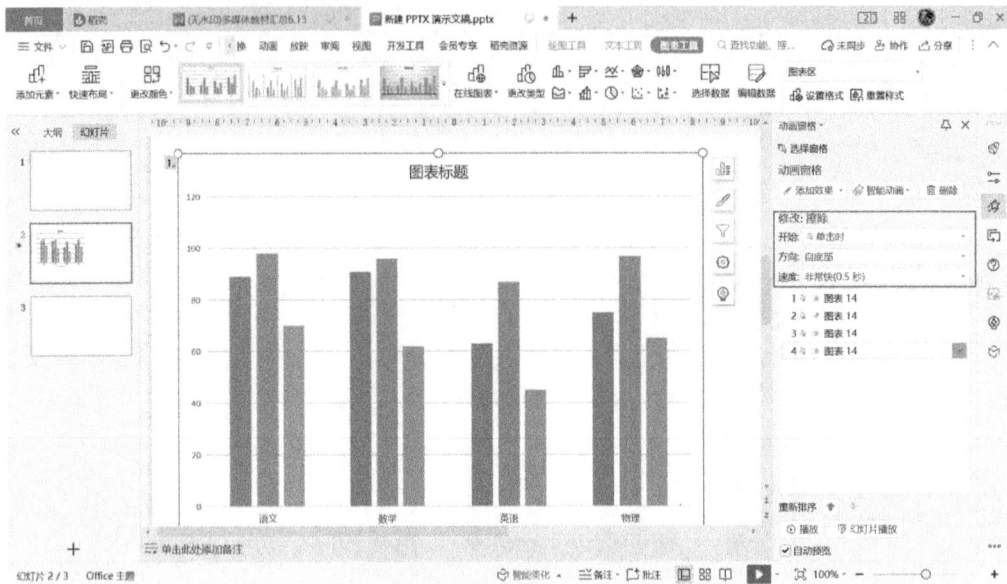

图 5-3-25　修改动画内容

5.4　图表设计与制作技巧

5.4.1　在幻灯片中快速插入带内容、带格式的图表

本节主要介绍 WPS 演示文稿自带的在线图表。

单击"插入"选项卡中的"图表"，选择"在线图表"，选择相应图表单击"立即使用"，这部分图表自带内容和格式，可直接套用模板，方便、美观又快捷，如图 5-4-1 所示。

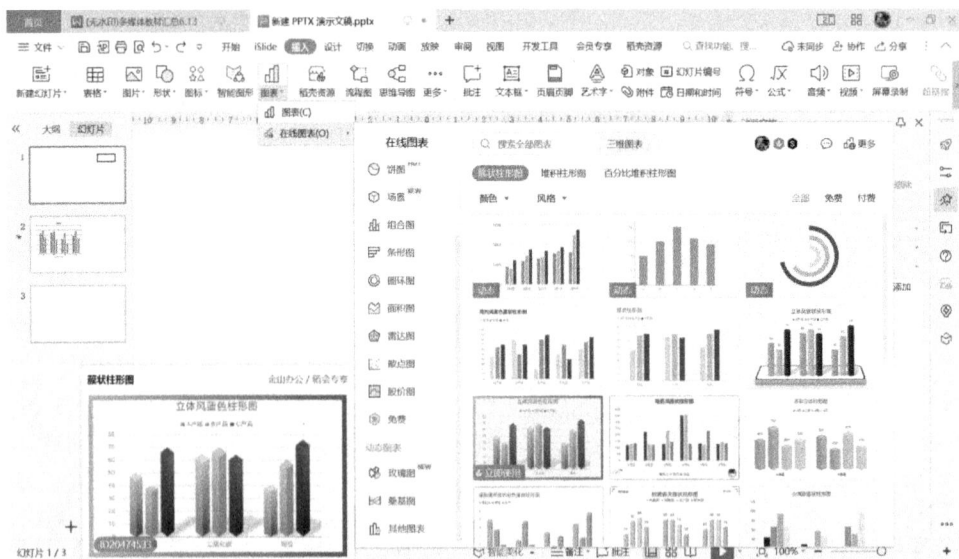

图 5-4-1　插入在线图表

5.4.2　幻灯片动态图表的设计技巧

　　选择使用动态图表后，在幻灯片右侧会出现一列稻壳智能功能，其中有：文字处理、图表处理和图片处理。单击"文字处理"，可以对动态图表的项目符号、字体、换文字效果和文本框进行设置。单击"图表处理"可以编辑数据、显示标题，还可以对系列、标签、图例、颜色、阴影和提示框以及附加信息等进行设置。单击"图片处理"还可以对相应图片进行处理，使用起来非常方便。图 5-4-2 所示为更改动态图表元素，图 5-4-3 所示为调整动态图表布局，图 5-4-4 所示为更改动态图表样式，图 5-4-5 所示为更改动态图表颜色，图 5-4-6 所示为选择动态图表数据，图 5-4-7 所示为编辑动态图表数据，图 5-4-8 所示为设置数据系列的颜色和效果。

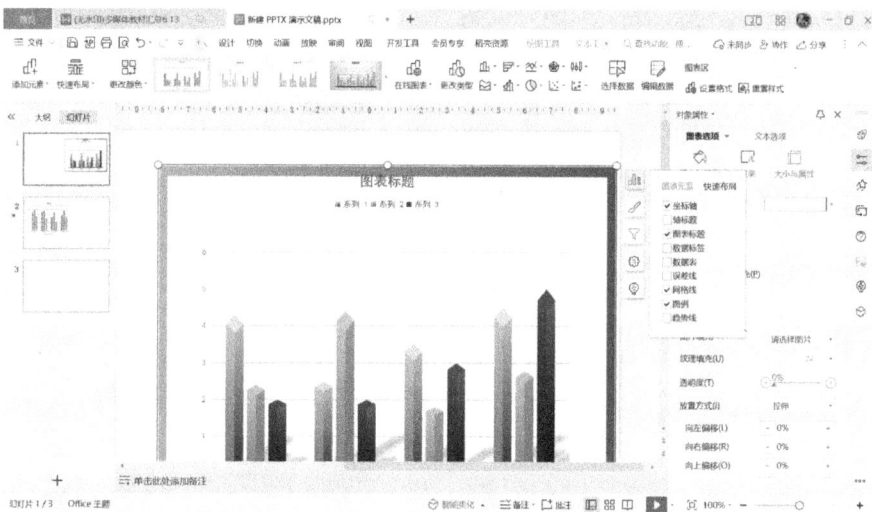

图 5-4-2　更改动态图表元素

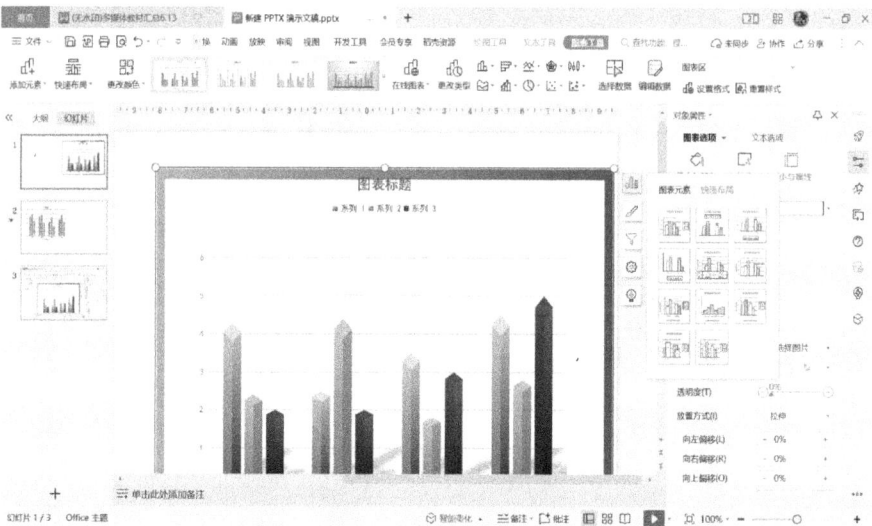

图 5-4-3　调整动态图表布局

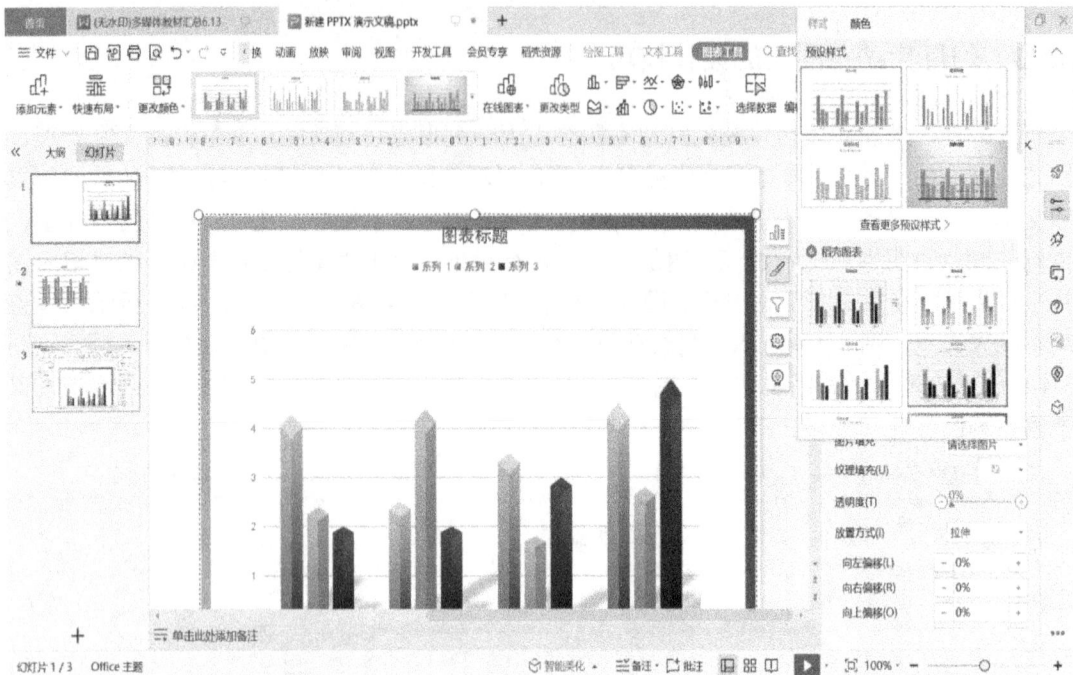

图 5-4-4   更改动态图表样式

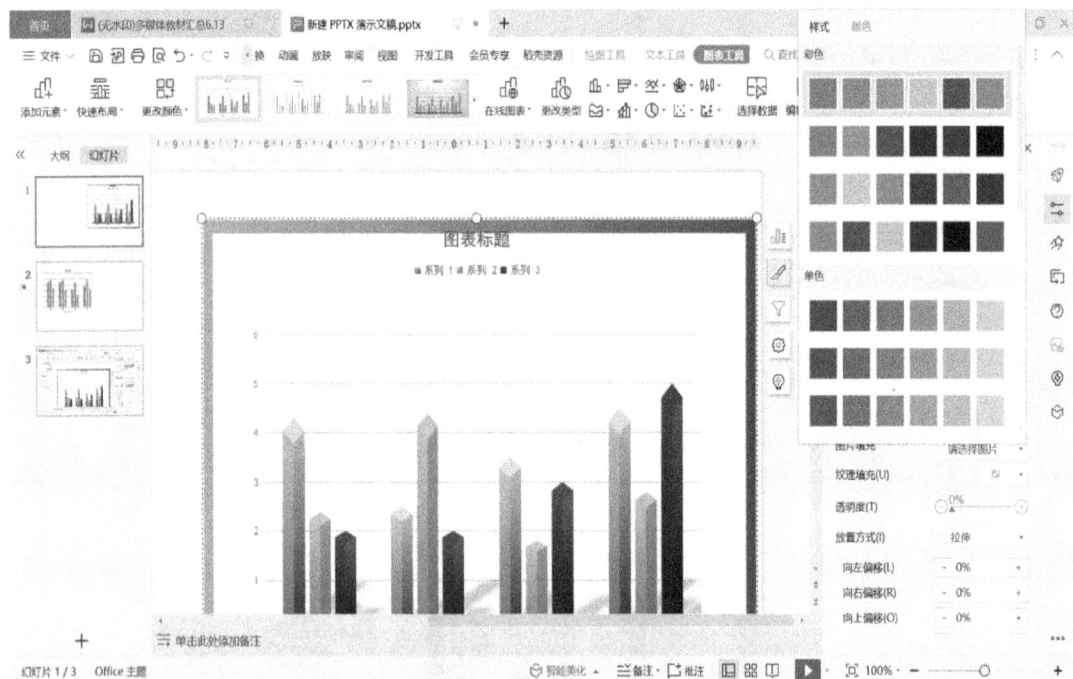

图 5-4-5   更改动态图表颜色

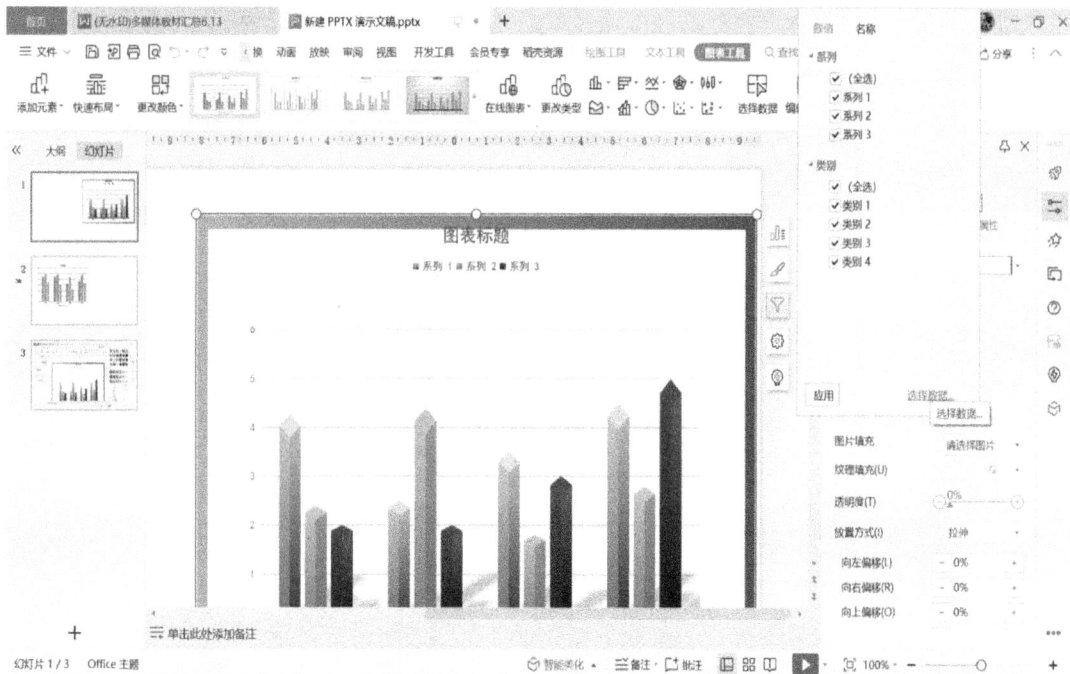

图 5-4-6　选择动态图表数据

图 5-4-7　编辑动态图表数据

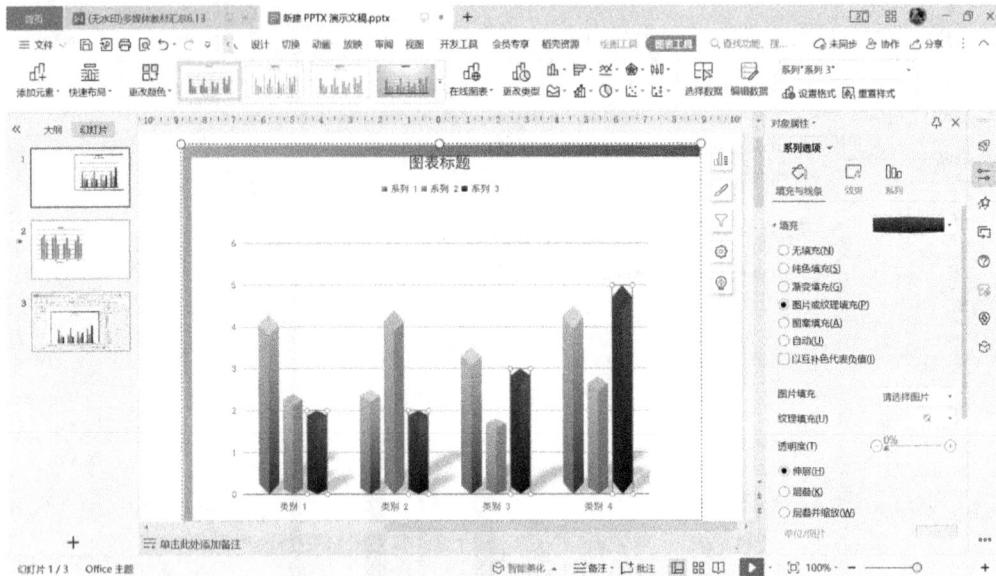

图 5-4-8　设置数据系列颜色和效果

5.4.3　为图表添加版式效果

插入图表以后，单击演示文稿下面的"智能美化"，可以选择喜欢的版式效果，如图 5-4-9 所示。

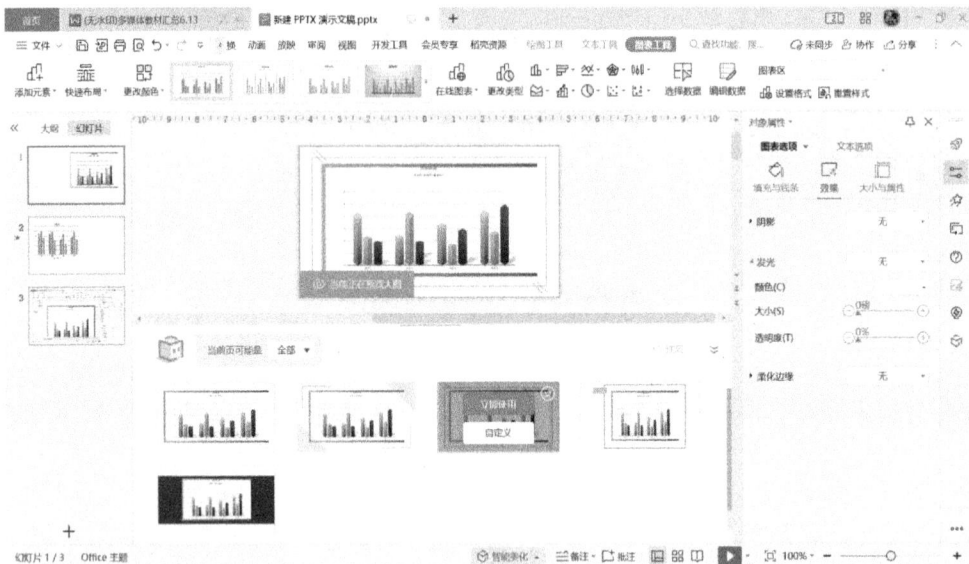

图 5-4-9　添加版式效果

5.4.4　个性化图表设计

当图表使用图片填充，可视化效果看上去更好，如图 5-4-10 所示的个性化图表，其实它是用图表做出来的。

图 5-4-10　个性化图表

(1) 插入一个柱状图，如图 5-4-11 所示。

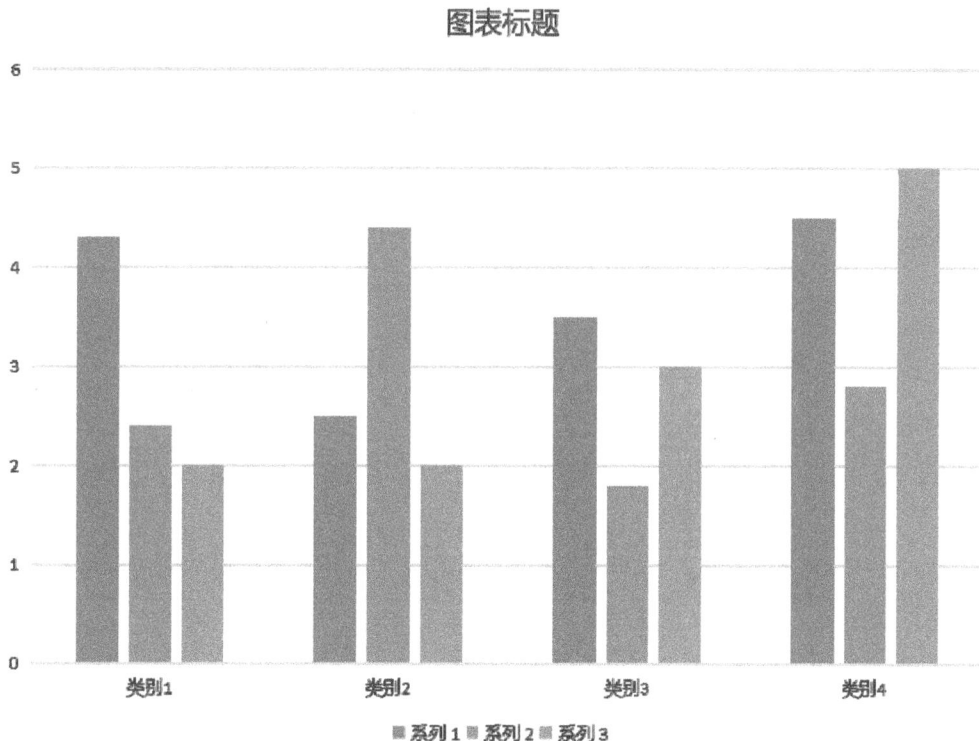

图 5-4-11　插入柱状图

(2) 编辑数据，如图 5-4-12 所示。

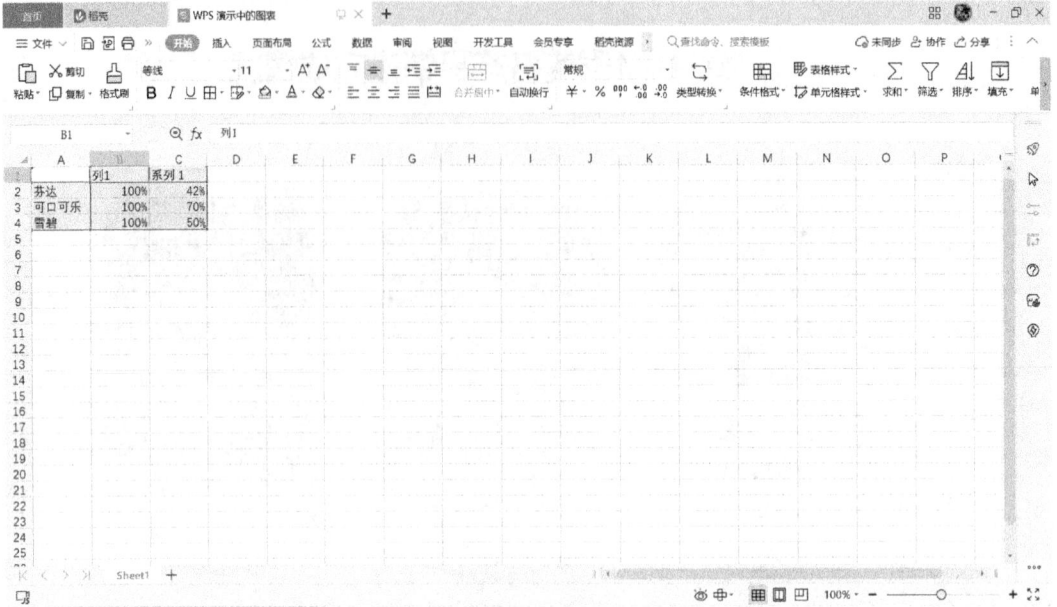

图 5-4-12　编辑数据

(3) 编辑完数据后，得到如图 5-4-13 所示的有两个数据系列的图表。

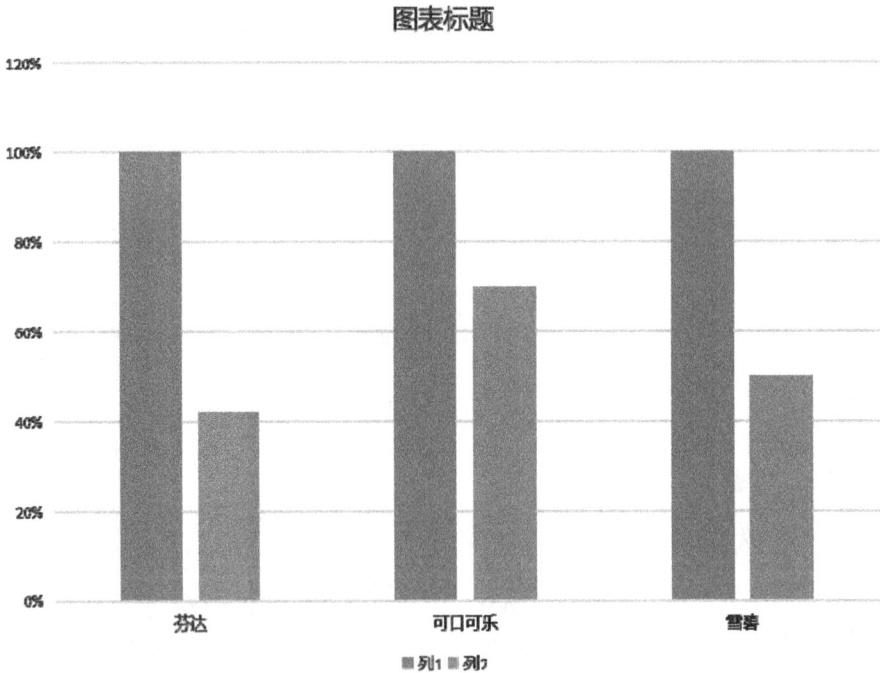

图 5-4-13　编辑后的柱状图

(4) 鼠标右键单击图表，再单击"设置数据系列格式"，将系列重叠设置成 100%，两个数据系列完全重叠，分类间距设置成 21% 左右，得到图 5-4-14 所示的柱状图。

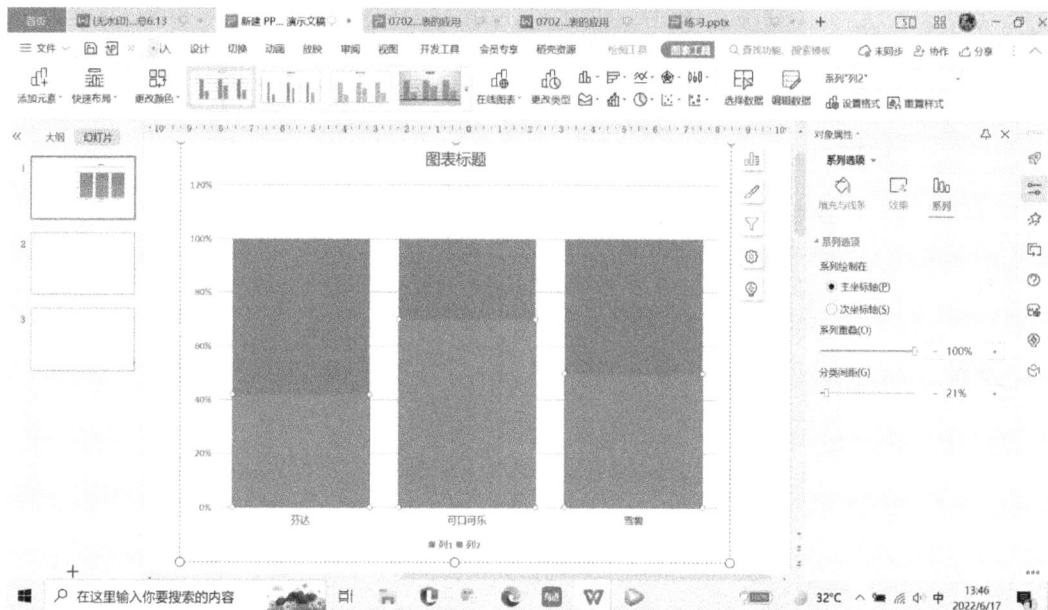

图 5-4-14　设置数据系列

（5）插入三张已经扣除背景的 .png 图片，如图 5-4-15 所示。复制一份，选中之后，单击"图片工具"选项卡中的"色彩"按钮，在展开的列表中选择"灰度"，将它的颜色调成灰色，如图 5-4-16 所示。

图 5-4-15　彩色图片

图 5-4-16　灰色图片

（6）选中一个形状，在右侧的工具栏中用图片填充，如图 5-4-17 所示，依次填充，最后得到如图 5-4-18 所示的效果。

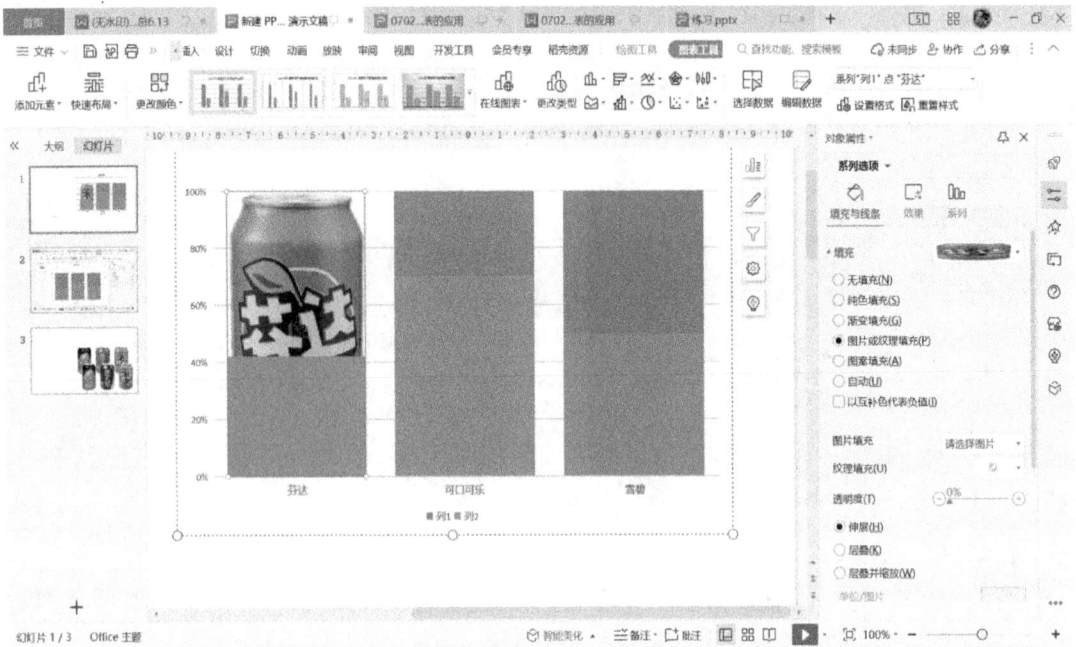

图 5-4-17　图片填充

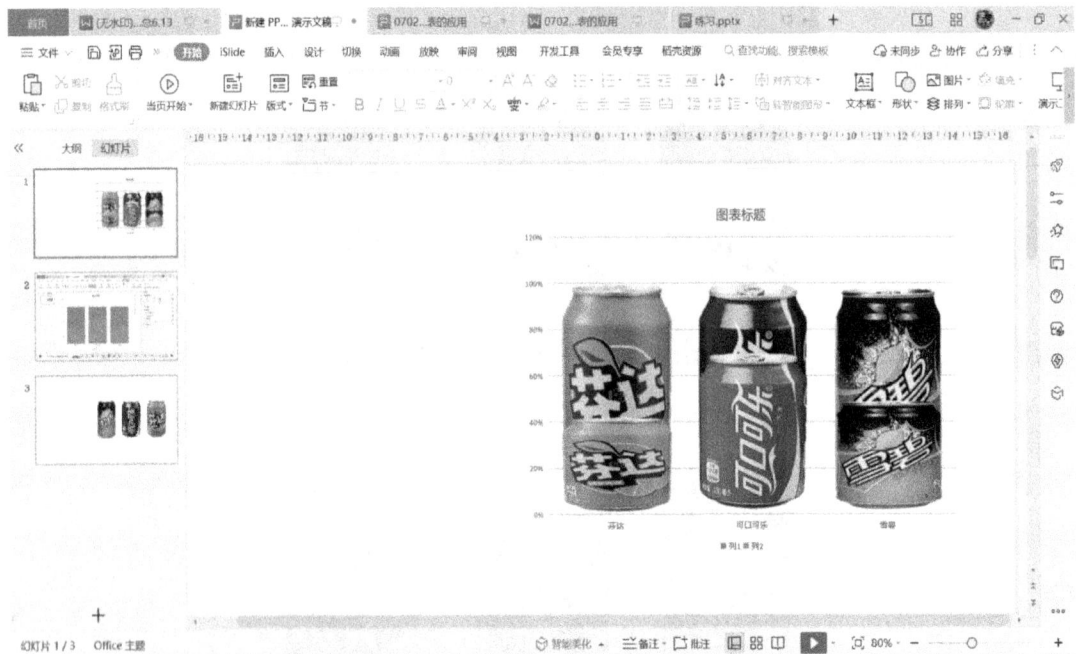

图 5-4-18　图片填充效果

（7）最后，单击彩色的图片，以彩色芬达图片为例，将图片的伸展改为层叠并缩放，如图 5-4-19 所示的图片填充效果设置图，然后依次选中其他图片并设置成层叠并缩放，适当美化图表，就得到了如图 5-4-20 所示的填充效果了。

图 5-4-19 图片填充效果设置

图 5-4-20 个性化图表效果图

任务进阶

5.5 练习任务：制作并美化"东京奥运会中国代表团成绩"表格

1. 任务目标

(1) 能够根据数据类型选择合适的表格，并掌握插入表格的常用方法。

(2) 能够熟练地在表格中输入数据，并掌握数据对齐的方法。

(3) 能够对表格进行颜色和边框的设置，包括颜色填充、选择边框类型、粗细和颜色等。

2. 任务说明

在此任务中，利用表格呈现在东京奥运会中国代表团的成绩，为其插入表格、编辑数据、并对表格的边框和颜色进行设置，设置对齐方式，提升表格的可视化效果，使观众一目了然地获得想要的信息。

3. 必备技能

(1) 能够熟练地根据数据类型选择合适的表格并熟练地插入表格。

(2) 熟练掌握表格内文字的对齐、为表格添加颜色和选择合适的边框的方法。

4. 操作实施

(1) 在空白演示文稿中，观察数据的特点，根据需要插入合适的行和列的表格，方便后面数据的输入。

(2) 在该演示文稿中，编辑数据并设置合适的对齐方式，使之看起来整齐干净。

(3) 在该表格中，通过"表格样式"选项卡，对表格的底纹和边框进行设置，使之看起来更美观，提高可视化效果。

参考效果如图 5-5-1 所示。

排名	国家/地区	总数	🏅 金牌	🥈 银牌	🥉 铜牌
1	美国	113	39	41	33
2	中国	88	38	32	18
3	日本	58	27	14	17
4	英国	65	22	21	22
5	俄罗斯奥委会	71	20	28	23
6	澳大利亚	46	17	7	22
7	荷兰	36	10	12	14
8	法国	33	10	12	11
9	德国	37	10	11	16
10	意大利	40	10	10	20

图 5-5-1　东京奥运会中国代表团成绩表

5.6　提升任务：制作并美化"2020 年春节期间打卡量 TOP3 机场游客流量"图表

1. 任务目标

(1) 能够根据数据特点选择合适的图表，并掌握插入图表的方法。利用图表实现数据的可视化。

(2) 掌握表格中设置数据系列重合的方法，并对表格中的数据系列进行颜色填充。

2. 任务说明

在此任务中，利用前面章节学过的形状绘制结合本节学习的图表制作和编辑，插入图表中的条形图，并利用"图表工具"选项卡设置图表的颜色，右击设置数据系列格式，将两个数据系列重合，然后添加形状，组合在一起，制作成形象生动的图表。

3. 必备技能

(1) 熟练地根据数据特点选择合适的图表并插入图表。

(2) 熟练地对图表的颜色和数据系列进行设置，熟练地插入形状，将形状与图表结合在一起，提高可视化效果。

4. 操作实施

(1) 在演示文稿中，根据数据特点插入条形图，用于后面数据的对比。插入条形图，输入数据，编辑图表。

(2) 单击"图表工具"选项卡中的编辑数据，将数据输入到表格中，注意添加一组参照数据，用于比较。

(3) 设置图表的数据系列格式，将两者重合，并对数据系列进行颜色的设置。

(4) 利用"插入"选项卡中的形状按钮添加圆形和飞机等形状，放在合适的位置，将做好的图表组合并以图片形式保存。

参考效果如图 5-6-1 所示。

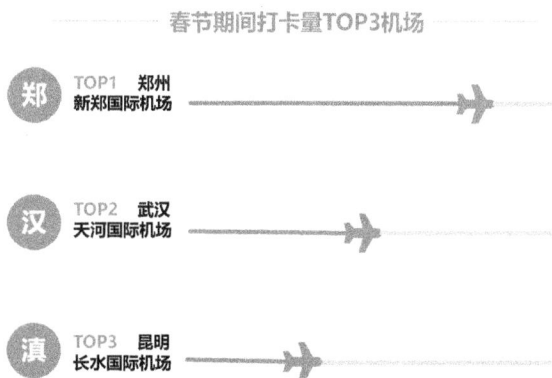

图 5-6-1　2020 年春节期间打卡量 TOP3 机场游客流量

5.7　进阶任务：制作并美化"2021年陕西省经济GDP总量"动态图表

1. 任务目标

(1) 能够根据特点选择合适的图表并插入图表和编辑图表。

(2) 能够对图表中的数据系列进行颜色的设置、并对图表进行简单的动画设置，提高课时化效果。

2. 任务说明

在此任务中，制作自己需要的动态图表，首先要学会根据数据特点选择合适的图表类型，根据需要插入合适的图表，通过"图表工具"选项卡对图表进行颜色的设置和简单的动画设置，提高可视化效果，使观众一目了然地获取想要的信息。制作出如图 5-7-1 所示动态图表。

3. 必备技能

(1) 能够熟练地根据数据特点选择合适的图表，并熟知每种图表的作用。

(2) 能够熟练插入图表、编辑图表、设置图表的颜色，并对图表进行简答的动画设置。

4. 操作实施

(1) 在演示文稿中，根据数据特点选择合适的饼图。

(2) 在表格中输入数据，并对图表的颜色进行设置，要求颜色对比要明明显，使观众能够区分颜色代表的区域。

(3) 选中图表，单击"动画"选项卡，为图表选择合适的动画效果，提高图表的可视化效果。

参考效果如图 5-7-1 所示。

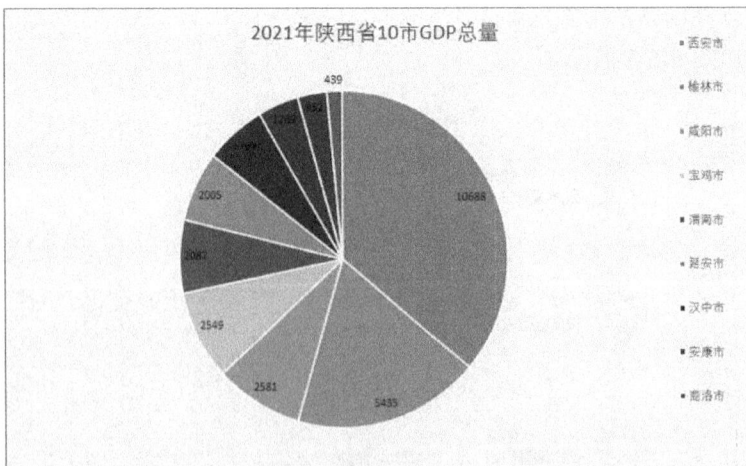

图 5-7-1　2021 年陕西省经济 GDP 总量

【习　题】

一、单选题

1. 插入表格，不使用数字输入的情况下，最大能输入的表格是(　　)。

A. 8*9　　　　　B. 10*11　　　　C. 12*13　　　　D. 8*24

2. 饼图用于表示成分和(　　)。

A. 占比　　　　B. 比较　　　　C. 趋势　　　　D. 相关性

3. 在 WPS 演示文稿中创建新图表的步骤大致不包括(　　)。

A. 先根据数据特点确定图表类型

B. 然后选择具体的图表样式

C. 最后输入图表数据

D. 修改图表类型

4. 图表标题用来说明图表的(　　)。

A. 含义　　　　　　　　　　B. 内容

C. 趋势　　　　　　　　　　D. 相关性

5. 表格主要用来(　　)，它由水平的行和垂直的列组成，行与列交叉形成的方框称为单元格。

A. 分布数据　　　　　　　　B. 呈现数据

C. 组织数据　　　　　　　　D. 分类数据

6. 柱状图和条形图常用于数据的(　　)。

A. 占比　　　　　　　　　　B. 成分

C. 趋势　　　　　　　　　　D. 比较

7. 折线图常用于趋势和(　　)。

A. 上升　　　　　　　　　　B. 走势

C. 下降　　　　　　　　　　D. 变化

8. 单击图表，当属于指针变成(　　)形状时，可按住鼠标左键并拖动。

A. 双向箭头　　　　　　　　B. 箭头

C. 十字箭头　　　　　　　　D. 加号

9. 更改图表的颜色，可单击(　　)。

A. 绘图工具　　　　　　　　B. 文本工具

C. 图表工具　　　　　　　　D. 格式

10. 绘图区位于图表区域的(　　)，包括数据系列、网络线等。

A. 中心　　　　　　　　　　B. 上部

C. 下部　　　　　　　　　　D. 周围

二、多选题

1. 单击"添加元素"，可为图表添加(　　)。

A. 坐标轴　　　　　　　　　B. 轴标题

C. 图例　　　　　　　　　　D. 网格线

2. 坐标轴是指标示数值大小及分类的(　　)和(　　)。

A. 直线　　　　　　　　　　B. 水平线

C. 垂直线　　　　　　　　　D.线段

3. 数据系列是以图形方式表示数据的大小或变化趋势，如柱形图、饼图、折线图等。图表中可以有(　　)组数据系列。

A. 1 组　　　　　　　　　　B. 2 组

C. 3 组　　　　　　　　　　D. 4 组

三、判断题

1. 饼图只有一个数据系列。　　　　　　　　　　　　　　　　(　　)

2. 图例指明图表中各个独立分类的意义。　　　　　　　　　　(　　)

3. 柱状图用于表示数据的走势。　　　　　　　　　　　　　　(　　)

模块六　影音多媒体设置与放映

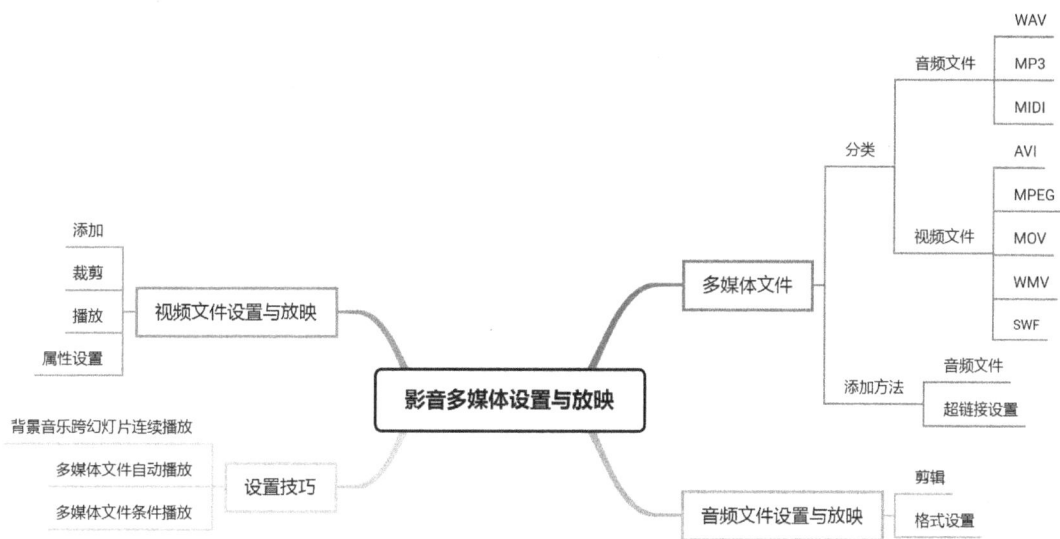

知识精粹

　　超链接：其在本质上属于一个网页的一部分，它是一种允许我们同其他网页或站点之间进行连接的元素。它是从一个页面指向另一个目标的链接关系，这个目标可以是网页，可以是图片，还可以是一个电子邮件地址，一个文件，甚至是一个应用程序等。在 WPS 演示中使用超链接或动作按钮，在放映幻灯片时，可以进行幻灯片和幻灯片之间、幻灯片和其他外部文件或程序之间的自由切换，从而实现演示文稿与用户之间的互动。

6.1 多媒体文件知识

在制作多媒体课件的过程中，特别是在制作宣传方面的演示文稿时，可以为幻灯片添加一些合适的声音，并将添加的声音与图文相配合，这样将会使演示文稿变得有声有色，更具感染力。

6.1.1 音频文件相关知识

演示文稿中常用 WAV、MP3 和 MIDI 等音频文件格式。

1. WAV 格式

WAV 格式是微软公司开发的一种声音文件格式，用于保存 Windows 平台的音频信息资源，属于非压缩数据格式。WAV 格式被 Windows 平台及其应用程序所支持，支持多种音频位数、采样频率和声道，是目前计算机上最为常见的声音文件格式，几乎所有的音频编辑软件都能识别 WAV 格式。

2. MP3 格式

MP3 格式诞生于 20 世纪 80 年代的德国，所谓的 MP3 是指 MPEG 标准中的音频部分，也就是 MPEG 音频层。MP3 格式是现在最为普及的一种数字音频编码和有损压缩格式，它丢弃掉声音文件中的 12 kHz～16 kHz 之间高音频部分的质量来压缩文件的大小。相同时间的音乐文件，用 MP3 格式存储，一般只有 WAV 文件的 1/10，而音质要次于 WAV 格式或 CD 格式的声音文件。

3. MIDI 格式

MIDI(Musical Instrument Digital Interface)音乐设备数字接口的英文缩写，是 20 世纪 80 年代为解决电声乐器之间的通信问题而提出的。MIDI 文件属于二进制文件，它传输的不是声音信号，而是音符、控制参数等指令，并不包含波形数据，所以 MIDI 文件非常小巧，适合作为网页的背景音乐。

6.1.2 视频文件相关知识

多媒体课件制作中常插入的视频文件格式有 AVI、MPEG、MOV、WMV 和 SWF 等。

1. AVI 格式

AVI(Audio Video Interleaved)音频视频交错格式，是微软公司开发的一种视频文件格式。所谓音频视频交错，是指可以将视频和音频交织在一起进行同步播放。AVI 格式是主流的视频格式，优点是图像质量好，可以跨平台使用；缺点是体积过于庞大，而且压缩标准不统一，时常会出现因视频编码原因而造成视频不能播放等问题。如果遇到了这些问题，用户可以下载相应的解码器来解决。

2. MPEG 格式

MPEG(Moving Pictures Experts Group)运动图像专家组，是 ISO 国家标准与 IEC 国际电工委员于 1988 年成立的专门针对运动图像和语言压缩制定国际标准组织。MPEG 是一种电影格式，优点是压缩比更高，节省存储空间，图像质量好。

3. MOV 格式

MOV 即 QuickTime 封装格式，也叫影片格式，它是 Apple 公司开发的一种音频、视频文件格式封装，用于存储常用数字媒体类型。QuickTime 因具有跨平台、存储空间要求小等技术特点，而采用了有损压缩方式的 MOV 格式，画面效果较 AVI 格式要稍好一些。

4. WMV 格式

WMV(Windows Media Video)视窗媒体视频，是微软公司推出的采用独立编码方式并且可以直接在网上实时观看视频文件的压缩格式。用计算机自带的视频播放器就可以打开此类型文件。

5. SWF 格式

SWF(Shock Wave Flash)是 Marcomedia(现已被 Adobe 公司收购)的动画设计软件 Flash 的专用格式，被广泛应用于网页设计、动画制作等领域，是一种基于矢量和点阵图形的动画文件格式，SWF 文件通常也被称为 Flash 文件。

6.1.3 添加多媒体文件和超链接

添加多媒体文件就是将计算机中已存在的声音、视频插入到演示文稿中，也可以将其他路径中的声音、视频文件添加到演示文稿中。

1. 添加音频文件

具体方法如下：

(1) 打开"中国共产党大事记 .pptx"，切换至"插入"选项卡，在选项组中单击"音频"图标下三角按钮，在弹出的列表框中有嵌入音频、链接到音频、嵌入背景音乐和链接背景音乐等四个命令选项。此处选择"嵌入音频"选项，如图 6-1-1 所示。

图 6-1-1 "插入"选项卡→插入音频

(2) 弹出"插入音频"对话框，选择素材文件夹下"没有共产党就没有新中国.mp3"声音文件，单击"打开"按钮，如图 6-1-2 所示。

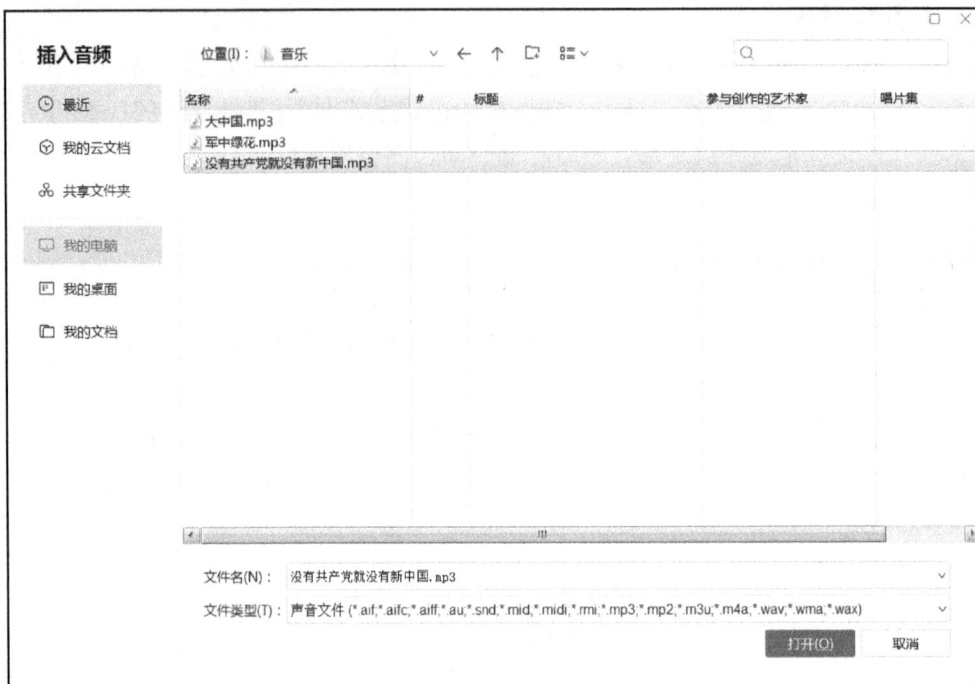

图 6-1-2　"插入音频"对话框

(3) 在演示文稿页面中就成功插入音频文件了，选中声音图标就会出现播放器界面，单击"播放"按钮就可以听到已插入的声音，如图 6-1-3 所示。用户还可以拖曳声音图标至合适位置，按快捷键<Shift+F5>键从当前幻灯片页面进行播放。

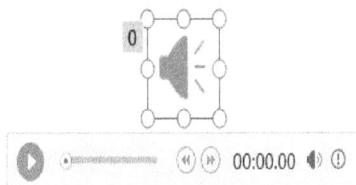

图 6-1-3　声音图标及播放器

2. 播放音频文件

具体方法如下：

(1) 选中声音图标，同时会弹出"音频工具"选项卡，如图 6-1-4 所示。在选项卡中执行"播放"命令，音乐将自动播放。如果要设置音频在放映幻灯片时自动播放，切换到下一张幻灯片时不会中断播放，且一直循环播放到幻灯片放映结束。操作方法是在"音频工具"选项卡→单击"设为背景音乐"按钮即可。

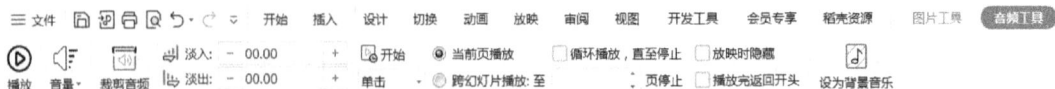

图 6-1-4　"音频工具"选项卡

（2）同时，在动画窗格中用户就能够看到此音频文件，此时就可以设置播放方式和动画效果，此处选择"开始"为"单击时"播放，如图 6-1-5 所示。关于动画效果设置，将在下一章详细说明。

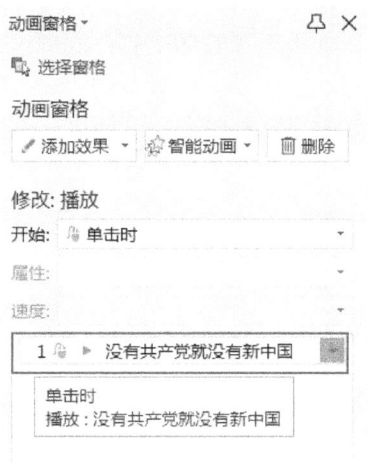

图 6-1-5　动画窗格→设置"单击时"播放音频

注意 1：在默认情况下，WPS 会将音频文件自动嵌入在演示文稿中。

注意 2：连接互联网计算机，在插入音频时，还可以插入稻壳音频，稻壳音频不仅提供大量免费的背景音乐，而且提供大量付费的音频资源。这些音频文件用户均可在线试听和下载。

6.2　音频文件设置与放映

6.2.1　音频文件的剪辑

在幻灯片中选中声音图标，切换至"音频工具"选项卡，单击 "裁剪音频"按钮，打开"剪裁音频"对话框，如图 6-2-1 所示。拖动绿色的"起始时间"滑块和红色的"终止时间滑块"，就完成了对音频开始时间和终止时间的设置，单击"确定"按钮后，滑块之间要裁剪的音频部分将保留，其余音频就被裁剪掉了。

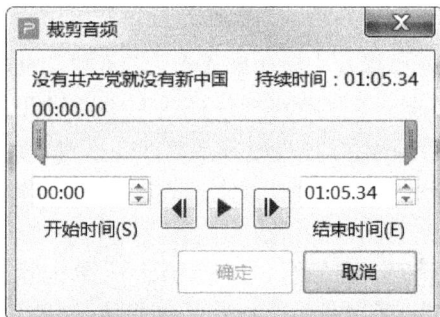

图 6-2-1　"剪裁音频"对话框

6.2.2　音频文件格式设置

1. 设置音频的淡入与淡出效果

在幻灯片中选中声音图标，切换至"音频工具"选项卡，单击"淡入"和"淡出"微调框，分别输入时间值，如图 6-2-2 所示。或者单击"+"按钮增加时间，单击"−"按钮减少时间，这样就在声音开始和结束播放时设置了淡入、淡出效果。此处输入的时间值表示淡入、淡出效果持续的时间。

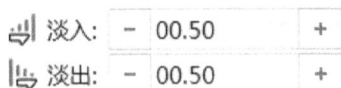

图 6-2-2　"淡入"和"淡出"微调框　　　　　图 6-2-3　"音量"列表框

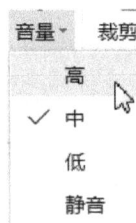

2. 设置音频的音量

在幻灯片中选中声音图标，切换至"音频工具"选项卡，单击 "音量"按钮，弹出"音量"列表框，分别是高、中、低、静音四个选项，如图 6-2-3 所示。用户可以根据自己的需要进行设置。

3. 设置声音播放方式

在幻灯片中选中声音图标，切换至"音频工具"选项卡中可进行多种播放方式的设置。

(1) 开始播放。音频文件"开始"播放方式有两种方式可供选择，默认情况是"自动"播放，如图 6-2-4 所示，单击下拉列表框还可选择"单击"时播放。

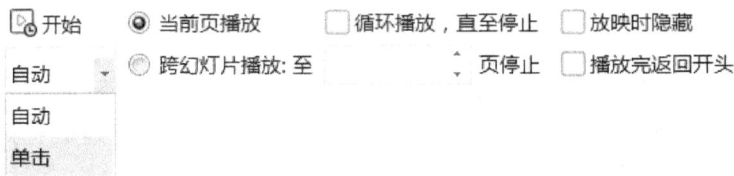

图 6-2-4　声音播放方式选项组

(2) 当前页播放和跨幻灯片播放。在如图 6-2-4 所示中，单击"单选"按钮可以选择幻灯片播放方式是"当前页播放"或"跨幻灯片播放"。"当前页播放"就是从当前编辑的幻灯片页中一直播放，等切换到下幻灯片页时播放停止。设置"跨幻灯片播放"，还可以设置具体到哪一页停止。在幻灯片页面切换过程中音频文件一直播放，直到演示文稿结束或到某个具体的页面停止播放。

(3) 循环播放和播放完返回。在如图 6-2-4 所示中，单击复选框，勾选复选框"循环播放，直至停止"，在放映幻灯片的过程中会自动循环播放，直到放映下一张幻灯片或停止放映为止。还可以同时勾选"播放完返回开头"进行播放设置。

（4）设置声音图标的隐藏。在如图 6-2-4 所示中，勾选复选框"放映时隐藏"，在幻灯片的放映过程中会自动隐藏声音图标，页面上的小喇叭图标将会消失。

6.3　视频文件设置与放映

WPS 演示中的视频包括视频和动画，可以在幻灯片中插入的视频格式有十几种，WPS 支持的视频格式会随着媒体播放器的不同而不同，用户可嵌入视频或链接到视频。

6.3.1　视频文件添加

添加文件中的视频就是将计算机中已存在的视频或网络中的视频插入到演示文稿中。

1. 嵌入视频添加

具体方法如下：

（1）打开"中国共产党大事记 .pptx"文件，切换至"插入"选项卡，单击"视频"的下三角按钮，在弹出的列表框中选择"嵌入视频"选项，如图 6-3-1 所示。

图 6-3-1　"插入"选项卡→嵌入视频

（2）弹出"插入视频"对话框，选择素材文件夹下的"升国旗.avi"声音文件，单击"打开"按钮，如图 6-3-2 所示。

图 6-3-2　"插入"视频对话框

（3）选择视频图标就会弹出"视频工具"选项卡，单击"播放"按钮即可播放视频，如图 6-3-3 所示。

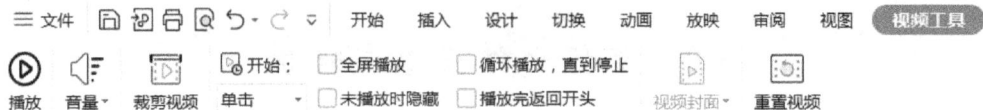

图 6-3-3　"视频工具"选项卡

2. 其他视频添加

在 WPS 中还可以通过另外三种方式添加不同的视频效果，分别是链接到视频、Flash 视频、开场动画视频。前两者视频的添加方法同嵌入视频的添加方法相同，只要在本地计算机存放用户所需要的视频，就可以插入到幻灯片中。开场动画视频，需要你的计算机连接互联网，可以直接从 WPS 官网上免费下载、编辑开场动画视频，再插入到幻灯片中。

6.3.2　视频文件裁剪

在幻灯片中选中插入的视频，切换至"视频工具"选项卡，其中"视频工具"选项卡中的各选项与"音频工具"选项卡中的各选项作用类似，用户可根据需要设置视频的相关属性格式。

在幻灯片中选中视频图标，切换至"视频工具"选项卡，在如图 6-3-3 所示的界面中，单击"剪裁视频"按钮，打开"剪裁视频"对话框，如图 6-3-4 所示。

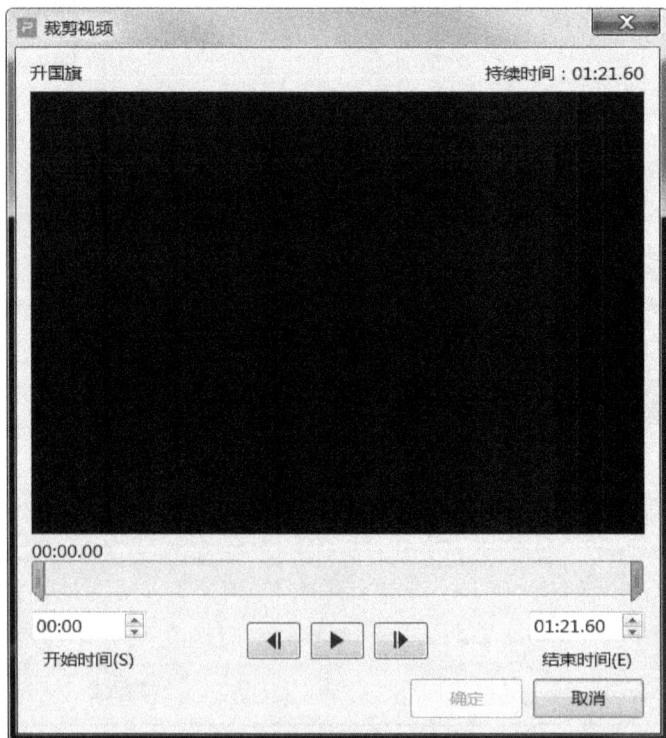

图 6-3-4　"剪裁视频"对话框

　　绿色的"起始时间"滑块和红色的"终止时间"滑块设置视频的开始时间和终止时间，单击"确定"按钮后，滑块之间的视频将保留，其余视频将被裁剪掉，如图 6-3-5 所示。

图 6-3-5　"剪裁视频"对话框→设置起始时间和终止时间滑块

　　这里，还可以在"开始时间"和"结束时间"微调框中输入时间值来指定视频的剪裁区域。滚动条上的蓝色标记表示当前的播放进度，在进度条上单击或拖动进度条，可以将播放进度快速定位到指定的位置。

6.3.3　视频文件播放与属性设置

　　视频文件播放与属性设置，均可在"视频工具"选项卡中进行设置，如图 6-3-6 所示。

图 6-3-6　"视频工具"选项卡

　　视频文件播放相关设置如下：

1．循环播放，直到停止

　　在幻灯片中选中视频图标，切换至"视频工具"选项卡，勾选"循环播放，直到停止"复选框。在放映幻灯片的过程中会自动循环播放，直到放映下一张幻灯片或停止放映为止。勾选"播完返回开头"复选框，即可实现视频播放完后返回视频起始端。

2. 设置开始播放

视频文件"开始"播放有两种可供选择的方式："单击"和"自动"。选择"单击"选项，当放映到插入视频幻灯片页面时，只有单击鼠标时，视频文件才开始播放。选择"自动"选项，当放映到插入视频幻灯片页面时，视频文件自动进行开始播放，不需要进行任何操作。

3. 未播放时隐藏

在幻灯片中选中视频图标，切换至"视频工具"选项卡，勾选"未播放时隐藏"选项。当放映到插入视频幻灯片页面时，根据设置开始播放方式，视频图标才显示，否则视频图标将隐藏。

4. 全屏播放

在幻灯片中选中视频图标，切换至"视频工具"选项卡，勾选"全屏播放"选项。当放映到插入视频幻灯片页面时，根据设置开始播放方式，视频文件将会占满整个屏幕进行播放，即我们通常说的全屏播放。

5. 调整视频的音量

在幻灯片中选中声音图标，切换至"视频工具"选项卡，单击 🔊 "音量"按钮，弹出音量列表项，分别是高、中、低、静音四个选项，用户可以根据自己的需要对音量进行调节。

6.4　影音多媒体设置技巧

6.4.1　背景音乐跨幻灯片连续播放

背景音乐跨幻灯片连续播放，要实现这样的效果需要进行两处设置操作，一是背景音乐跨幻灯片播放；二是勾选"播放完返回开头"播放设置。

具体操作步骤：

(1) 先插入背景音乐，在"音频工具"选项卡→声音播放方式选项组中，如图 6-2-4 所示。在开始播放处，单击"单选"按钮选择幻灯片播放方式为跨幻灯片播放。设置跨幻灯片播放，还可以设置具体到幻灯片中某一页停止。此时在幻灯片页面切换过程中音频文件一直播放，直到演示文稿结束或到某个具体的页面停止播放。

(2) 循环播放。在声音播放方式选项组中，单击复选框勾选"播放完返回开头"。

以上两步操作设置完成后背景音乐将跨幻灯片连续播放，直到演示文稿结束或具体的页面。

6.4.2　多媒体文件自动播放和条件播放

多媒体文件不管是音频文件还是视频文件均可以设置自动播放和根据具体条件进行播放。

在"音频工具"选项卡或"视频工具"选项卡中"开始" 🔲 开始 按钮处，可以设置媒体文件的播放方式：自动播放和单击时播放；勾选"循环播放，直到停止""播放完返回开头"等操作。其他具体操作可参考 6.2 节音频文件设置与放映 6.3 节中视频文件设置与放映。

6.4.3 为影片剪辑添加引人注目的封面

当视频文件插入到演示文稿中，如果希望在媒体文件放映前就能够吸引观看者的眼球，一般给视频文件设置封面或封面样式。

具体操作步骤：

(1) 在演示文稿中单击插入的视频文件，视频文件下方会出现播放器命令按钮栏，如图 6-4-1 所示。

图 6-4-1 播放器命令按钮栏

(2) 单击播放器命令按钮栏最右边的"视频封面"按钮，将会在右侧导航窗格中弹出视频封面设置窗格，可以设置封面样式和封面图片，如图 6-4-2 所示。如果要设置封面图片，单击"选择图片文件"，从本地计算机选择需要设置的图片文件，如图 6-4-3 所示；若要设置封面样式，单击"封面样式"选项，从联网的在线文件中进行选择和设置。

图 6-4-2 "视频封面"窗格

图 6-4-3 "视频封面"窗格→"封面图片"选项

任务进阶

6.5　练习任务：为"山海风韵"演示文稿插入视频

1. 任务目标

(1) 熟练运用设计母版、插入图片、美化图形及智能图形的方法，制作"山海风韵"演示文稿。

(2) 为"山海风韵"演示文稿中的幻灯片，学会插入背景音乐、设置播放效果等基本操作方法。

2. 任务说明

在此任务中，熟练运用前面所学知识设计母版、插入图片等方法与技巧，为"山海风韵"演示文稿配置背景音乐、设置播放效果和插入视频等，创建声情并茂的演示文稿。

3. 必备技能

(1) 具有为演示文稿设计符合主题风格的母版能力，并在具体实践中灵活运用。

(2) 掌握音频、视频文件的插入与播放设置。

4. 操作实施

(1) 运用前面所学母版知识，为"山海风韵"演示文稿设计合适的母版，在6-5素材库中，添加相应的文本、图形、图像等相关元素。

(2) 运用文本编辑知识，为"山海风韵"演示文稿首页、目录页、过渡页和正文页中插入精炼的文字信息，实现主题与文字内容完美结合。

① 首页、目录页及过渡页设置要求：首页手法字体，字号 72；过渡页微软雅黑，48号，字体颜色黑色。

② 正文页：一级标题字体华文楷体，44 号，二级标题华文楷体，24 号，黑色。

(3) 在演示文稿的开头插入背景音乐。单击"插入"选项卡→音频命令→嵌入音频，插入背景音乐音频文件。

(4) 设置音频文件为"单击鼠标"时、跨幻灯片循环播放，直到第 10 页幻灯片停止；隐藏播放图标。

(5) 裁剪音频文件的播放长度，并设置 0.5 秒的淡入和淡出效果。

(6) 在演示文稿的第 12 页插入"山海风韵"视频文件并播放。单击"插入"选项卡→附件命令，插入视频文件。

(7) 调整版式、配色方案等元素美化幻灯片，达到理想的实现效果。

演示文稿最终效果如图 6-5-1 所示。

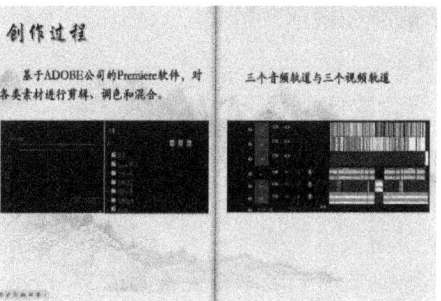

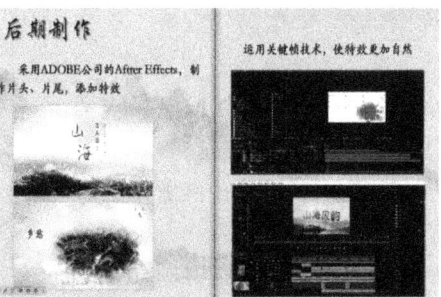

图 6-5-1　"山海风韵"演示文稿效果图

6.6　提升任务：为"墨香十年"演示文稿配影音并放映

1. 任务目标

(1) 学会为幻灯片插入视频文件、设置播放效果等基本的操作方法。

(2) 在演示文稿中熟练设置音频文件的播放效果，学会运用视频文件提升演示文稿的听觉和视觉感知力。

2. 任务说明

在此任务中，利用前面章节已学知识为"墨香十年"演示文稿配置背景音乐；插入视频文件，并设置相应的播放效果等，提升演示文稿的听觉和视觉感知力。

3. 必备技能

(1) 能够为演示文稿插入相应的音频文件，并设置具体的播放效果。

(2) 能够在演示文稿相应页面中插入视频文件，并设置具体的插入、播放、视频封面等播放效果。

4. 操作实施

(1) 设置幻灯片大小为宽屏 16∶9；设置母版样式：标题幻灯片版式为图片背景 1，标题内容版式为图片背景 2；

(2) 封面页设置要求：

① 墨香十年"字体微软雅黑，字号 54 号，字体颜色黑色；制作长方形蒙版，衬于文字下方，左右方向占满页面，填充白色，透明度 20%。

② "作者"字体微软雅黑，字号 20 号，黑色；

(3) 目录页和过渡页设置要求：

① "目录"两字微软雅黑，字号 36 号，其他字体微软雅黑，28 号；插入合适的背景图片，其他效果参照样文设置。

② 过渡页：字体微软雅黑，字号 48 号；其他效果参照样文设置。

(4) 正文页设置要求：

① 标题文字：微软雅黑，40 号；正文：微软雅黑，28 号；根据版面内容布局对齐。

② 插入图片：在 6-6 "墨香十年"素材库中，为正文页面中插入相关图片，并调整大

小，放置到合适位置。

③ 流程图：曲线条 0.75 磅，虚线；插入圆形，设置合适形状大小，填充灰色；按照制作流程的先后顺序进行设计与制作，可参考样文。

(5) 在"墨香十年"演示文稿的第 1 页幻灯片中，单击"插入"选项卡→音频→"链接到音频"命令，插入"背景音乐"的音频文件，并设置为跨幻灯片循环播放，直到幻灯片结束停止并隐藏播放图标。

(6) 在演示文稿的最后一页中，单击"插入"选项卡→附件命令，插入"墨香十年"视频文件。

(7) 运用视频裁剪工具，对视频进行恰当的裁剪。

(8) 为视频文件设置开始时自动播放、音量中等、全屏播放、未播放时隐藏操作。

(9) 为视频文件插入合适的图片视频封面并播放。

参考效果截图如图 6-6-1 所示。

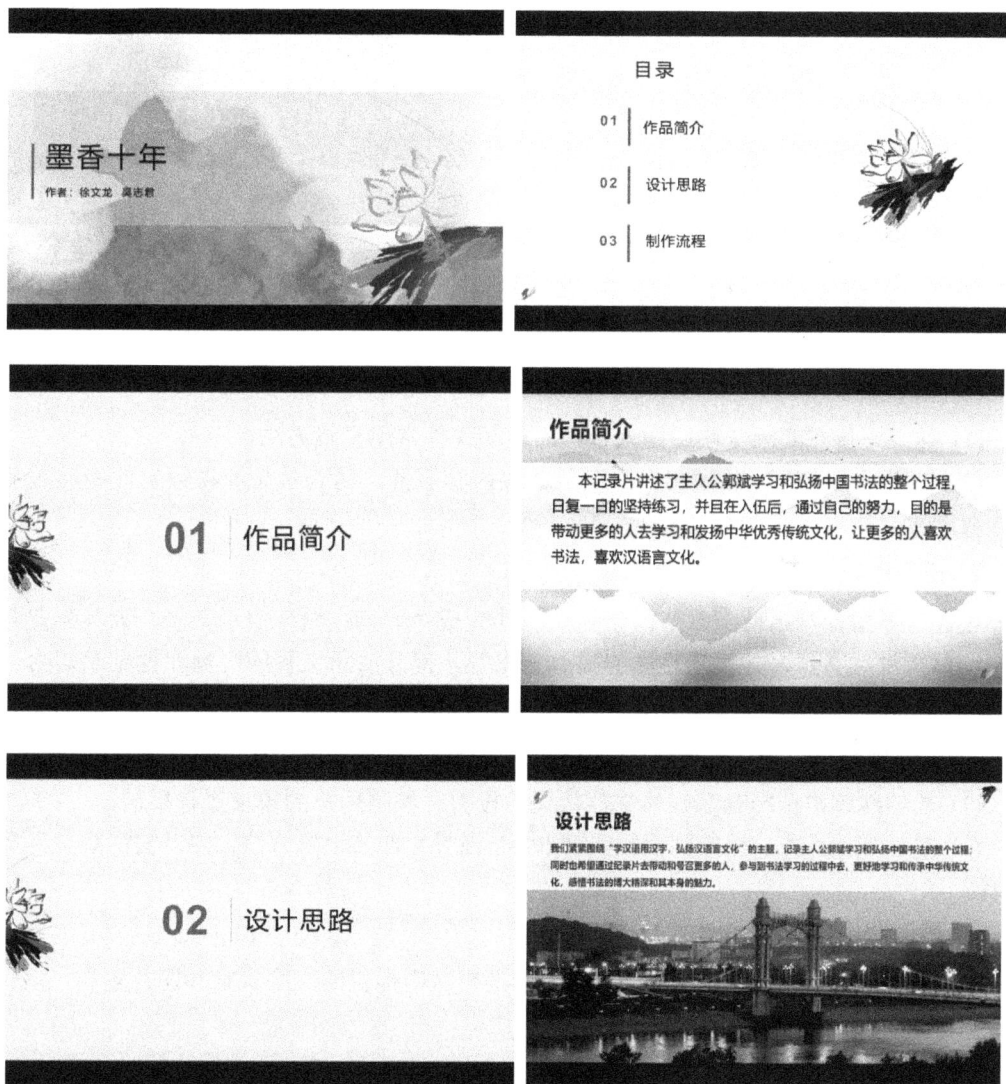

图 6-6-1　"墨香十年"效果图

6.7　进阶任务：设计并制作"笔韵江城"演示文稿

1. 任务目标

(1) 熟练掌握在演示文稿中插入音频、视频文件常用设置方法。

(2) 灵活运用音频、视频文件为演示文稿内容服务，达到音频和视频文件能够服务主题内容的应有效果。

2. 任务说明

在此任务中，利用前面章节所学知识设计完成"笔韵江城"演示文稿，为其配置背景音乐，插入视频文件，并设置相应的播放效果等，提升演示文稿的听觉和视觉感知力，更好的服务主题内容。

3. 必备技能

(1) 能够熟练掌握影音多媒体文件效果的设置并按照用户的需求进行播放。

(2) 熟练掌握嵌入、链接到视频或者 Flash 视频文件的设置方法，并设置视频文件播放效果。

4. 操作实施

(1) 根据前面所学知识，在 6-7 笔韵江城素材库中提供的文字素材和图片素材，完成演示文稿中母版和基本页面的设计与实现。

(2) 在"笔韵江城"演示文稿中，选择恰当的页面插入"励志音乐-反思"音频文件，并设置背景音乐和播放效果。

(3) 在"笔韵江城"演示文稿中，在恰当的页面插入"笔韵江城"视频文件，设置相应的播放效果，并设置视频封面，提升放映效果。

参考效果截图如图 6-7-1 所示。

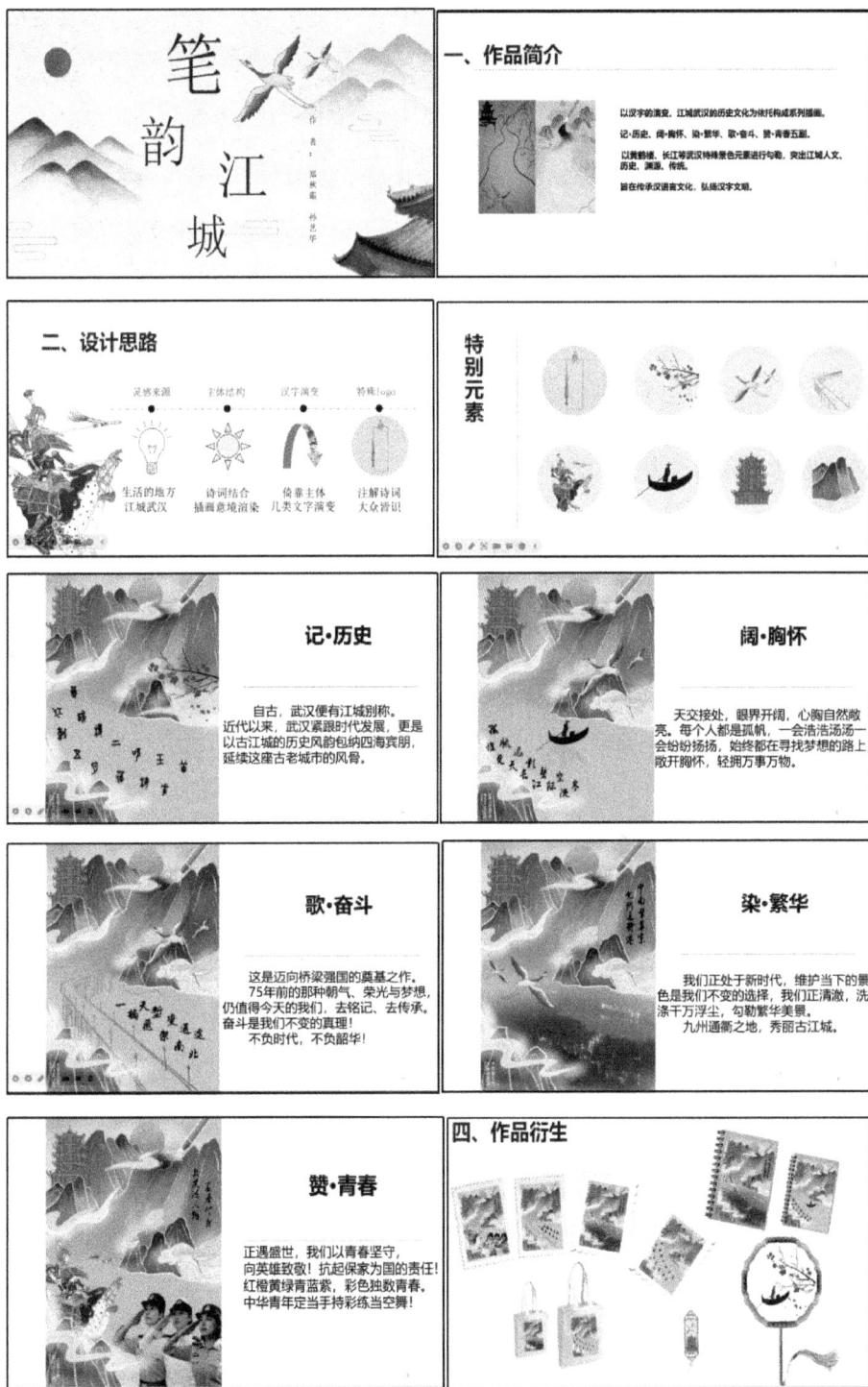

图 6-7-1 "笔韵江城"效果图

【习　题】

模块六资源

一、单项选择题

1. 当在幻灯片页面中插入声音文件后，幻灯片页面中将会出现(　　)。

A. 喇叭标记　　　　　　　　　B. 一段文字说明

C. 超链接说明　　　　　　　　D. 超链接按钮

2. 在幻灯片中插入音频、视频等元素时，应在(　　)选项卡中操作。

A. 文件　　　　B. 开始　　　　C. 插入　　　　D. 设计

3. 在 WPS 2019 中当幻灯片页面插入音频文件后，会弹出相应的(　　)工具选项卡，用来对音频文件进行相应的设置操作。

A. 图像　　　　B. 音频　　　　C. 视频　　　　D. 设计

4. WPS 2019 中当幻灯片页面插入视频文件后，会弹出相应的(　　)工具选项卡，用来对视频文件进行相应的设置操作。

A. 图像　　　　B. 音频　　　　C. 视频　　　　D. 设计

5. 在幻灯片页面中插入超链接，不可以对以下哪些元素(　　)进行超链接设置。

A. 文本　　　　B. 图形图像　　　　C. 音频　　　　D. 视频

6. 在幻灯片页面中对音频和视频文件均可以进行的设置操作是(　　)。

A. 重置视频　　　　B. 裁剪　　　　C. 超链接　　　　D. 淡入淡出

7. 最低放映速率每秒 24 帧的是(　　)。

A. 电视　　　　B. DVD　　　　C. 视频媒体　　　　D. 电影和动画

8. 在众多的音频格式中，只有 .wav 和(　　)是基于无损压缩的。

A. .mp3　　　　B. .wmv　　　　C. .flac　　　　D. .rm

9. 常见的声音、图像和(　　)的压缩基础上都是有损的。

A. 文字　　　　B. flash 动画　　　　C. 视频　　　　D. 表格

10. 有损数据压缩又称(　　)压缩，即将次要的信息数据压缩掉，牺牲一些质量来减少数据量，使压缩比提高。

A. 破坏型　　　　B. 修复型　　　　C. 常规型　　　　D. 以上选项都不是

11. 用 Flash 生成的动画体积很小，且播放时应用(　　)，在网络上可以边下载边演示，特别适宜在网上播放。

A. 缓冲技术　　　　B. 自播放　　　　C. 流技术　　　　D. 播放器

12. 对于(　　)来说，音乐的选择、配音的录制也要事先做好。

A. 声音　　　　B. 图像　　　　C. 文字　　　　D. 视频

13. 声音是由(　　)产生，正在发声的物体叫声源。

A. 噪波　　　　B. 人声　　　　C. 动物声　　　　D. 物体振动

二、多项选择题

1. 目前的数据压缩的压缩对象包括(　　)。

A. 图像和视频信号　　　　　　B. 视频信号和语音信号

C. 语音信号和文字　　　　　　D. 图像和语音信号

2. 熵压缩的两大类包括(　　)。

A. 特征抽取　　　　　　　　　B. 压缩方法

C. 量化方法　　　　　　　　　D. 存取方法

3. JPEG 压缩具备以下特点(　　)。

A. 易于传输　　　　　　　　　B. 不失真

C. 色彩的信息保留较好　　　　D. 易于控制调整

4. 目前比较出名的无损压缩格式有(　　)。

A. LPAC　　　　B. FLAC　　　　C. WAvPACk　　　　D. APE

5. 下列(　　)是有损压缩技术广泛运用的。

A. 矢量图　　　B. 文字　　　C. 视频　　　D. 语音　　　E. 图像

三、判断题

1. CCITT H.264 属于 H.26x 动态图像压缩国际标准之一。　　　　　　(　　)

2. 目前我们使用的 VCD 其实采用的就是 MPEG-1 压缩标准。　　　　(　　)

3. DVD 采用的是 MPEG-4 压缩标准。　　　　　　　　　　　　　(　　)

4. MP3 音乐格式是一种采用 MPEG-3 标准进行压缩编码的高质量数字音乐格式。

　　　　　　　　　　　　　　　　　　　　　　　　　　　(　　)

5. 无线窄带可视通信使用的是 MPEG-4 国际标准。　　　　　　　　(　　)

模块七　多媒体动画设计

思维导学

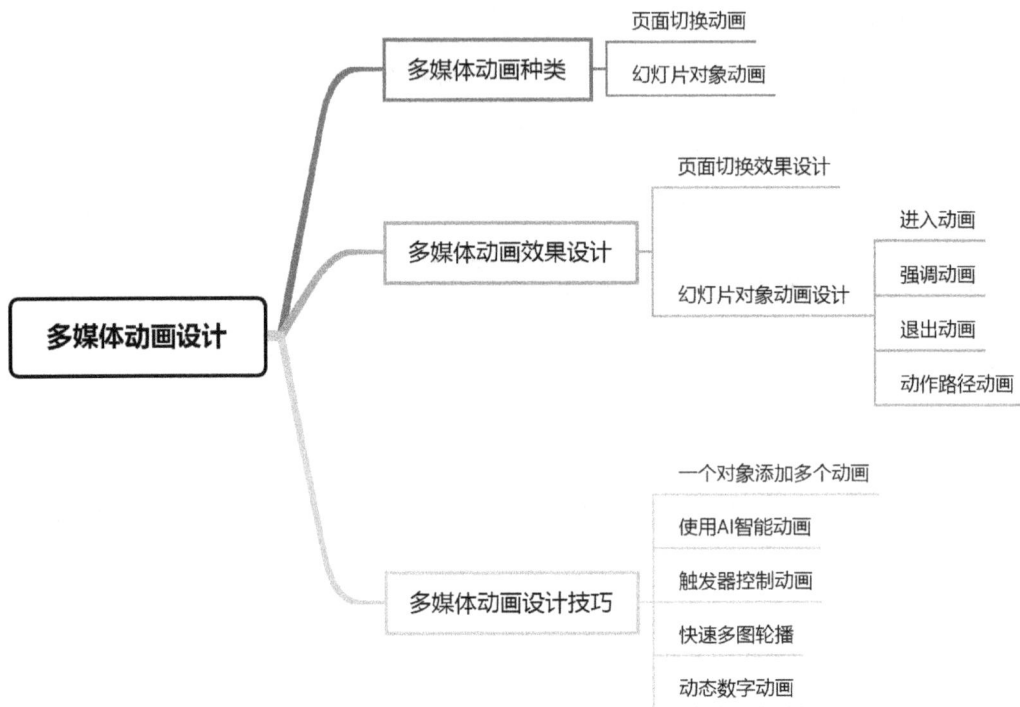

知识精粹

切换效果：切换是一种特殊的动画效果，切换效果设置的对象是幻灯片，可以实现两张连续幻灯片之间的自然切换，使演示文稿真正动起来。

动画效果：动画效果是以幻灯片中的文字、图形、图像为对象，动画的设置可以实现幻灯片中的对象以什么样的方式出现、消失、运动等，依此来提升演示文稿的吸引力和用户的直观感受。

7.1　多媒体动画种类

WPS 演示具备强大的动画功能，提供了数十种动画方案。为演示文稿中的对象设置动画，可以使演示文稿更加立体生动以达到美化效果，并且能够帮助用户控制对象的演示顺序和突出关键信息。演示文稿中的动画可分为两大类：页面切换动画和幻灯片对象动画。

1. 页面切换动画

页面切换动画是指在演示文稿播放过程中，从一张幻灯片切换到下一张幻灯片出现的动画效果。添加页面切换动画可以使演示文稿中的幻灯片以多种方式自然切换，还可以使演示文稿真正动起来。

2. 幻灯片对象动画

幻灯片中呈现了文字、图形和图像等多种对象，幻灯片对象动画是指为幻灯片中的对象设置动画效果。为幻灯片中的对象添加动画效果后，可以帮助用户制作生动活泼且更具吸引力和说服力的演示文稿。

7.2　多媒体动画效果设计

7.2.1　页面切换效果设计

WPS 演示内置了"平滑""溶解""抽出"等 20 余种幻灯片切换效果，具体切换效果如图 7-2-1 所示。

图 7-2-1　幻灯片切换效果

1. 添加、更改和删除页面切换效果

默认两张幻灯片之间是没有切换效果的，用户可以根据需要添加切换效果。下面介绍为页面添加切换效果的操作方法。

第一步，打开名为"党的百年光辉历史"的演示文稿，选择第 2 张幻灯片，在"切换"选项卡下单击"效果"下拉按钮，在弹出的列表中选择"百叶窗"切换效果，如图 7-2-2 所示。

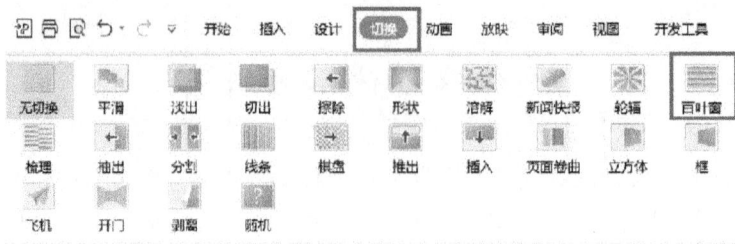

图 7-2-2 添加"百叶窗"切换效果

第二步，单击"预览效果"按钮，查看添加"百叶窗"的切换效果，如图 7-2-3 所示。

图 7-2-3 预览"百叶窗"切换效果

为幻灯片设置切换效果后，如需更改切换效果，则选择该张幻灯片，在"切换效果"列表中选择重新应用的切换效果。如需取消某张幻灯片的切换效果，则使用同样的方法，在"切换效果"列表中选择"无切换"选项即可。

2. 编辑切换声音和速度

除设置幻灯片切换方式外，用户还可以为幻灯片添加合适的切换声音，并通过时间设置控制切换速度。下面介绍幻灯片切换声音和速度的设置方法。

第一步，打开名为"党的百年光辉历史"的演示文稿，选择第 2 张幻灯片，在"切换"选项卡下设置声音和速度，如图 7-2-4 所示。

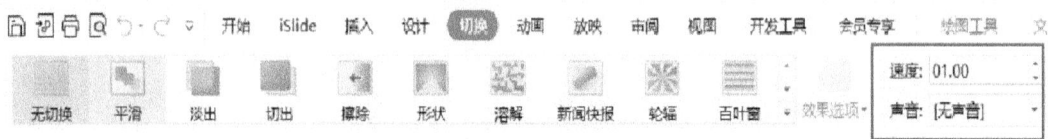

图 7-2-4 切换声音和速度设置 1

第二步，在"声音"下拉列表中选择"打字机"选项，在"速度"对应的框中输入时间数值，如图 7-2-5 所示。

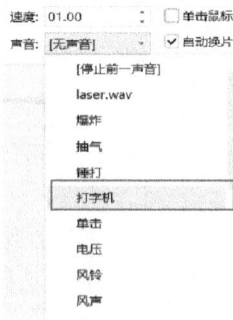

图 7-2-5 切换声音和速度设置 2

7.2.2 幻灯片对象动画设计

演示文稿中内置了多种动画，主要分为四类：进入动画、强调动画、退出动画和动作路径动画。

1. 进入动画

"进入动画"为演示文稿中最常用的动画。"进入动画"的应用可以设置幻灯片中的对象以何种方式出现在屏幕上，它用于实现对象从无到有、陆续呈现的动画效果，主要包含"轮子""擦除""飞入"等数十种动画效果，具体如图 7-2-6 所示。下面介绍如何为幻灯片中的对象添加"进入动画"。

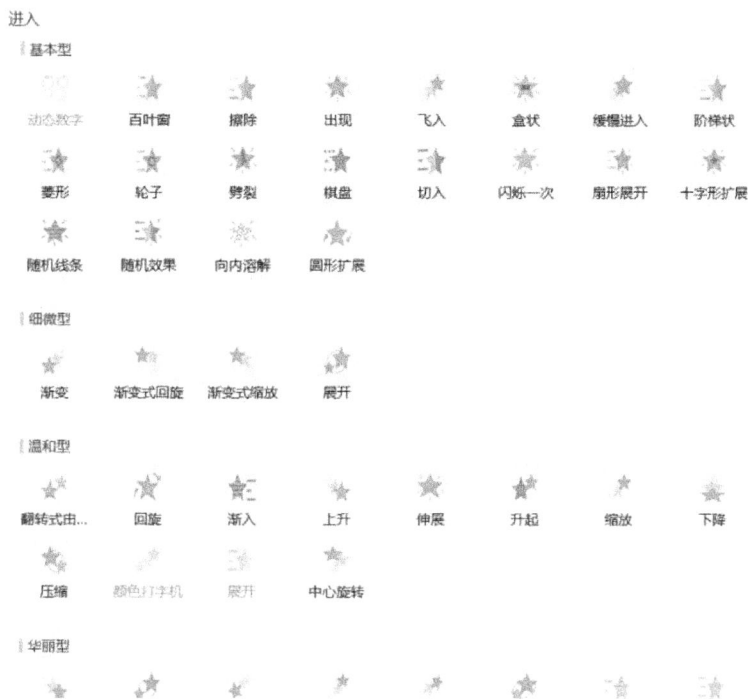

图 7-2-6 进入动画种类

第一步，打开名为"党的百年光辉历史"的演示文稿，在第 1 张幻灯片中选中标题文本框，然后在"动画"选项卡下单击"动画"组中的扩展按钮，如图 7-2-7 所示。

图 7-2-7 动画设置

第二步，在弹出的列表中选择"进入"动画效果下的"擦除"选项，如图 7-2-8 所示。

图 7-2-8　进入动画设置

第三步，单击"文本属性"下拉按钮，选择"更多文本动画"，如图 7-2-9 所示；打开"擦除"动画设置对话框，在"效果"子选项卡下设置方向为"自左侧"，在"计时"子选项卡下设置速度为"快速(1 秒)"，具体如图 7-2-10 所示。

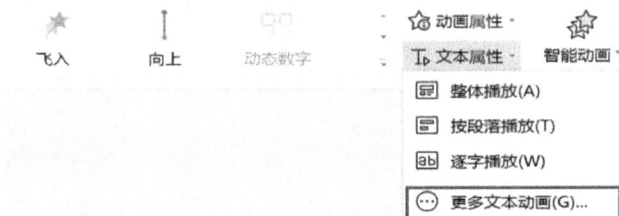

图 7-2-9　动画效果选置

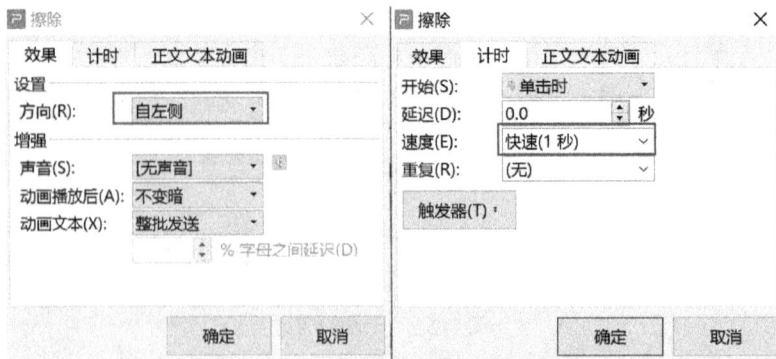

图 7-2-10　擦除动画方向和速度设置

第四步，设置完成后，单击"预览效果"按钮，即可预览为标题文本框添加的"擦除"进入动画效果。

2．强调动画

"强调动画"是通过缩放、跷跷板、对象颜色更改、闪烁等方式突出显示某些对象的一类动画效果，主要包含"放大/缩小""陀螺旋""忽明忽暗"等数十种动画效果，具体如图 7-2-11 所示。下面介绍如何为幻灯片中的对象添加"强调动画"。

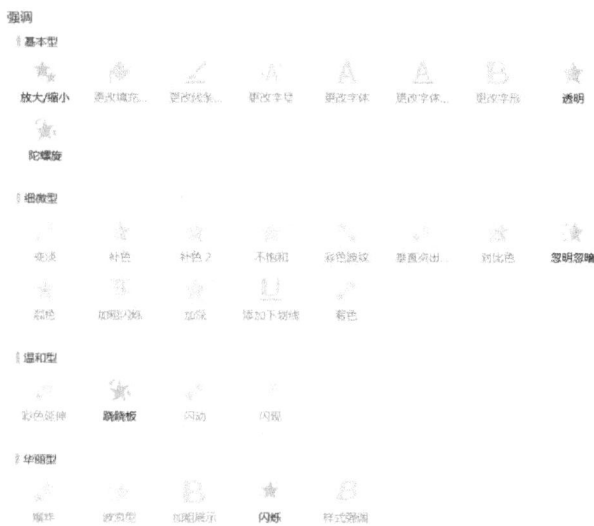

图 7-2-11　强调动画种类

第一步，打开名为"党的百年光辉历史"的演示文稿，在第 3 张幻灯片中选中党徽图片，然后在"动画"选项卡下单击"动画"组中的扩展按钮，如图 7-2-7 所示。

第二步，在弹出的下拉列表中选择"强调"动画效果下的"跷跷板"选项，如图 7-2-12 所示。

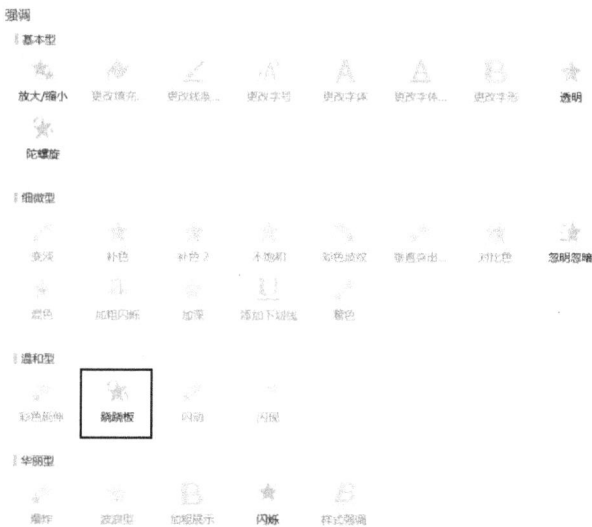

图 7-2-12　强调动画设置

第三步，动画设置完成后，单击"动画"选项卡下的"动画窗格"按钮，在演示文稿右侧打开动画窗格，如果 7-2-13 所示。

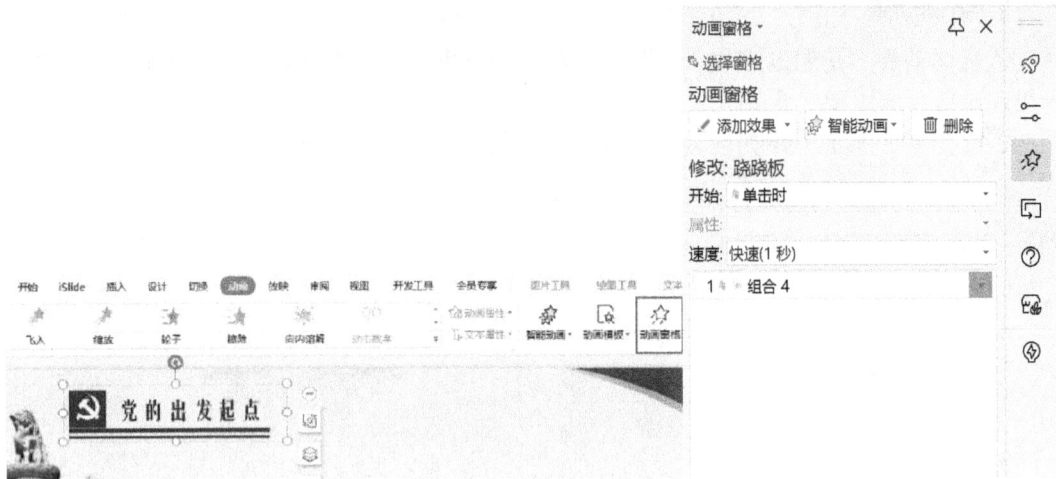

图 7-2-13   动画窗格

第四步，在动画窗格中，单击"跷跷板"动画右侧倒三角，在快捷菜单中选择"计时"选项，在弹出的"跷跷板"动画效果设置对话框中，设置开始方式为"在上一动画之后"，设置速度为"中速(2 秒)"，如图 7-2-14 所示。

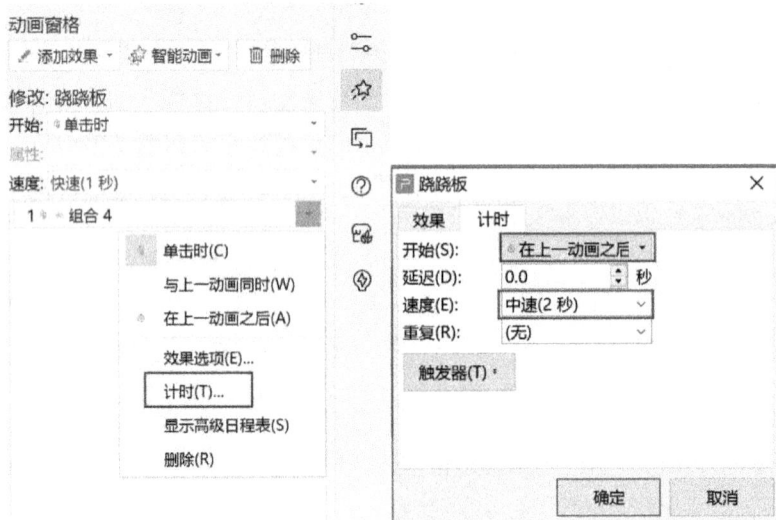

图 7-2-14   "跷跷板"动画计时设置

第五步，设置完成后，单击"预览效果"按钮，即可预览为图片添加的"跷跷板"强调动画效果。

3. 退出动画

"退出动画"的应用可以设置幻灯片中的对象以何种方式消失于屏幕上，它用于实现对象从有到无、逐渐消失的动画效果，主要包含"切出""飞出""消失"等数十种动画效果，具体如图 7-2-15 所示。下面介绍如何为幻灯片中的对象添加"退出动画"。

第一步，打开名为"党的百年光辉历史"的演示文稿，在第 9 张幻灯片中选中图片，然后在"动画"选项卡下单击"动画"组中的扩展按钮，如图 7-2-7 所示。

图 7-2-15　退出动画种类

第二步，在弹出的下拉列表中选择"退出"动画效果下的"阶梯状"选项，如图 7-2-16 所示。

图 7-2-16　退出动画设置

第三步，打开"阶梯状"动画效果设置对话框，在效果子选项卡下设置方向为"右下"，在"计时"子选项卡下设置开始为"与上一动画同时"，速度为"慢速(3 秒)"，如图 7-2-17 所示。

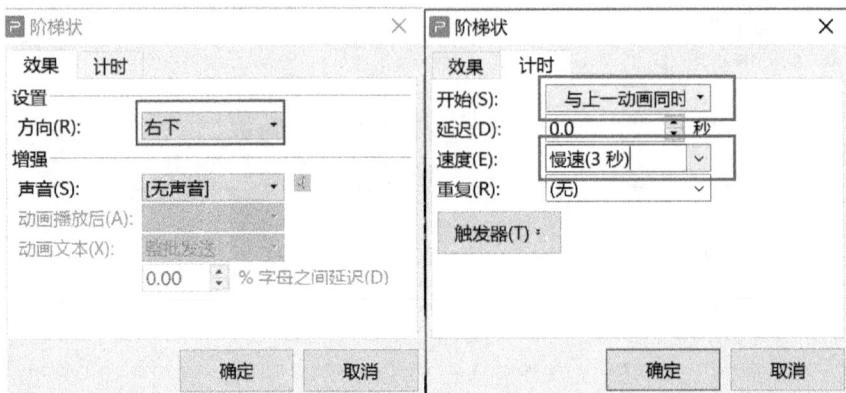

图 7-2-17　效果选项设置

第四步，设置完成后，单击"预览效果"按钮，即可预览为图片添加的"阶梯状"退出动画效果。

4. 动作路径动画

"动作路径动画"是一种可以使幻灯片中的对象按照某种特定路线运动的动画效果，主要包含"直线""八边形""新月形"等数十种动画效果，具体如图 7-2-18 所示。下面介绍如何为幻灯片中的对象添加"动作路径动画"。

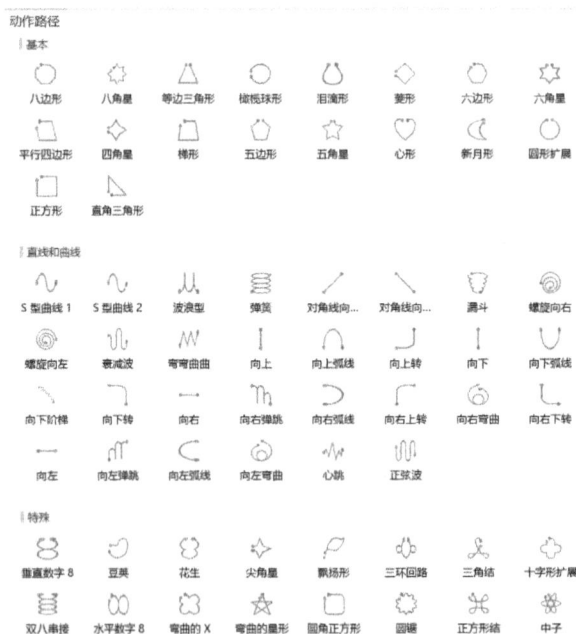

图 7-2-18　动作路径动画种类

第一步，打开名为"党的百年光辉历史"的演示文稿，在第 8 张幻灯片中选中图片，然后在"动画"选项卡下单击"动画"组中的扩展按钮,如图7-2-7所示。

第二步,在弹出的下拉列表中选择"动作路径"动画效果下的"向上"选项,如图7-2-19所示。

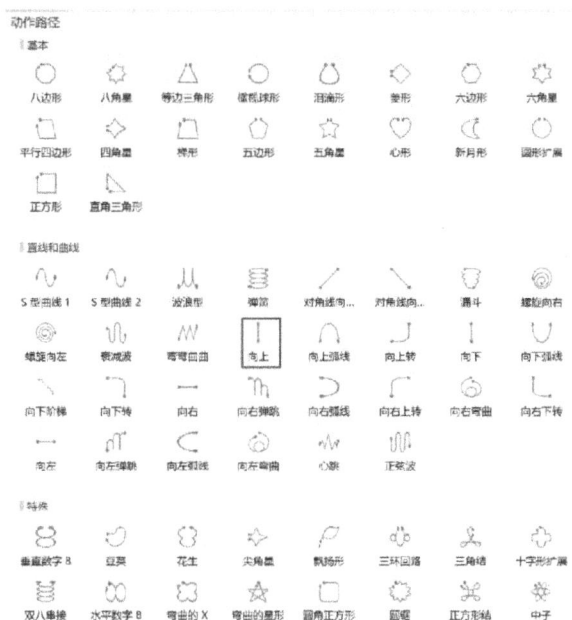

图 7-2-19 动作路径动画设置

第三步,添加"向上"的动作路径后,选中图片对象中的路径,调整路径的结束点(红色三角)至合适位置,如图7-2-20所示。

图 7-2-20 动作路径效果设置

第四步，设置完成后，单击"预览效果"按钮，即可预览为图片添加的"向上"动作路径动画效果。

为幻灯片中的所有对象设置完动画后，如果用户想改变动画的播放顺序，可以打开"动画窗格"窗口，在列表框选中目标动画，单击"重新排序"区域右侧的向上或向下按钮，调整动画的播放顺序。

7.3　多媒体动画设计技巧

WPS 演示虽然不是专业制作动画的软件，但是相较于一些专业动画制作软件，WPS演示动画毫不逊色，而且 WPS 演示动画具有其自身优势，即学习门槛低。如果掌握一些多媒体动画设计技巧，会让你的 WPS 演示动画制作更加得心应手。

7.3.1　为同一对象添加多个动画效果

除了为对象添加单独的动画效果外，用户还可以为一个对象添加多个动画效果，而且这些动画可以按照一定的顺序依次出现。下面通过实例介绍组合动画的魅力。

第一步，打开名为"党的百年光辉历史"的演示文稿，在第 1 张幻灯片中选中标题文本框，然后在"动画"选项卡下单击"动画"组中的扩展按钮，如图 7-2-7 所示。

第二步，在弹出的下拉列表中选择"进入"动画效果下的"飞入"选项，如图 7-3-1所示。

图 7-3-1　进入动画设置

第三步，分别单击"动画"选项下的"动画属性"和"文本属性"按钮，将动画属性设置为"自左上部"，将"文本属性"设置为"逐字播放"，如图 7-3-2 所示。

图 7-3-2 动画效果选项设置

第四步，继续为该对象添加动画效果，在动画窗格中单击"添加效果"下拉按钮，在弹出的列表中选择"强调"动画效果下的"着色"选项，如图 7-3-3 所示。

图 7-3-3 强调动画设置

第五步，将此强调动画的"开始"方式设置为"在上一动画之后"选项，"颜色"设置为深红选项，速度设置为"快速(1 秒)"，如图 7-3-4 所示。

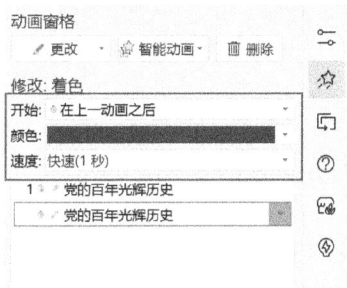

图 7-3-4 动画效果设置

第六步，设置完成后，单击"预览效果"按钮，即可预览为标题文本框添加的进入和强调动画效果。

7.3.2 使用 AI 智能动画一键完成动画制作

WPS 演示提供了更为方便美观的智能动画设置，只需一键即可完成动画制作。下面通过实例学习智能动画的应用。

第一步，打开名为"党的百年光辉历史"的演示文稿，选择第 11 张幻灯片的图片，然后在"动画"选项卡下单击"智能动画"按钮，如图 7-3-5 所示。

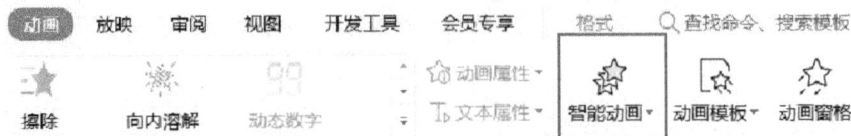

图 7-3-5　智能动画

第二步，在弹出的下拉列表中，点击"上方缩放飞入"智能效果，如图 7-3-6 所示。

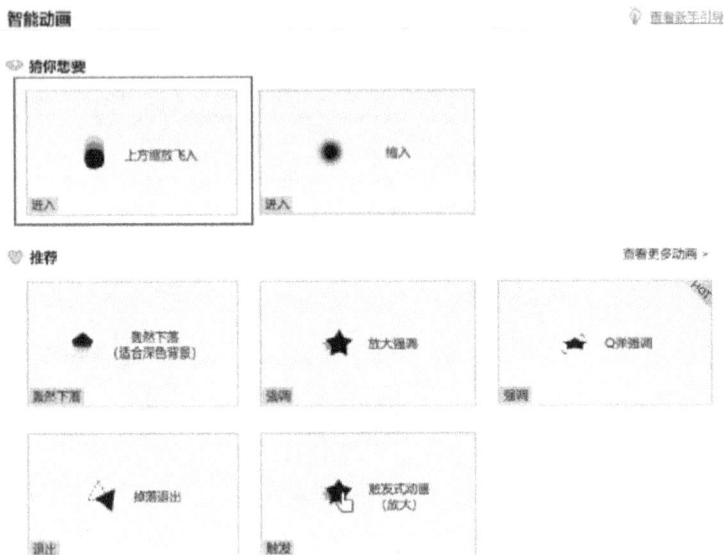

图 7-3-6　智能动画设置

第三步，设置完成后，单击"预览效果"按钮，即可预览为图片添加的上方缩放飞入的智能动画效果。

7.3.3　使用动画触发器控制动画播放

演示文稿中的多种对象均可以作为动画触发器，可以是图形、图片，也可以是一段文字或一个文本框，单击动画触发器后会发生某个操作，该操作可能是播放一段音频、视频或动画等。下面介绍由触发器控制动画的操作方法。

第一步，打开名为"党的百年光辉历史"的演示文稿，选择第 1 张幻灯片，然后打开动画窗格，可以看到在这张幻灯片中共设置了 2 个动画，单击第 2 个动画右侧的下拉按钮，选择"计时"选项。

第二步，弹出"着色"对话框，在"计时"选项卡中单击"触发器"按钮，单击"单击下列对象时启动效果"按钮，在后面的下拉列表中选择"文本框 1"选项，单击"确定"按钮，如图 7-3-7 所示。

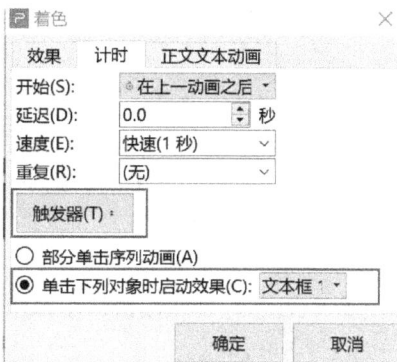

图 7-3-7 触发器设置

第三步，放映演示文稿，单击"党的百年光辉历史"文字，此时才会出现"着色"强调动画。

7.3.4 快速实现多图轮播

对于幻灯片中的多张图片，最好的展示方法是将其设置为循环播放的动画效果。这种情况下，"多图轮播"功能就要大显身手了。多图轮播包含三种动画效果：叠压、水平和垂直。下面通过具体实例展示多图轮播的特效。

第一步，打开名为"党的百年光辉历史"的演示文稿，选择第 9 张幻灯片中的其中任意一张图片，点击"图片工具"选项卡下的"多图轮播"功能，选择"水平"子选项卡下的"中心展示左右轮播"动画效果，如图 7-3-8 所示。

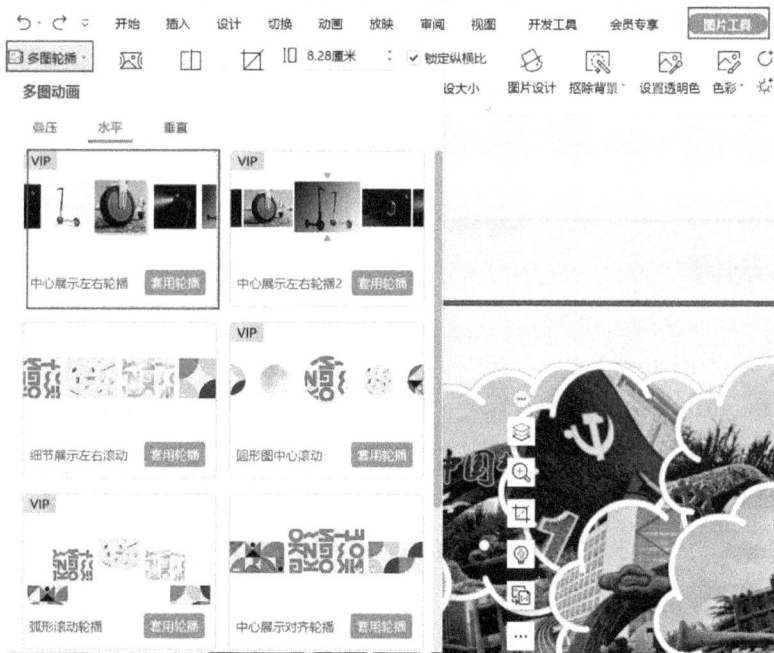

图 7-3-8 多图轮播动画效果设置

第二步，设置完成后，即可预览多图轮播效果。

7.3.5　设置动态数字动画

应用 WPS 中的动态数字功能，可以使幻灯片中的数字动起来。下面通过实例了解动态数字的设置方法。

第一步，打开名为"党的百年光辉历史"的演示文稿，选择结束页中"2021"的文本框，单击"动画"选项卡下"动画"组中的扩展按钮，在弹出的下拉列表中，选择"进入"动画中的"动态数字"效果，如图 7-3-9 所示。

图 7-3-9　动态数字设置

第二步，设置完成后，单击"预览效果"按钮，即可预览为结束页设置的动态数字动画效果。

任务进阶

7.4　练习任务：制作"中国女排精彩瞬间"演示文稿

1. 任务目标

(1) 掌握搜集和处理素材的能力，巩固幻灯片中插入图片的方法。

(2) 熟练多图轮播功能的应用。

2. 任务说明

此任务中，主要涉及三个知识点：图片搜集、图片处理和多图轮播。经过处理的中国女排精彩瞬间图片集成到演示文稿的幻灯片中，利用多图轮播功能将其更好地展示。

3. 必备技能

(1) 图片搜集和处理能力及方法。

(2) 多图轮播的设置。

4. 操作实施

(1) 搜集中国女排训练或夺冠的图片素材，并将图片按照需要进行处理。

(2) 将图片集成到新建的演示文稿中，利用"图片"工具选项卡下的多图轮播功能，设置图片为水平突出展示的效果方式。

(3) 设置完成后，查看设置效果。

完成效果如图 7-4-1 所示。

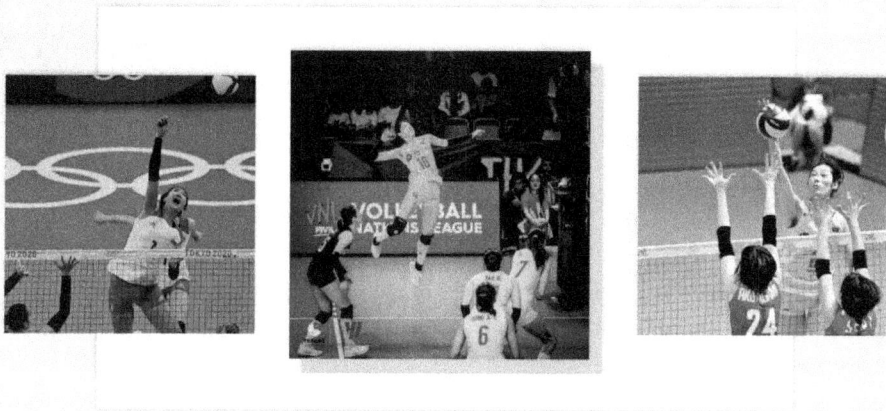

图 7-4-1　中国女排精彩瞬间轮播效果

7.5　提升任务：制作"国旗冉冉升起"演示文稿

1. 任务目标

(1) 掌握绘制形状的能力。

(2) 熟练动作路径动画效果的设置。

2. 任务说明

在此任务中，需要通过形状的绘制、填充色设置和组合等操作完成国旗的基本外观，然后设置国旗冉冉升起的动画效果。如果能在网上搜集国旗的动图，设置动作路径后的效果会更好。也可为此幻灯片配置"义勇军进行曲"的音频，使得动画和音频同时播放。

3. 必备技能

(1) 形状绘制和编辑设置。

(2) 动作路径动画的添加和效果设置。

4. 操作实施

(1) 新建空白的演示文稿，在幻灯片中绘制旗帜、五角星、旗杆等形状，并将其设置相应的填充色，最后将旗帜和五角星组合。

(2) 为旗帜和五角星组合对象添加"向上"的动作路径，调整好路径的起始位置和终止位置，并设置动画的开始方式、持续时间等。

(3) 动画设置完成后，播放幻灯片查看动画效果。

完成效果如图 7-5-1 所示。

图 7-5-1　国旗冉冉升起动画效果

7.6　进阶任务：制作"倒计时"换片特效

1. 任务目标

(1) 掌握幻灯片的切换设置。

(2) 熟练智能动画的应用。

2. 任务说明

本任务可通过两种方式实施，一种是通过幻灯片切换的方式设置倒计时效果，另一种是通过智能动画的应用实现倒计时效果。

3. 必备技能

(1) 幻灯片切换效果的设置。

(2) 智能动画的应用和设置。

4. 操作实施

方式一：切换效果

(1) 新建含有 5 张幻灯片的空白演示文稿，分别在每张幻灯片中插入 10×10 的圆形，将填充色和边框均设置为"蓝色"，并依次在蓝色圆形中添加 5 至 1 的数字，数字字体设置为"黑体"，数字颜色设置为"白色"，字号设置为"170"。

(2) 设置全部幻灯片的切换方式为"平滑"，并设置全部"自动换片"。

(3) 切换效果设置完成后，播放幻灯片查看倒计时效果。

完成效果如图 7-6-1 所示。

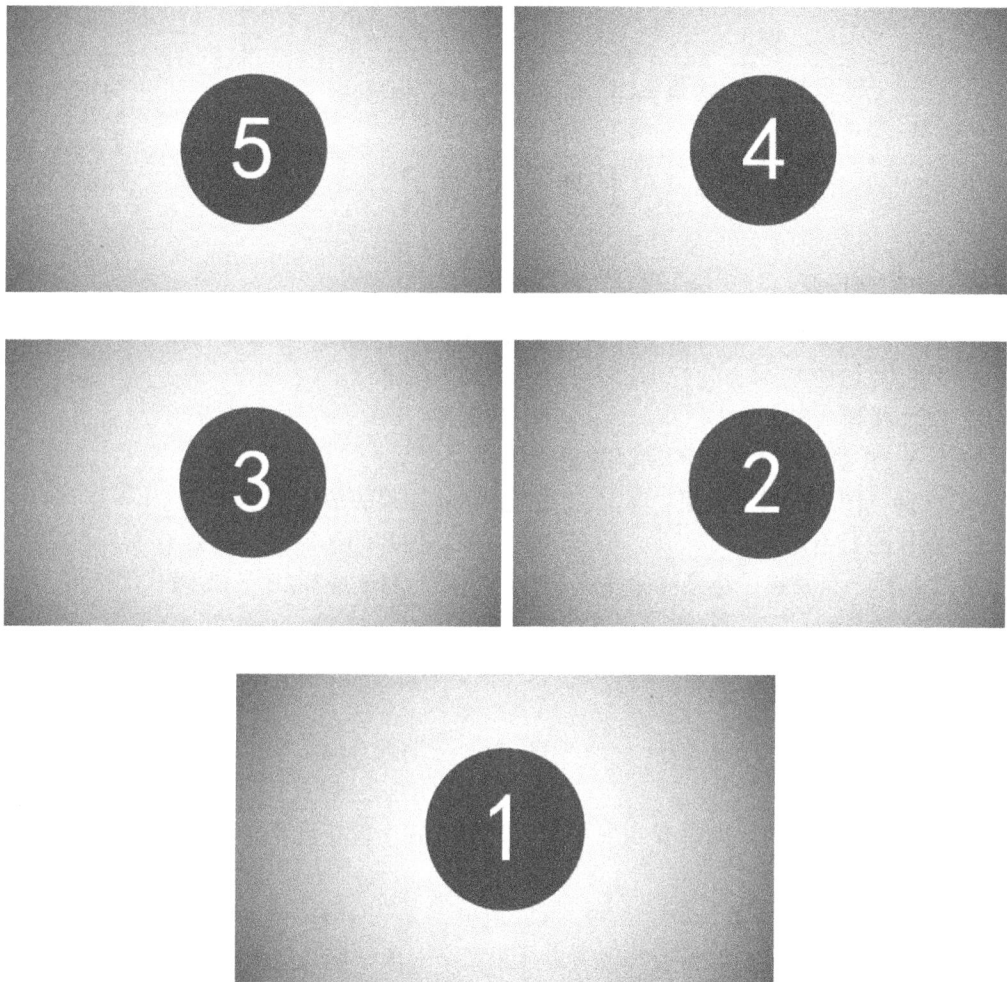

图 7-6-1　利用幻灯片切换完成倒计时效果

方式二：智能动画

(1) 新建含有 1 张幻灯片的空白演示文稿，在幻灯片中插入 10×10 的圆形，将填充色和边框均设置为"蓝色"，并在圆形中输入数字"5"，颜色设置为"白色"，字号设置为"120"。

(2) 选中圆形，选择"动画"选项卡的智能动画，在弹出的下拉列表中的"更多动画"选择"倒计时"的动画效果，并设置动画的速度为"5 s"。

(3) 动画设置完成后，查看倒计时的动画效果。

幻灯片如图 7-6-2 所示。

图 7-6-2　利用动画完成倒计时效果

【习　　题】

模块七资源

一、单项选择题

1. 在 WPS 演示中，设置文本的进入效果可使用(　　)命令实现。

A. 幻灯片切换　　　　　　　　B. 动画方案

C. 动作按钮　　　　　　　　　D. 超链接

2. 在 WPS 演示中，对象的动画效果不包括(　　)。

A. 文字、图片的进出效果　　　B. 文字、图片的放大缩小效果

C. 图片的变色效果　　　　　　D. 文字、图片的按路径运动效果

3. 要制作一只蝴蝶在花园飞来飞去的动画效果，应该选择(　　)动画。

A. 进入　　　　B. 强调　　　　　C. 退出　　　　D. 动作路径

4. 在幻灯片放映时，前一个动画效果结束后，后一个动画自动开始执行效果播放，这种动画效果播放的方式为(　　)。

A. 单击鼠标时　　　　　　　　B. 与上一动画之前

C. 与上一动画同时　　　　　　D. 与上一动画之后

5. 在幻灯片放映时，如果要实现对象以某种方式出现在屏幕中，应该设置(　　)动画效果。

A. 进入　　　　B. 强调　　　　　C. 退出　　　　D. 动作路径

6. 在幻灯片放映时，如果要实现突出显示某一对象，应该设置(　　)动画效果。

A. 进入　　　　B. 强调　　　　　C. 退出　　　　D. 动作路径

二、多项选择题

1. 在 WPS 演示中，可以设置(　　)。

A. 对象出现的先后顺序　　　　B. 声音的循环播放

C. 幻灯片的切换效果　　　　　D. 对象的动画效果

2. 关于幻灯片切换，下列说法正确的是(　　)。

A. 只能单击鼠标进行切换　　　　　B. 能够设置切换音效

C. 能够设置和更改切换效果　　　　D. 能够设置切换时间

3. 关于幻灯片动画，下列说法正确的是(　　)。

A. 两个对象组合后，原各自的动画消失

B. 动画的调配是以幻灯片中的对象为中心

C. 在幻灯片放映状态下，可以修改动画效果

D. 可以为动画设置声音

4. 可以通过(　　　)设置幻灯片对象的动画效果。

A. 设置动画的持续时间　　　　　　B. 设置动画的延迟时间

C. 设置动画的开始方式　　　　　　D. 设置动画的播放次序

三、判断题

1. WPS 演示中，对象的动画播放次序不能随意调整。　　　　　　　(　　)

2. WPS 演示中，动作路径的动画效果可以是直线，也可以是曲线。　(　　)

3. 幻灯片中的文本、图片、表格和视频等对象均可以设置自定义动画。(　　)

4. 设置动画的持续时间可以改变动画的播放速度。　　　　　　　　(　　)

5. 不能为单个对象设置多个动画。　　　　　　　　　　　　　　　(　　)

6. 可以同时选择多个对象设置动画。　　　　　　　　　　　　　　(　　)

模块八　WPS 演示文稿编排与管理

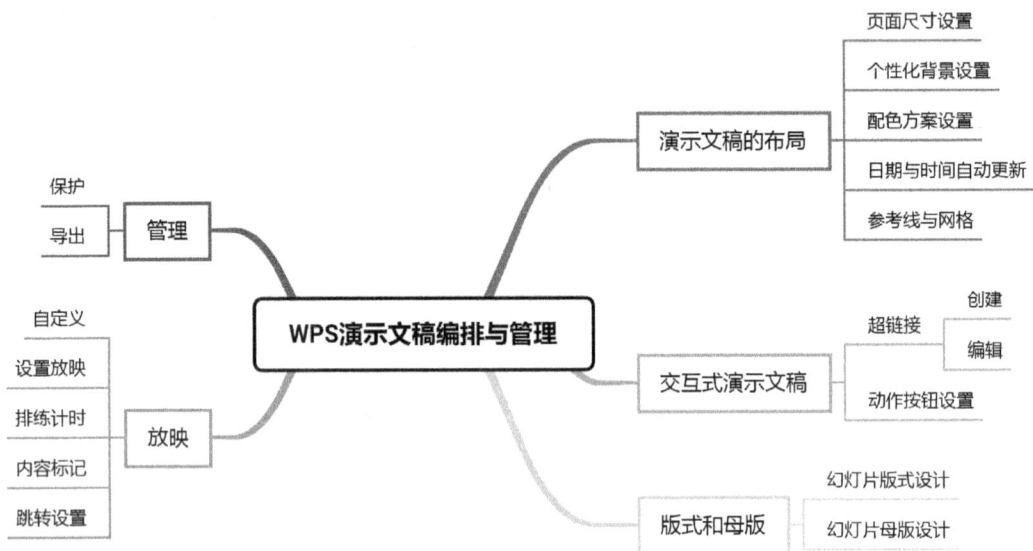

思维导学思维导图：

- 管理
  - 保护
  - 导出
- 放映
  - 自定义
  - 设置放映
  - 排练计时
  - 内容标记
  - 跳转设置

WPS演示文稿编排与管理

- 演示文稿的布局
  - 页面尺寸设置
  - 个性化背景设置
  - 配色方案设置
  - 日期与时间自动更新
  - 参考线与网格
- 交互式演示文稿
  - 超链接
    - 创建
    - 编辑
  - 动作按钮设置
- 版式和母版
  - 幻灯片版式设计
  - 幻灯片母版设计

知识精粹

　　版式：版式可以将幻灯片中的多个元素按照固定模式布局排版，是演示文稿中幻灯片的样式。

　　母版：母版就是幻灯片的模具。多张幻灯片使用相同的背景、标志 logo、提示信息、字体格式等，用户可以将这些相同的对象信息利用母版进行统一设计。或者说，需要在多张幻灯片中显示相同的对象元素，最好的选择不是将这些元素一一添加到每张幻灯片中，而是统一添加到幻灯片的母版中。

8.1　演示文稿布局设计

WPS 演示文稿的布局设计属于基本设置，但是在整个演示文稿中起到至关重要的作用，影响到整个演示文稿的布局和美观。在制作演示文稿时，可以通过页面尺寸、页面背景、页面配色等完成整体布局的设计，同时可以借助参考线和网格来布局幻灯片中的各种对象。

8.1.1　演示文稿页面尺寸设置

页面尺寸的设置位于"设计"选项卡中，"页面设置"和"幻灯片大小"两个按钮均可完成此设置，点击相应按钮后，在弹出的"页面设置"对话框中设置幻灯片大小、纸张大小和幻灯片方向等，如图 8-1-1 和图 8-1-2 所示。

图 8-1-1　页面设置一

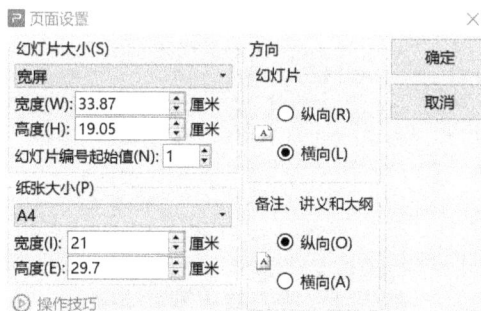

图 8-1-2　页面设置二

8.1.2　幻灯片个性化背景设置

幻灯片背景设置位于"设计"选项卡中，单击"背景"按钮，如图 8-1-3 所示，在下拉列表中选择"背景"后，幻灯片右侧出现背景设置的窗口，如图 8-1-4 所示，幻灯片背景可以设置为纯色、渐变色、图片或纹理、图案等填充，在此窗口中也可以设置背景的透明度和亮度等。

图 8-1-3　背景设置一

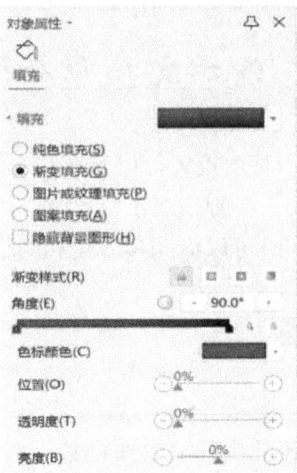

图 8-1-4　背景设置二

8.1.3　演示文稿配色方案设置

掌握好配色是演示文稿制作成功与否的关键因素之一，优秀的配色可以给用户带来愉悦的视觉感受，还能起到调节页面视觉平衡，突出重点内容等作用。在 WPS 演示中内置了数十种配色方案，具体配色方案如图 8-1-5 所示。

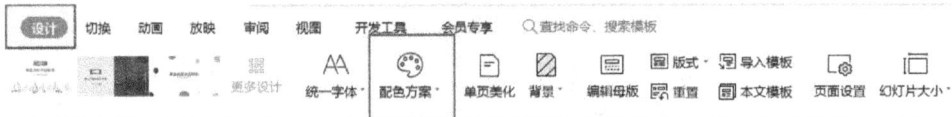

(a)　"设计"选项卡—"配色方案"

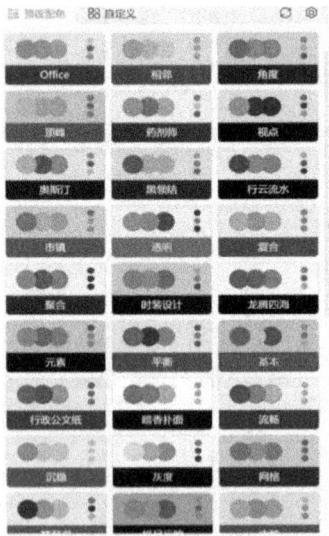

(b)　配色方案

图 8-1-5　配色方案设置

8.1.4　幻灯片页脚中日期与时间自动更新

如果要为幻灯片页脚位置插入日期和时间，选择"插入"选项卡，单击"日期和时间"按钮，打开"页眉和页脚"对话框，如图 8-1-6 所示。在此对话框中，可以为幻灯片页脚添加日期和时间，并且可以设置日期和时间为自动更新状态。

(a)　"插入"选项卡—"日期和时间"

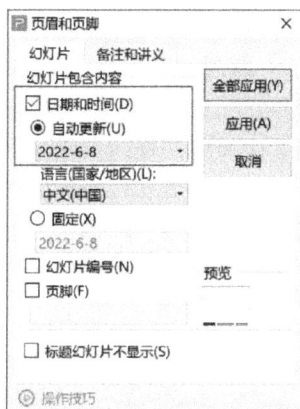

(b)　"页眉和页脚"对话框

图 8-1-6　幻灯片页脚日期和时间设置

8.1.5　插入参考线与网格

为了合理并精准布局幻灯片中的各种对象，可以借助参考线与网格进行布局。选择"视图"选项卡，单击"网格和参考线"按钮，弹出"网格线和参考线"对话框，在此对话框中可以设置在屏幕上显示网格和绘图参考线，并调整网格的间距等，如图 8-1-7 所示。

(a)　"视图"选项卡—"网格和参考线"　　　　(b)　"网格和参考线"对话框

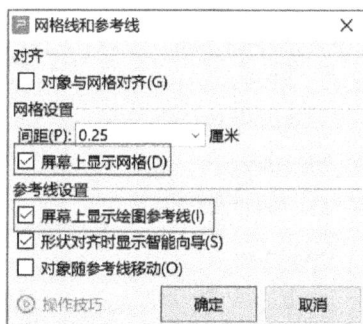

图 8-1-7　网格与参考线设置

8.2 交互式演示文稿创建与设计

大家对互联网上的超链接应该非常熟悉，当鼠标指针指向网页上的超链接标志时，指针会变成手的形状，单击鼠标，就可以打开另一个网页。在幻灯片中也可以设置超链接，使用超链接可以创建一个具有交互功能的演示文稿。超链接的应用可以改变幻灯片原有的放映顺序，实现幻灯片的快速切换。

8.2.1 超链接创建

在演示文稿中，用户可以为幻灯片中的文本框、图形、图片等对象添加超链接，可链接到现有文件或网页、本文档的位置或其他文件中，下面介绍超链接的创建方法：

第一步，打开名为"党的百年光辉历史"的演示文稿，选中第 2 张幻灯片中的文本框"不忘初心 砥砺前行"，单击右键，在弹出的快捷菜单中选择"超链接"菜单项，如图 8-2-1 所示。

第二步，在弹出的"插入超链接"对话框中，在"链接到"列表中单击"本文档中的位置"按钮，在"请选择文档中的位置"列表框中选择"5.幻灯片 5"选项，单击"确定"按钮，如图 8-2-2 所示。

图 8-2-1 添加超链接命令

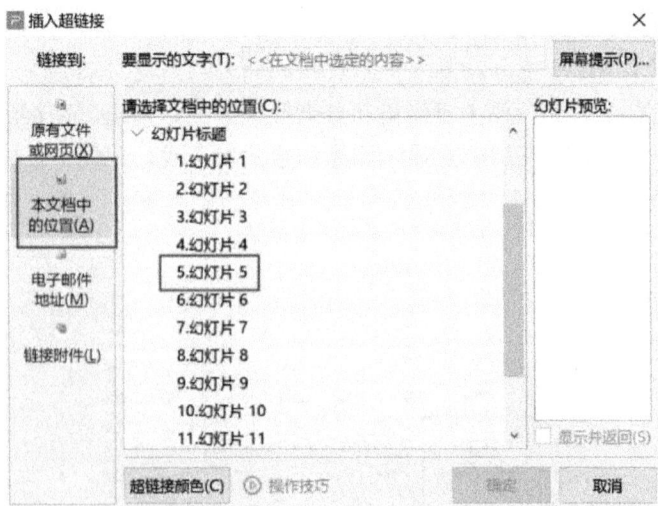

图 8-2-2 超链接设置

第三步，此时超链接创建完成，在演示文稿放映状态下，单击添加超链接的文本框后，可直接跳转到第 5 张幻灯片。

8.2.2　超链接编辑

超链接创建完成后，也可根据需要进行修改和删除，下面介绍超链接编辑的方法：

第一步，打开名为"党的百年光辉历史"的演示文稿，选中第 2 张幻灯片中的文本框"不忘初心 砥砺前行"，单击右键，在弹出的快捷菜单中选择"编辑超链接"菜单项，如图 8-2-3 所示。

图 8-2-3　编辑超链接命令

第二步，在"编辑超链接"对话框中，按照插入超链接的方法，重新链接其他幻灯片或文档文件，如图 8-2-4 所示。

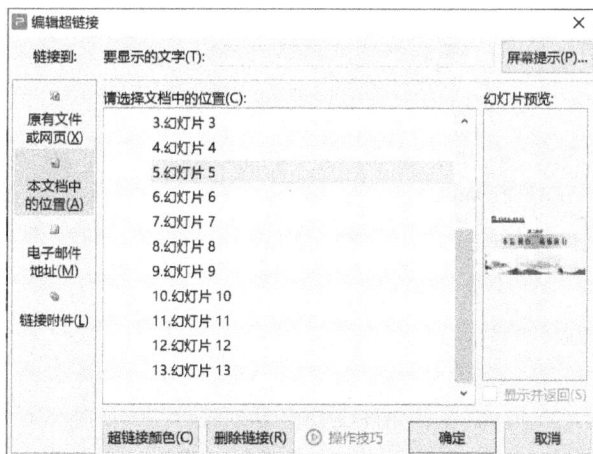

图 8-2-4　编辑超链接

删除超链接的方法更为简单,右击创建好的超链接,在弹出的快捷菜单中选择"取消超链接"即可,在此不做详细介绍。

8.2.3　动作按钮设置

WPS 演示中带有一些制作好的动作按钮,可以将动作按钮插入到幻灯片中并为其设置超级链接。动作按钮位于形状列表中,是一类具有特殊功能的形状,包括前进、后退、结束、上一张、下一张等。可以使用这些特殊的形状,将幻灯片转到下一张、上一张、第一张和最后一张幻灯片或其他。下面通过具体的例子学习动作按钮的添加和编辑:

第一步,打开名为"党的百年光辉历史"的演示文稿,选择第 3 张幻灯片,单击"插入"选项卡下的"形状"按钮,如图 8-2-5 所示。

图 8-2-5　插入形状命令

第二步,在展开的"形状"列表中,选择动作按钮组中的第一个按钮进行绘制,如图 8-2-6 所示。

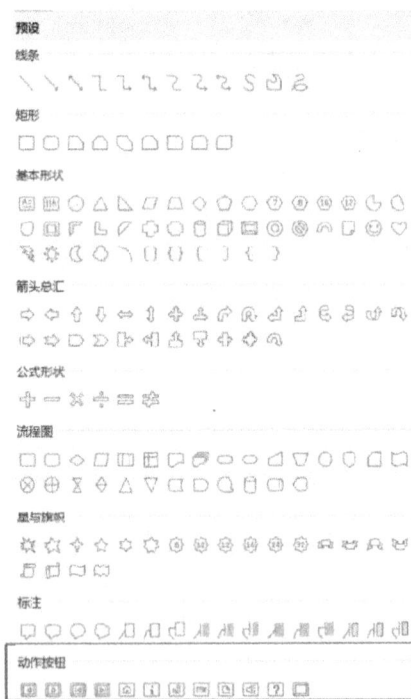

图 8-2-6　形状列表

第三步,形状绘制完后,自动弹出"动作设置"对话框,设置鼠标单击时超链接到"幻灯片…",继续弹出"超链接到幻灯片"对话框,选择连接到"幻灯片 2",如图 8-2-7 所示。

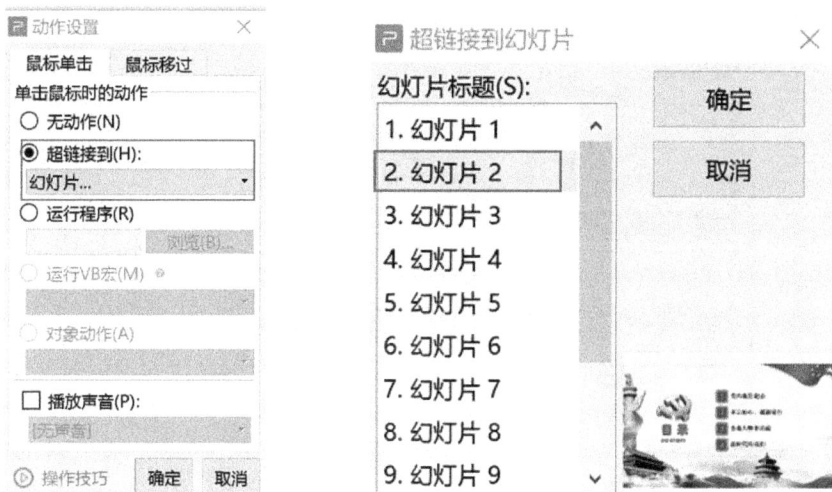

(a)　"动作设置"对话框　　　　　　　　(b)　"超链接到幻灯片"对话框

图 8-2-7　动作按钮超链接设置

　　第四步，动作按钮与普通形状一样，可以调整大小、移动位置，并设置形状填充和形状轮廓，具体设置效果如图 8-2-8 所示。

图 8-2-8　动作按钮设置效果

　　第五步，设置完成后，在播放演示文稿状态下，单击动作按钮，即可以返回到第 2 张幻灯片(概述页)。

8.3　版式和母版设计

8.3.1　幻灯片版式设计

　　版式是幻灯片中各种元素的排列组合方式。WPS 演示中内置了 11 种默认版式，具体有：标题幻灯片、标题和内容、节标题、两栏内容、比较、仅标题、空白、内容与标题、图片与标题、标题和竖排文字、竖版，具体如图 8-3-1 所示。下面介绍如何通过固定版式新建幻灯片和修改版式的方法。

图 8-3-1　幻灯片版式

1. 通过固定版式新建幻灯片

第一步，新建一个空白的演示文稿，在"开始"选项卡中单击"新建幻灯片"右侧的倒三角，选择母版版式中的"标题和内容"版式，如图 8-3-2 所示。

图 8-3-2　新建版式幻灯片

第二步，新建完成后，效果如图 8-3-3 所示。

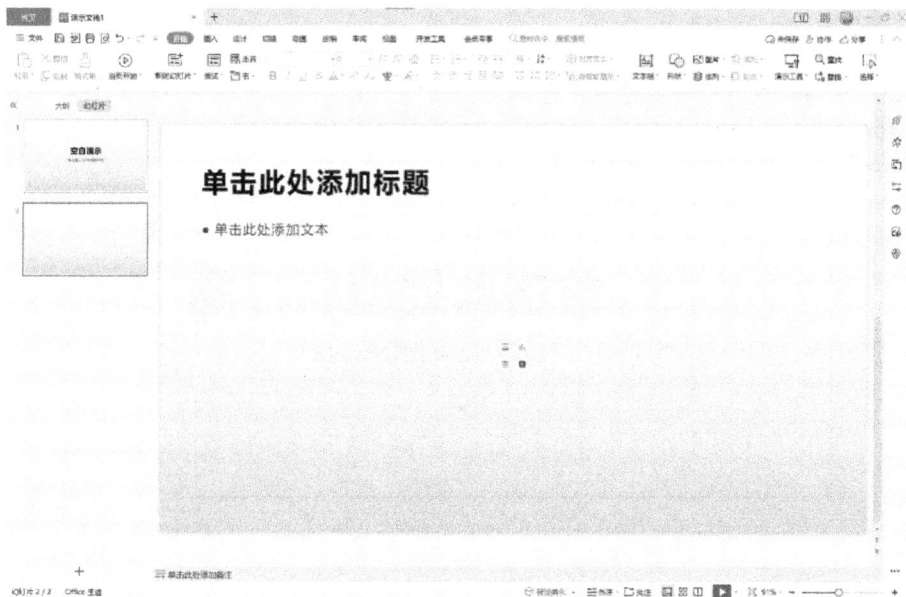

图 8-3-3　标题和内容幻灯片效果

2. 修改版式

第一步，选中以上步骤新建的幻灯片，单击"开始"选项卡中的"版式"按钮，在弹出的列表中选择"标题幻灯片"版式，如图 8-3-4 所示。

图 8-3-4　修改版式幻灯片

第二步，版式修改完成后，效果如图 8-3-5 所示。

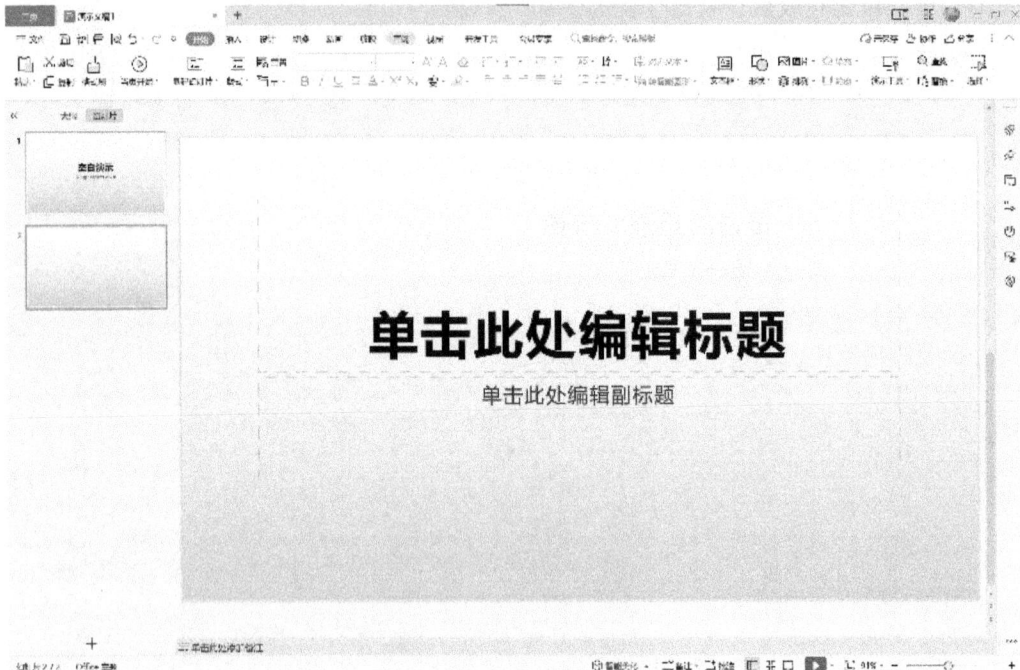

图 8-3-5　标题幻灯片效果

当然，也可通过单击鼠标右键实现版式的修改。

第一步，鼠标右键单击需要修改版式的幻灯片，在弹出的快捷菜单中选择"版式"，然后选择"标题幻灯片"版式，如图 8-3-6 所示。

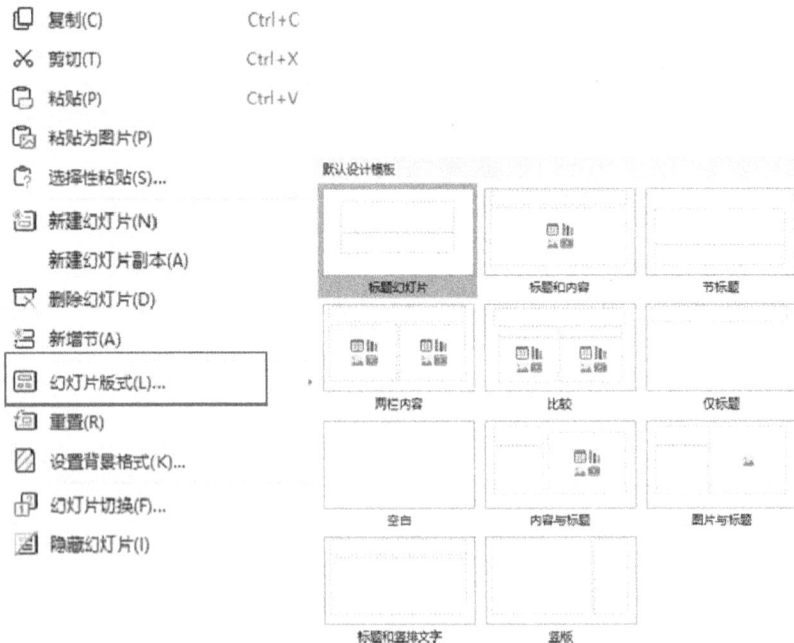

图 8-3-6　右键修改版式幻灯片

第二步，版式修改完成后，效果如图 8-3-5 所示。

8.3.2 幻灯片母版设计

若要使多张幻灯片中包含相同的字体和图像等对象，通过一步操作即可完成这些更改，即幻灯片母版。下面主要讲解幻灯片母版的设计与应用。

1. 设计母版背景

第一步，新建一个空白的演示文稿，选择"视图"选项卡，单击"幻灯片母版"按钮，如图 8-3-7 所示。

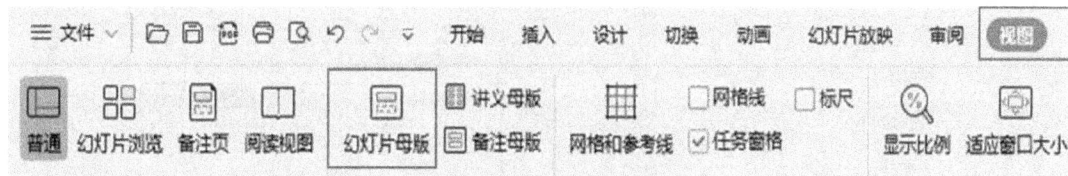

图 8-3-7 幻灯片母版

第二步，在"幻灯片母版"视图下，选择左侧窗格中第 1 张幻灯片，单击"背景"按钮，如图 8-3-8 所示。

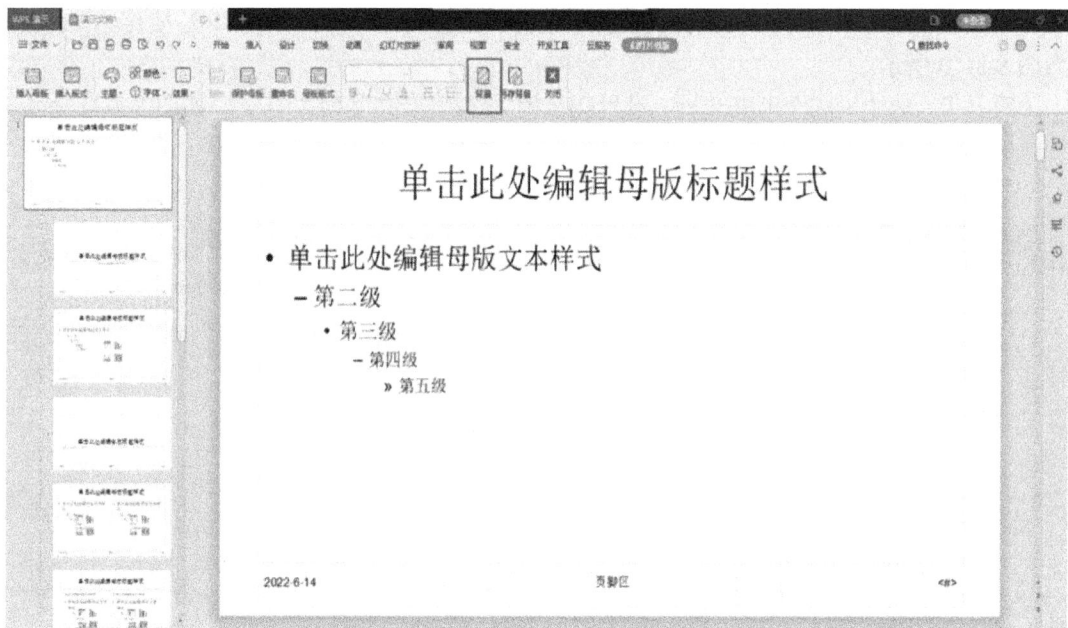

图 8-3-8 幻灯片母版视图

第三步，在演示文稿右侧的"对象属性"窗格中，"填充"栏中选择"渐变填充"，并增加渐变光圈至 3 个，如图 8-3-9 所示。

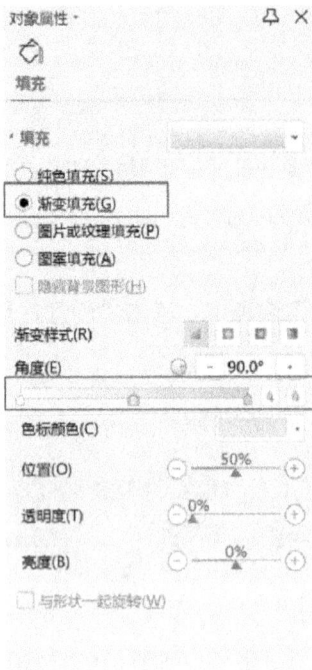

图 8-3-9　渐变色填充设置　　　　　　图 8-3-10　渐变光圈 1 设置

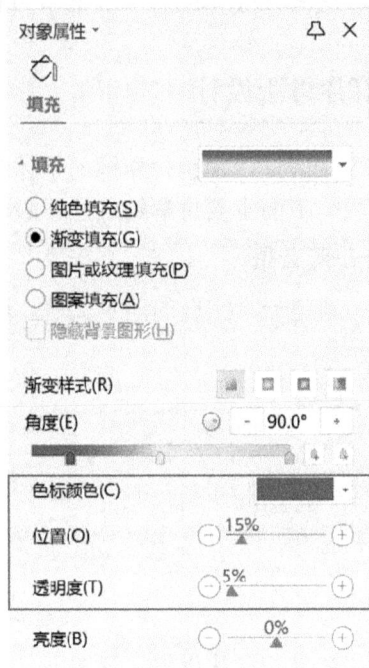

第四步，选中第一个渐变光圈，设置颜色为"红色"，位置为"15%"，透明度为"5%"，如图 8-3-10 所示。

第五步，选中第二个渐变光圈，设置颜色为"深红"，亮度为"10%"，如图 8-3-11 所示。

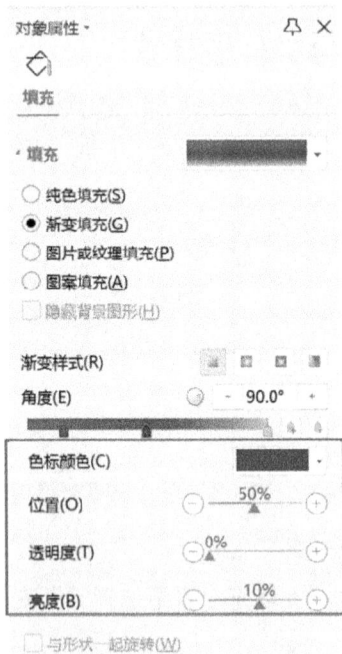

图 8-3-11　渐变光圈 2 设置　　　　　　图 8-3-12　渐变光圈 3 设置

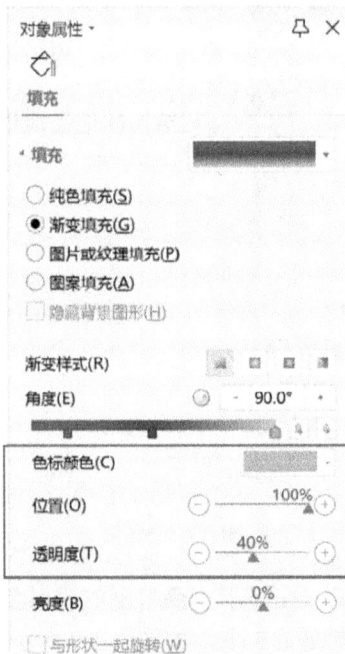

　　第六步，选中第三个渐变光圈，设置颜色为"橙色"，透明度为"40%"，如图 8-3-12 所示。

　　第七步，设置完成后，保存演示文稿为"幻灯片母版设计.pptx"，并查看幻灯片母版背景效果，如图 8-3-13 所示。

图 8-3-13　背景设置完成效果

2. 设计母版占位符

　　幻灯片中占位符的格式是默认的，如果要修改多张幻灯片中的占位符格式，用户可以在幻灯片母版视图下对占位符的大小、位置、字体和颜色等格式进行预先设置。然后，在普通视图下，多张幻灯片应用预先设置好的版式。下面介绍如何设计母版占位符的方法：

　　第一步，打开名为"幻灯片母版设计"的演示文稿，在幻灯片母版视图下，选择第 2 张幻灯片，将标题占位符的字体设置为"黑体"，字号设置为"66"，字体颜色设置为"白色"，将副标题占位符格式，将字体设置为"黑体"，字号设置为"36"，字体颜色设置为"白色"，效果如图 8-3-14 所示。

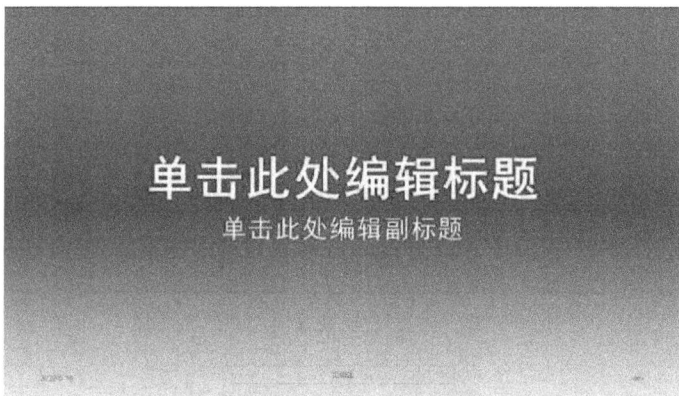

图 8-3-14　字体设置完成效果

　　第二步，在"插入"选项卡中，单击"形状"下拉按钮，在弹出的形状列表中选择"矩形"，绘制一个高"7 cm"，宽"27.6 cm"的矩形，并设置形状轮廓为"无线条颜色"，形状填充为"黑色"，继续绘制一个高"7 cm"，宽"6.3 cm"的矩形，并设置形状轮廓为"无线条颜色"，形状填充为"橙色"，然后将其拖动到合适位置，同时选中两个矩形，将这两个对象的对齐方式设置为"靠下对齐",效果如图 8-3-15 所示。

图 8-3-15　形状设置完成效果

第三步,将两个文本占位符的叠放次序设置为"置于顶层",效果如图 8-3-16 所示。

图 8-3-16　叠放次序设置完成效果

第四步,设置完成后,保存演示文稿,退出幻灯片母版视图,并查看最终效果,如图 8-3-17 所示。

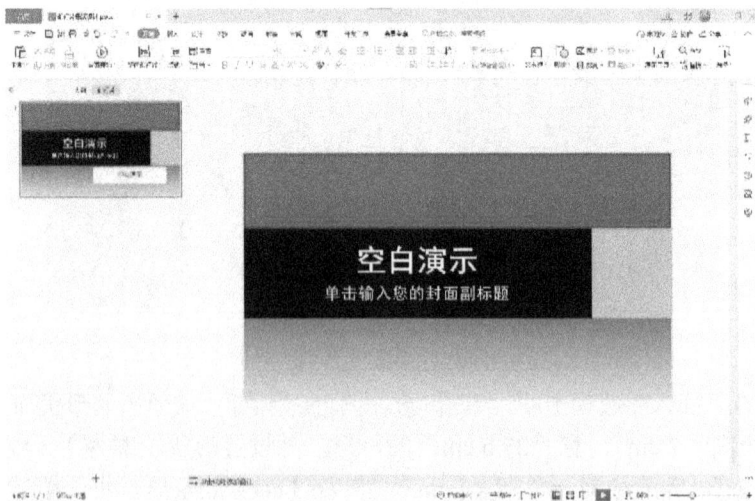

图 8-3-17　文本占位符母版设置完成效果

3. 在母版中插入和编辑图片

为了使幻灯片母版内容更加丰富美观，用户还可在幻灯片母版中插入相关的图片对象等进行装饰。其图片的插入和编辑方法与普通幻灯片一样：

第一步，打开名为"幻灯片母版设计"的演示文稿，在幻灯片母版视图下选择第 4 张幻灯片，插入名为"母版图片 .png"的图片，然后利用鼠标左键将图片拖动到合适的位置，如图 8-3-18 所示。

图 8-3-18 版式母版插入图片效果

第二步，设置完成后，关闭幻灯片母版视图，进入普通视图查看幻灯片版式，如图 8-3-19 所示。

图 8-3-19 幻灯片母版设计完成效果

8.4 演示文稿放映

制作演示文稿的最终目的是通过放映演示文稿向观众展示或宣传某些内容。如果用户在放映演示文稿时，有一些特殊需求，则需要通过设置演示文稿放映方式来进行控制。

8.4.1 自定义演示

放映演示文稿时，可能只需要放映演示文稿中的部分幻灯片，此时可通过设置幻灯片的自定义演示来实现，下面介绍自定义演示的设置方法：

第一步，打开名为"党的百年光辉历史"的演示文稿，在"放映"选项卡中，单击"自定义放映"按钮，如图 8-4-1 所示。

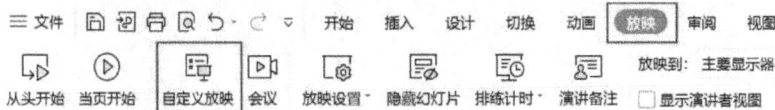

图 8-4-1   自定义放映命令

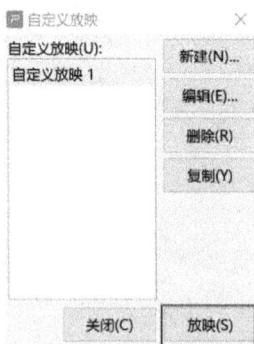

第二步，在"自定义放映"对话框中，单击"新建"按钮，如图 8-4-2 所示。

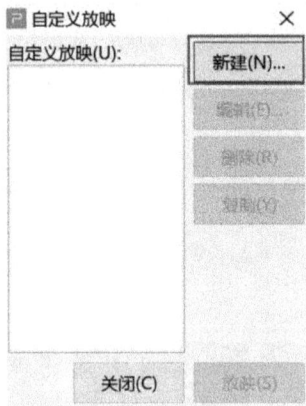

图 8-4-2   新建自定义放映

第三步，在"定义自定义放映"对话框中，在"在演示文稿中的幻灯片"列表框中，依次添加需要放映的幻灯片，如图 8-4-3 所示。

第四步，单击"确定"返回"自定义放映"对话框，此时已经创建好名为"自定义放映 1"的放映，单击"放映"按钮即可开始放映选中的幻灯片，如图 8-4-4 所示。

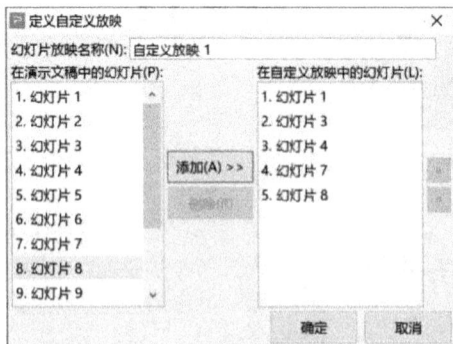

图 8-4-3   自定义放映命令   图 8-4-4   自定义放映命令

8.4.2　设置放映方式

放映方式的设置主要包括放映类型、放映幻灯片的数量、换片方式和是否循环放映等，下面介绍放映方式的设置方法：

第一步，打开名为"党的百年光辉历史"的演示文稿，在"放映"选项卡中，单击"放映设置"按钮，如图 8-4-5 所示。

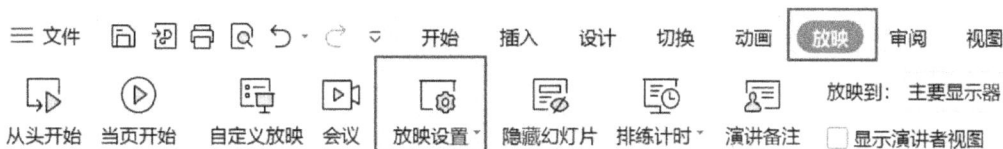

图 8-4-5　放映设置命令

第二步，在"设置放映方式"对话框中，在"放映选项"区域中勾选"循环放映，按Esc 键终止"复选框，在"放映幻灯片"区域选择"自定义放映"单选按钮，在"换片方式"区域中选择"手动"单选按钮，单击"确定"完成放映方式的设置，如图 8-4-6 所示。

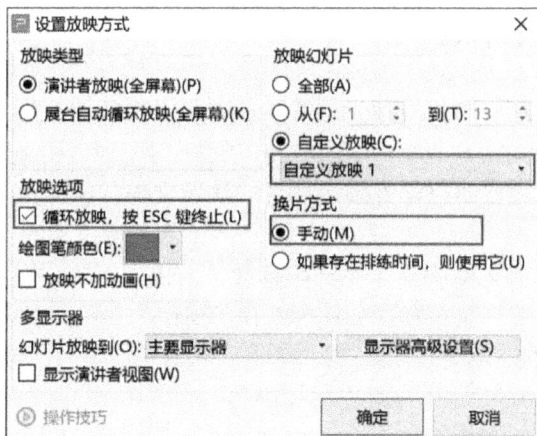

图 8-4-6　设置放映方式

8.4.3　设置排练计时

用户可以控制演示文稿的放映时间，主要通过设置排练计时来实现，下面介绍排练计时的设置方法：

第一步，打开名为"党的百年光辉历史"的演示文稿，在"幻灯片放映"选项卡中，单击"排练计时"按钮，如图 8-4-7 所示。

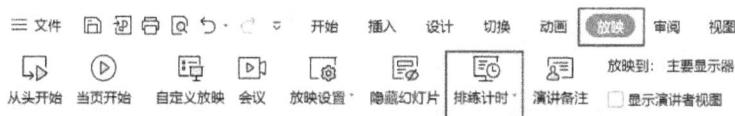

图 8-4-7　排列计时命令

第二步，演示文稿自动进入放映状态，左上角出现"预演"工具栏，左侧时间代表当前幻灯片放映所需时间，右侧时间代表放映所有幻灯片累计所需时间，如图 8-4-8 所示。

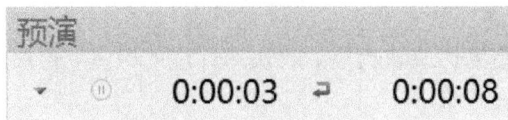

图 8-4-8　计时预演

第三步，设置每张幻灯片的放映时间，翻至最后一张时，会弹出"WPS 演示"对话框，单击"是"按钮，保留新的幻灯片排练时间，如图 8-4-9 所示。

图 8-4-9　保存排练时间

8.4.4　对重点内容进行标记

在演讲过程中，用户可以使用荧光笔等功能对重点内容进行标记，下面介绍对重点内容进行标记的方法。

第一步，打开名为"党的百年光辉历史"的演示文稿，选择第 2 张幻灯片，选择从当前页开始播放演示文稿。

第二步，此时，演示文稿从第 2 张开始播放，右击幻灯片，在弹出的快捷菜单中选择"墨迹画笔"→"荧光笔"菜单项，如图 8-4-10 所示。

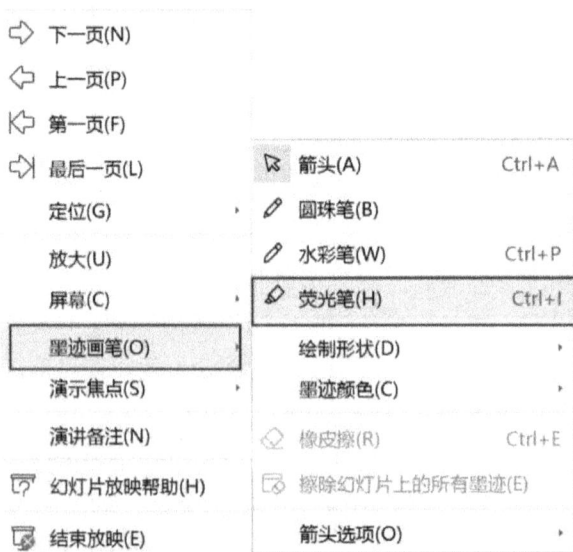

图 8-4-10　荧光笔设置

第三步，当鼠标指针变为黄色方块时，按住鼠标左键不放，拖动鼠标即可进行标记，如图8-4-11所示。

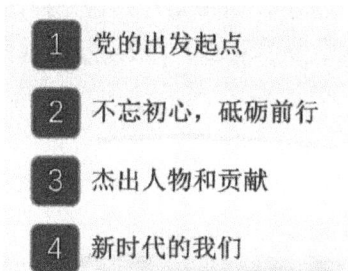

图8-4-11　荧光笔标记

第四步，标记完成后按<Esc>键退出，同时弹出一个对话框，单击"保留"按钮，保留墨迹注释，如图8-4-12所示。

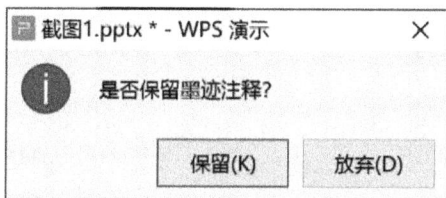

图8-4-12　保留墨迹注释提示框

第五步，返回幻灯片普通视图，即可看到保留的注释，如图8-4-13所示。

图8-4-13　普通视图墨迹显示效果

8.4.5　幻灯片跳转设置

放映演示文稿时，通过一定的操作技巧，可以快速、准确地将播放页面切换到指定的幻灯片，达到精准定位的目的，下面介绍快速定位幻灯片的方法。

第一步，打开名为"党的百年光辉历史"的演示文稿，开始从头放映幻灯片。

第二步，在演示文稿放映状态下，右击幻灯片，在弹出的快捷菜单中选择"定位"菜单项，选择子菜单中的"按标题"选项，然后选择需要跳转的幻灯片，如图 8-4-14 所示。

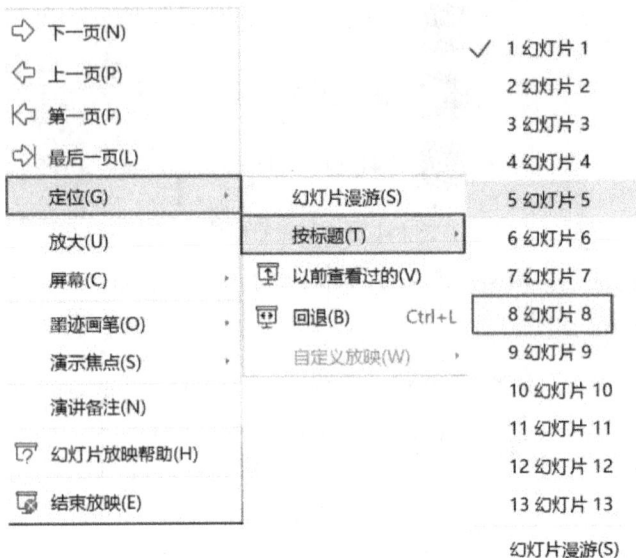

图 8-4-14   幻灯片跳转设置

第三步，设置完成后，幻灯片直接跳转至选择的幻灯片。

8.5   演示文稿管理

制作完成的演示文稿，可以对其进行保护和导出，以便更安全、更充分地利用。

8.5.1   演示文稿保护

如果制作完成的演示文稿，不想被他人查看和编辑，可通过设置文档权限进行保护，具体步骤如下：

第一步，选择"审阅"选项卡，单击"文档权限"按钮，如图 8-5-1 所示。

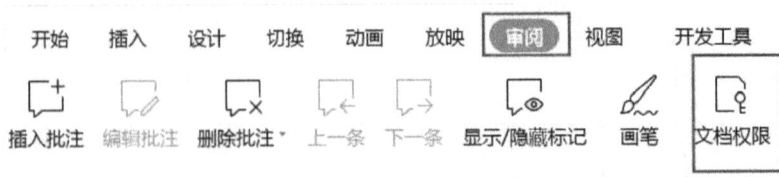

图 8-5-1   文档权限命令

第二步，打开"文档权限"对话框，开启私密文档保护，如图 8-5-2 所示。

图 8-5-2　开启私密文档保护

第三步，在弹出的提示框中，勾选"确认为本人账户"，并单击确认保护，如图 8-5-3 所示。

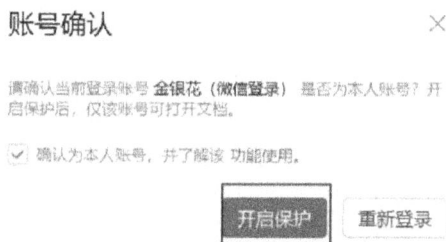

图 8-5-3　开启保护确认

第四步，完成文档设置权限后，即可通过微信、WPS 账号或邀请的方式添加指定人查看/编辑文档，如图 8-5-4 和图 8-5-5 所示。

图 8-5-4　添加指定人查看/编辑文档　　　　图 8-5-5　添加指定人方式

第五步，设置完成后，即可保护该文档不被他们破坏和修改。

8.5.2　演示文稿导出

WPS 演示文稿制作完成后，可以将其输出为视频文件、PDF 文档，甚至转换为图片文件等，以便在别的计算机中播放或保存。

1. 输出为 PDF

制作完成的演示文稿可能在未安装 WPS Office 的计算机中播放，最快捷的办法就是将其转为 PDF 文件。下面介绍将演示文稿转为 PDF 文件的方法。

第一步，打开名为"党的百年光辉历史"的演示文稿，单击"文件"下拉按钮，在弹出的选项中选择"输出为 PDF"选项，如图 8-5-6 所示。

第二步，在弹出"输出为 PDF"对话框中，设置"输出范围"，并设置"输出选项"和"保存位置"，单击"开始输出"按钮，如图 8-5-7 所示。

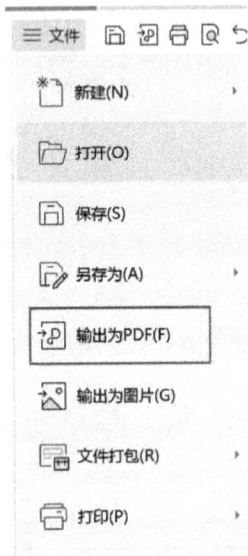

图 8-5-6　输出为 PDF 命令　　　　　　　　　　图 8-5-7　输出为 PDF 设置

第三步，输出成功后，可以打开 PDF 文件所在文件夹，查看输出结果。

2. 输出为图片

用户可能为了宣传或展示需要，要将演示文稿中的多张幻灯片打印出来，因此可以先将幻灯片保存为图片。下面介绍将演示文稿转为图片的方法。

第一步，打开名为"党的百年光辉历史"的演示文稿，单击"文件"下拉按钮，在弹出的选项中选择"输出为图片"选项，如图 8-5-8 所示。

第二步，在弹出"输出为图片"对话框中，设置"输出方式"为"逐页输出"，设置"格式"为"JPG"，设置图片质量为"标清"，并选择保存路径，单击"输出"按钮，如图 8-5-9 所示。

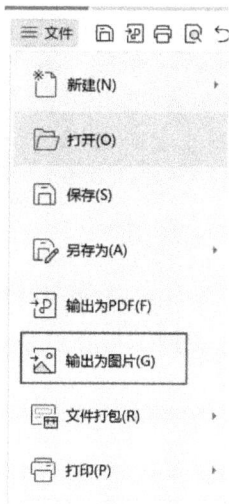

图 8-5-8　输出为图片命令

图 8-5-9　输出为图片设置

第三步，输出成功后，可以打开图片所在文件夹，查看输出结果。

3. 输出为视频文件

下面介绍将演示文稿输出为视频的方法。

第一步，打开名为"党的百年光辉历史"的演示文稿，在"会员专享"选项卡下单击"更多"按钮，在弹出的列表中选择"输出为视频"命令，如图 8-5-10 所示。

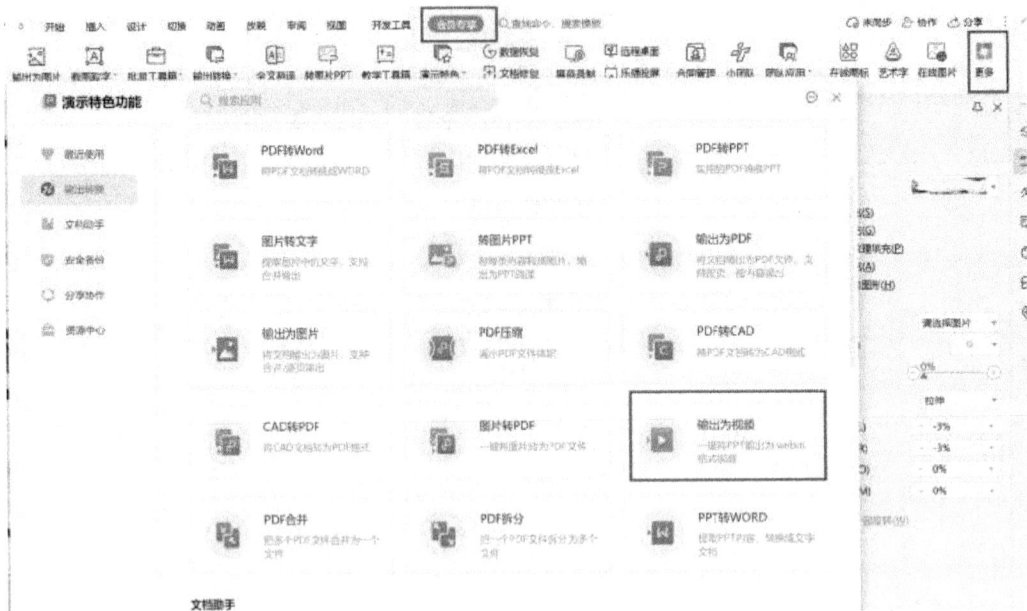

图 8-5-10　输出为视频命令

第二步，弹出"另存文件"对话框，选择文件保存位置后单击"保存"按钮，如图 8-5-11 所示。

图 8-5-11　选择保存路径

第三步，弹出"正在输出视频格式(WebM 格式)"对话框，等待一段时间后，提示视频完成，单击"打开视频"按钮，如图 8-5-12 所示。

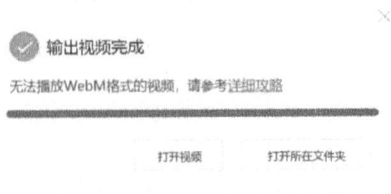

图 8-5-12　视频输出完成

第四步，演示文稿以视频格式开始播放，如图 8-5-13 所示。

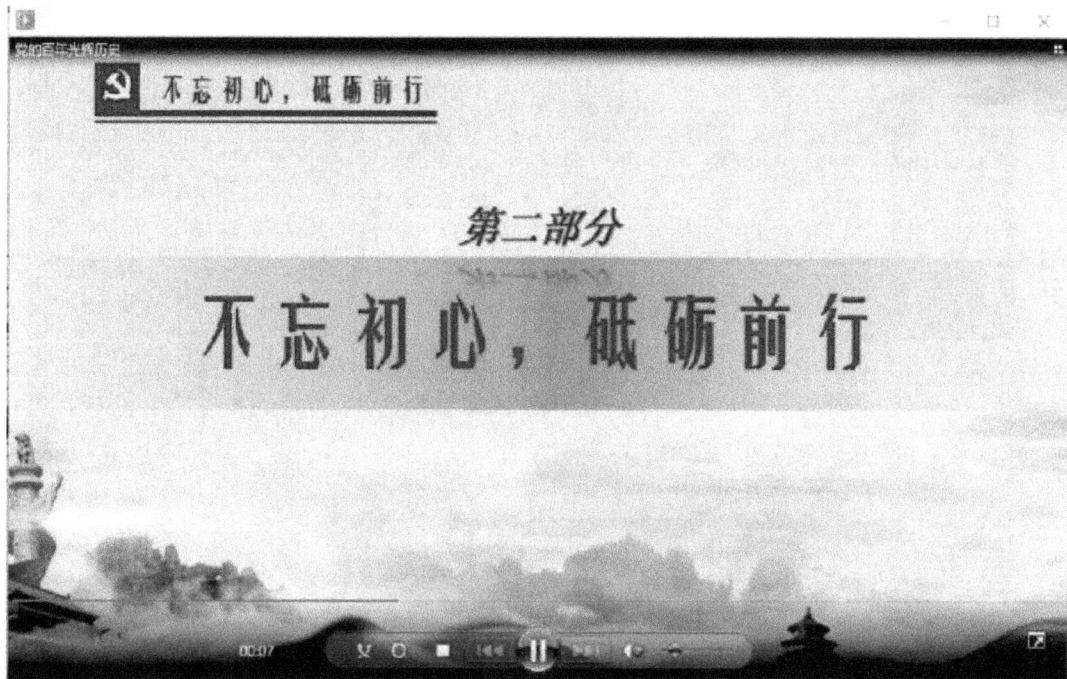

图 8-5-13　视频输出效果

任务进阶

8.6　练习任务：输出"青春，最美好的样子"演示文稿

1. 任务目标

熟练掌握演示文稿各种输出方式的方法。

2. 任务说明

将制作完成的"青春，最美好的样子"演示文稿输出为 PDF、图片和视频格式。

3. 必备技能

演示文稿的输出设置

4. 操作实施

(1) 打开素材"青春，最美好的样子"演示文稿，将其输出为 PDF 格式，如图 8-6-1 所示。

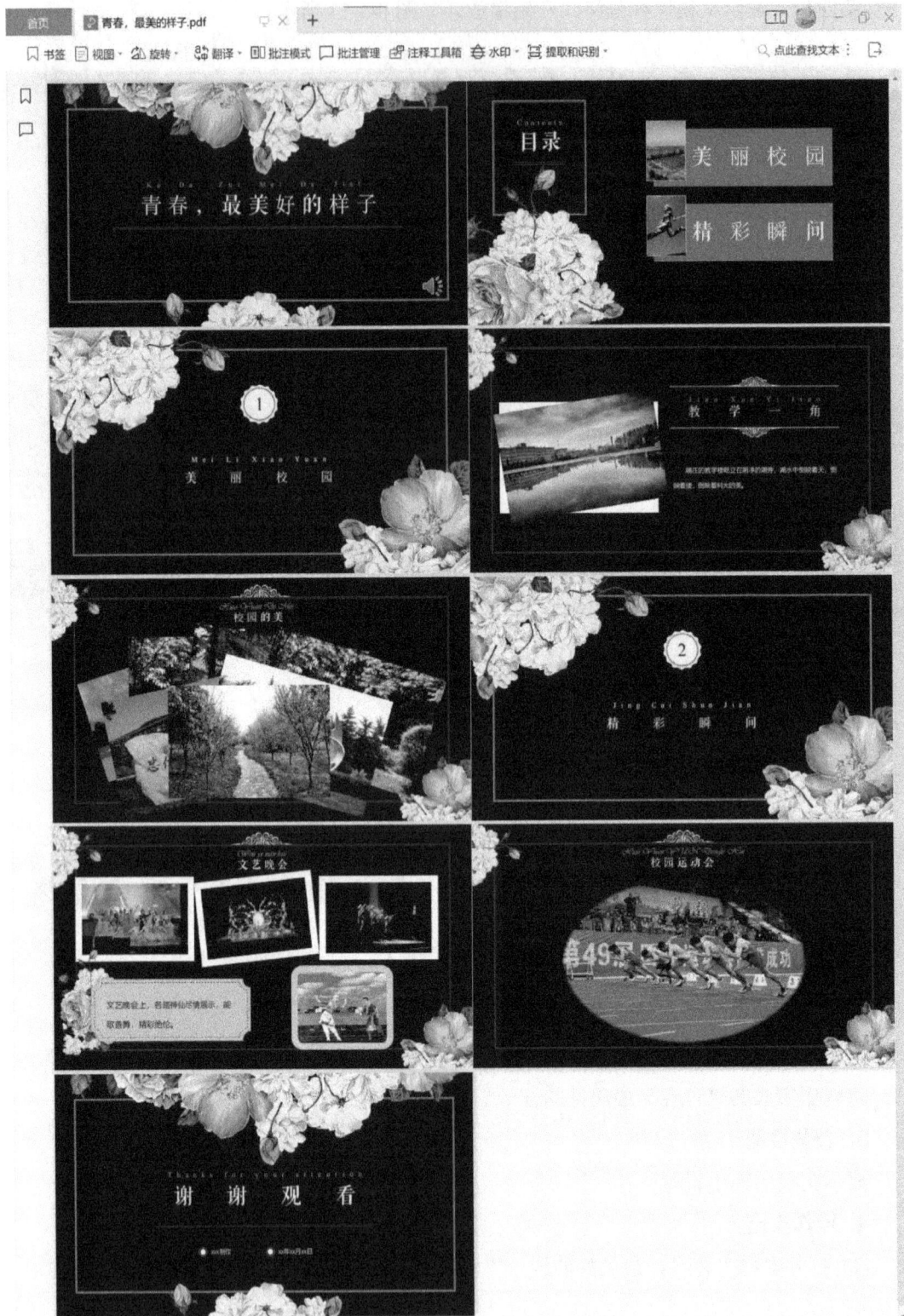

图 8-6-1   输出为 PDF 效果

(2) 将"青春，最美好的样子"演示文稿，输出为".PNG"图片格式，如图 8-6-2 所示。

图 8-6-2　输出为 PNG 图片效果

(3) 将"青春，最美好的样子"演示文稿，输出为".WebM"视频格式。

完成效果如图 8-6-3 所示。

图 8-6-3　输出为视频效果

8.7　提升任务：制作"国际互联网大会"宣传海报

1. 任务目标

(1) 掌握素材搜集和处理能力。

(2) 培养背景设计和美化能力。

(3) 提升幻灯片中各元素的布局、美化和配色能力。

2. 任务说明

根据搜集到的图片、文字、图标等素材，设计一款突出主题、美观抢眼的宣传海报。

3. 必备技能

(1) 素材搜集和处理功底。

(2) 背景版面设计、幻灯片元素布局和配色基本功。

(3) 演示文稿输出方法。

4. 操作实施

(1) 新建空白的演示文稿，将其幻灯片大小设置为"全屏 16:9"。

(2) 通过幻灯片母版视图设计突出"国际互联网大会"主题的背景，要求在背景中添加一些互联网元素。

(3) 在普通视图模式下，集成和布局其他文字和图片等素材，使其美观、舒适并吸引眼球。

(4) 设计完成后,将演示文稿输出为".jpg"格式的图片。

完成效果可参考图 8-7-1。

图 8-7-1 国际互联网大会海报效果

8.8 进阶任务:制作"雕刻光影"演示文稿

1. 任务目标

根据提供的主题和素材,学会制作一个完整的演示文稿。

2. 任务说明

制作以"照片剪辑技巧"为主题的演示文稿,演示文稿中需要包含文字、图形、图片、表格、SmartArt、音视频、超链接等多种元素,并设置切换效果和动画效果来展示制作完成的演示文稿。

3. 必备技能

(1) 背景、主题或母版的设计和应用。

(2) 各种对象的插入和编辑美化。

(3) 切换和动画效果的添加和编辑设置。

(4) 幻灯片的放映设置。

4. 操作实施

(1) 新建空白的演示文稿,将其幻灯片大小设置为"全屏 16:9"。

(2) 整个演示文稿包含首页、概述页、过渡页、内容页和结束页。

(3) 合理应用图形和图片,对其进行编辑美化,如图片样式、形状填充、边框和效果设置等。

(4) 合理应用表格或 SmartArt,并对其编辑和美化。

(5) 在首页插入素材中的音频,将其设置为跨幻灯片播放,播放时隐藏音频图标,并设置淡入淡出效果，淡入淡出时间均设置为"5 s"。

(6) 插入素材中的视频，自选一张图片为"视频封面"。

(7) 对演示文稿设置合理的切换效果和动画效果，要求设置完成后，演示文稿不需点击鼠标自动播放。

(8) 演示文稿整体布局合理、配色美观舒适，幻灯片页数在 15 页左右。

完成效果可参考图 8-8-1。

图 8-8-1

图 8-8-1 　"雕刻时光"演示文稿效果

【习　　题】

一、单项选择题

模块八资源

1. WPS 演示中，幻灯片中背景设置步骤是(　　)。

A. 插入/背景　　　　　　　　　　　　B. 幻灯片放映/背景

C. 工具/背景　　　　　　　　　　　　D. 设计/背景

2. 在 WPS 演示中的"背景"对话框中不能设置(　　)背景效果。

A. 单色　　　　　B. 双色渐变　　　　　C. 图片　　　　D. 任意多颜色的放射渐变

3. 在 WPS 演示中的"超链接"命令不能完成的功能是(　　)。

A. 链接到其他用户的计算机　　　　　　B. 实现幻灯片间的跳转

C. 链接到外部网站　　　　　　　　　　D. 链接到电子邮件地址

4. 演示文稿输出时，不能输出为以下(　　)格式。

A. PDF　　　　　　B. EXCEL　　　　　C. 图片　　　　　D. 视频

5. 在 WPS 演示中，若要为一张图片添加超链接，链接到该演示文稿的第 2 张幻灯片，则执行添加超链接命令后，应选择(　　)操作。

A. 链接到原有文件或网页　　　　　B. 链接到本文档的位置

C. 链接到新建文档　　　　　　　　D. 链接到电子邮件地址

二、多项选择题

1. 一个优秀的演示文稿作品，设计是关键。下面属于演示文稿设计范畴的是(　　)。

A. 内容和结构的布局　　　　　　　B. 版面和风格的设计

C. 超链接的设置　　　　　　　　　D. 色彩搭配和图片的美化

2. 演示文稿的外观可以通过(　　)改变。

A. 应用设计模板　　　　　　　　　B. 改变背景

C. 修改配色方案　　　　　　　　　D. 设计并应用母版

3. 关于幻灯片背景，下列说法正确的是(　　)。

A. 可以为多张幻灯片设置相同的背景

B. 可以为幻灯片设置纹理的背景

C. 不可以为单张幻灯片设置与众不同的背景

D. 可以为幻灯片设置渐变色的背景

三、判断题

1. 对演示文稿进行保护后，只能用户本人查看和修改演示文稿，不能指定他们使用。

(　　)

2. 幻灯片之间的跳转只能通过超链接或动作按钮完成。　　　　　　　(　　)

3. WPS 演示中的背景，可以通过插入图片来实现。　　　　　　　　(　　)

4. 设计演示文稿页面就要进行适当的美化修饰，而不能杂、乱、繁或过。(　　)

5. 不能为幻灯片中添加电子邮件地址为超链接。　　　　　　　　　　(　　)

6. 将文本框置于底层，就是放置到幻灯片的背景层下面。　　　　　　(　　)

7. 演示文稿可以保存为 dps 格式、pdf 格式，但不可以保存为 JPG 格式。(　　)

8. 母版对幻灯片有绝对的控制权，每页幻灯片都受它的控制。　　　　(　　)

模块九 多媒体课件设计与制作综合实践

9.1 制作"年终工作总结报告"汇报演示文稿

1. 任务要求

(1) 文稿组成齐全(包括首页、概述页、过渡页、内容页和结束页)。(如果有认为更加合理的结构，则以上各部分非必需。)

(2) 制作符合"年终工作总结报告"主题的母版。

(3) 演示文稿对文本和图片要合理呈现。不宜出现大段文本，亦需规避只做成 PPT 相册。

(4) 演示文稿应合理使用形状、SmartArt、图表、表格等，突出对版式的精心设计。

(5) 文稿中的文字、图片，或者可能使用的视频，必须使用合理的动画效果。

(6) 无论是使用已有模板，还是完全自己设计，应当注意 PPT 的配色方案。避免文字与背景对比度太低导致难以辨认的问题。

(7) 幻灯片之间应设置合理的、风格统一的切换效果。

2. 参考效果图

"年终工作总结报告"效果图如图 9-1-1 所示。

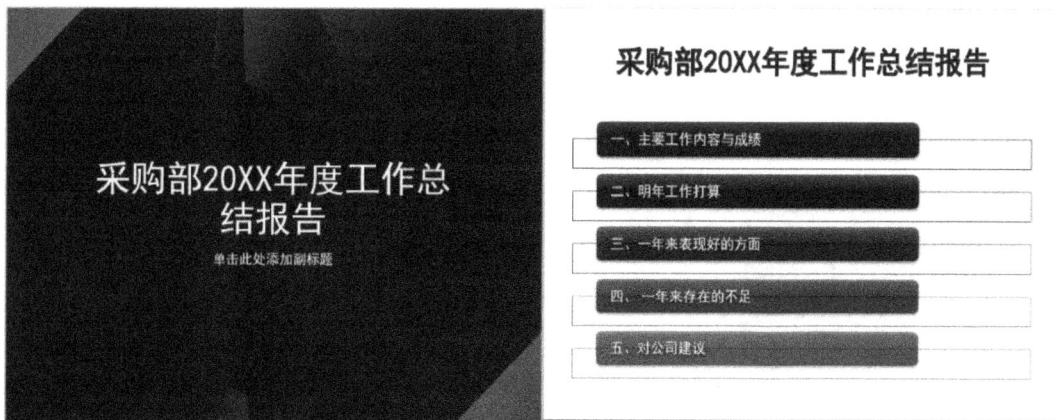

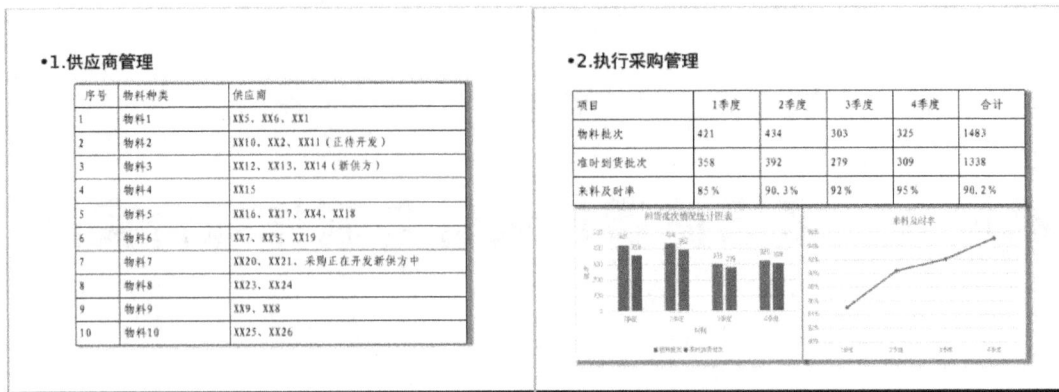

图 9-1-1   "年终工作总结报告"效果图

9.2   制作"千年古都，常来长安"综合实训演示文稿

1. 任务要求

(1) 文稿组成齐全(包括首页、概述页、过渡页、内容页和结束页)。(如果有认为更加合理的结构，则以上各部分非必需。)

(2) 制作符合"千年古都，常来长安"主题的母版。

(3) 演示文稿对文本和图片要合理呈现。不宜出现大段文本，亦需规避只做成 PPT 相册。

(4) 演示文稿应合理使用形状、SmartArt、图表、表格等，突出对版式的精心设计。

(5) 文稿中的文字、图片，或者可能使用的视频，必须使用合理的动画效果。

(6) 无论是使用已有模板，还是完全自己设计，应当注意 PPT 的配色方案。避免文字与背景对比度太低导致难以辨认的问题。

(7) 幻灯片之间应设置合理的、风格统一的切换效果。

2. 参考效果图

"千年古都，常来长安"效果图如图 9-2-1 所示。

图 9-2-1　"千年古都，常来长安"效果图

9.3 制作"乡村振兴战略"愿景展示演示文稿

1. 任务要求

(1) 文稿组成齐全(包括首页、概述页、过渡页、内容页和结束页)。(如果有认为更加合理的结构,则以上各部分非必需。)

(2) 制作符合"乡村振兴战略"愿景主题的母版。

(3) 演示文稿对文本和图片要合理呈现。不宜出现大段文本,亦需规避只做成 PPT 相册。

(4) 演示文稿应合理使用形状、SmartArt、表格、图表等,突出对版式的精心设计。

(5) 文稿中的文字、图片,或者可能使用的视频,必须使用合理的动画效果。

(6) 无论是使用已有模板,还是完全自己设计,应当注意 PPT 的配色方案。避免文字与背景对比度太低导致难以辨认的问题。

(7) 幻灯片之间应设置合理的、风格统一的切换效果。

2. 参考效果图

"乡村振兴战略"愿景效果图如图 9-3-1 所示。

图 9-3-1　"乡村振兴战略"愿景效果图

9.4　制作"自我介绍"演示文稿

1. 任务要求

(1) 文稿组成要素齐全，包括首页、个人简介、学习经历、工作经历、奖励荣誉和自我评价等。

(2) 制作符合"自我介绍"主题的母版，母版中设置主题颜色、背景颜色及标题栏。

(3) 演示文稿对文本和图片要合理呈现，简洁明了，图文结合。

(4) 演示文稿应合理使用形状、SmartArt、图表、表格等，突出对版式的精心设计。

(5) 文稿中的文字、图片或者可能使用的视频，必须使用合理的动画效果。

(6) 配色及风格应根据自己的演讲风格和专业属性进行设计，可以参考网络上下载的模板，但避免照搬照抄，注意播放时的图文辨识度。

(7) 幻灯片之间应设置合理的、风格统一的切换效果。

2. 参考效果图

"自我介绍"效果图如图 9-4-1 所示。

图 9-4-1　"自我介绍"效果图

模块九资源

习题参考答案

模块一　习题参考答案

一、单项选择

1-5 DBABB　　　　6-10 ABCCB　　　　11-12 DBA

二、多项选择

1. ABC　　2. ABCD　　3. ACD　　4. ACD　　5. ACD

三、判断

1-6　× √ √ √ √ ×

模块二　习题参考答案

一、单项选择

1-6 ADDCDD

二、多项选择

1. BCD　　2. BC　　3. ABC　　4. ACD　　5. ACD　　6. ACD

三、判断

1-5　× × × √ ×

模块三　习题参考答案

一、单项选择

1-5 ADBBD

二、多项选择

1. AC　　2. BCD　　3. AD　　4. ABC

三、判断

1-5　√ × × √ ×

模块四　习题参考答案

一、单选题

1. C　　2. A　　3. B　　4. A　　5. B
6. A　　7. D　　8. C　　9. C　　10. D

二、多选题

1. AB　　2. ABCD　　3. ABC

三、判断题

1. √　　　　2. ×　　　　3. √

模块五　习题参考答案

一、单选题

1. D　　2. A　　3. D　　4. B　　5. C
6. D　　7. B　　8. C　　9. C　　10. A

二、多选题

1. ABCD　2. BC　　3. ABCD

三、判断题

1. √　　　2. √　　　3. ×

模块六　习题参考答案

一、单项选择

1-5 ACBCD　　　　6-10 BDCCA　　　　11-13 CAD

二、多项选择

1. ABCD　2. AC　　3. ACD　　4. ABCD　　5. CDE

三、判断题

1-5　√ √ × √ √

模块七　习题参考答案

一、单项选择题

1. B　　2. C　　3. D　　4. D　　5. A　　6. B

二、多项选择题

1. ABCD　2. CD　　3. ABD　　4. ABCD

三、判断题

1. ×　　2. √　　3. √　　4. √　　5. ×　　6. √

模块八　习题参考答案

一、单项选择题

1. D　　2. D　　3. A　　4. B　　5. B

二、多项选择题

1. ABD　　2. ABCD　　3. ABD

三、判断题

1. ×　　2. ×　　3. √　　4. √　　5. ×　　6. ×　　7. ×　　8. ×

参 考 文 献

[1]　於文刚，刘万辉，安进. PPT 设计与制作实战教程[M]. 北京：机械工业出版社，2017.

[2]　秋叶. 和秋叶一起学 PPT[M]. 北京：人民邮电出版社，2017.

[3]　Robin Williams. 写给大家看的 PPT 设计书[M]. 谢婷婷，译. 北京：人民邮电出版社，2019.

[4]　凤凰高新教育. PPT2019 完全自学教程[M]. 北京：北京大学出版社，2019.

[5]　IT 新时代教育. WPS Office 办公应用从入门到精通[M]. 北京：中国水利水电出版社，2019.

[6]　邵云蛟. PPT 设计思维(实战版)[M]. 北京：电子工业出版社，2019.

[7]　郭绍义. WPS Office 办公应用从入门到精通[M]. 天津：天津出版传媒集团，2021.

[8]　回航. 从平凡到平凡：PPT 设计蜕变[M]. 北京：中国水利水电出版社，2021.

[9]　凤凰高新教育. WPS 2019 完全零基础自学教程[M]. 北京：北京大学出版社，2022.